Christian A. Schwarz

Die 3 Farben der Gemeinschaft

Entdecken Sie die 7 Bausteine ganzheitlicher Kleingruppen

NCD Media

Viele Autoren, die über ihr Idealbild von Gemeinschaft schreiben, vergleichen sie mit einer Familie.
Ich stimme dem zu: Familie ist ein wunderbares Modell für Einheit in Vielfalt, einschließlich der Spannungen, die entstehen, wenn diese beiden Pole auf die Realitäten unseres täglichen Lebens bezogen werden.

Familie bedeutet Vertrauen. Familie bedeutet Konflikt.
Familie bedeutet fortwährendes Lernen und schmerzliche Wachstumsprozesse.

Familie bedeutet, im Blick auf sich selbst Entdeckungen zu machen, die wir alleine niemals machen könnten, einschließlich der dunklen Seite unserer Persönlichkeit.
Familie bedeutet, ein enthüllendes Licht anzuzünden, das sowohl wärmen als auch schmerzen kann.

Und das ist es, was wir in unseren Gemeinden brauchen – mehr als alles Andere.

Ich widme dieses Buch Chiara Laetitia, dem jüngsten Mitglied unserer Familie.
Es ist mein Gebet, dass – während die geschützte Umgebung unserer Familie dir Stabilität gibt – wir dich gleichzeitig mit genügend Herausforderungen konfrontieren können, die dir helfen, deine geistigen, emotionalen und geistlichen Muskeln zu trainieren.

C.A.S.

NCD Media, Emmelsbüll, Germany
www.ncd-international.org
Titel der amerikanischen Originalausgabe:
The 3 Colors of Community

www.ncd-media.de • info@ncd-media.de

Layout und Grafiken: Christian A. Schwarz

Grafiken auf Seiten 41, 49, 57, 65, 73, 81, 89:
Sheree Hanbury, Neuseeland (marmaladesoul.com)

Autorenbild Rückseite: Jenniina Nummela, Finnland

Druck: Mohndruck GmbH, Gütersloh, Deutschland • Printed in Germany

ISBN: 978-3-928093-01-9

Die 3 Farben der Gemeinschaft

Einführung: Lasst uns über Himmel und Hölle reden

Am Anfang stand ein Desaster – der Ordner, in dem ich alles gesammelt hatte, was ich über viele Jahre hinweg im Blick auf Kleingruppen gelernt hatte, wurde gelöscht. So etwas passiert schon mal, und das ist ja der Grund, warum wir Sicherungen anfertigen. Aber just in diesem Moment war auch meine Back-up-Disk unlesbar. Und eine vorausgegangene Sicherung hatte ich versehentlich gelöscht.

Kein Computergeschäft, kein Experte, kein Notfalldienst konnte mir helfen. Die Dateien waren verloren – für immer.

Ein Super-GAU

Für mich war dieser Datenverlust ein echter Super-GAU. Wenn all meine Computer-Hardware zerstört worden wäre, hätten wir nach gewisser Zeit das System mit neuer Hardware wieder aufbauen können. Wenn unser Haus niedergebrannt wäre, hätten wir irgendwo schon eine Ersatzwohnung bekommen. Wenn die Weltwirtschaft zusammengebrochen wäre, hätten wir gelernt, unseren Dienst so zu re-organisieren, dass er den neuen wirtschaftlichen Gegebenheiten Rechnung trägt. Keines dieser Szenarien wäre wirklich angenehm, aber ich würde auch keines davon als Super-GAU bezeichnen.

Der komplette Datenverlust von Erkenntnissen, die aus Jahren des Studiums und der Forschung erwachsen waren, war jedoch ein solcher Super-GAU. Während materielle Verluste ersetzt werden können, gilt dies für verlorenes Wissen nicht. Es war ein Albtraum. All die wertvollen Informationen über Kleingruppen, erworben durch den Besuch zahlreicher Seminare, Interviews vieler Leiter und das Studium unzähliger Bücher – alles weg!

Ein versteckter Segen

Einige Jahre lang entschied ich mich, diesen Verlust einfach zu ignorieren, da ich mich auf andere Bereiche unserer Arbeit konzentrieren musste. Als ich dann aber vor einiger Zeit auf das Thema „ganzheitliche Kleingruppen" zurückkam, versuchte ich mich zu erinnern, was ich eigentlich verloren hatte. Eine Sammlung der erfolgreichsten Zellgemeinde-Modelle rund um den Globus. Untersuchungen über die optimale Gruppengröße. Trainings-Manuale für Kleingruppenleiter. Techniken der Multiplikation. Marketing-Strategien für die Gewinnung neuer Mitglieder. Bedürfnisorientierte Lehrpläne für die unterschiedlichsten Altersgruppen. Mit anderen Worten: Was ich verloren hatte war das vorherrschende Denken über Kleingruppen, wie es in einer Fülle von Büchern beschrieben wird. Wunderbare Beispiele, hilfreiche Einsichten, anregende Ideen.

Als ich dieser Situation gegenüberstand, dämmerte es langsam in mir: Enthielt all dieses Material – wirklich großartiges Material, das ja bereits international publiziert und für jeden leicht zugänglich ist – wirklich den Inhalt, den *ich* im Blick auf Kleingruppen zu vermitteln hatte?

Die Verheißung von Matthäus 18,20

Wo zwei oder drei versammelt sind	**Kleingruppe**	
in meinem Namen	**ganzheitlich**	*(= den Herrn lieben mit Kopf, Herz und Hand)*
da bin ich mitten unter ihnen	**Jesu Gegenwart/ Himmel**	

Ganzheitliche Kleingruppe
= eine Versammlung in Jesu Namen
= ein Fenster zum Himmel

Die linke Spalte dieser Tabelle enthält die biblische Grundlage aller christlichen Gemeinschaft, Jesu Verheißung, „mitten unter uns" zu sein (Mt. 18,20). Die rechte Spalte übersetzt die drei Bestandteile dieser Verheißung in die Sprache der Gemeindeentwicklung. Die Schlussfolgerungen dieses Ansatzes – sofern wir sie ernst nehmen – sind explosiv. Jede christliche Kleingruppe kann buchstäblich zu einem Fenster zum Himmel werden.

Die Chance eines neuen Anfangs

Es brauchte ein paar Tage, bevor ich die beträchtliche Sammlung von Kleingruppenbüchern in meiner Bibliothek erneut durchgescannt hatte, um mir die wichtigsten Konzepte in Erinnerung zu rufen. Ich dankte Gott für jedes einzelne dieser Bücher, stellte sie zurück ins Regal und kam zu dem Schluss: Was wir brauchen, ist ein neuer Anfang. Ganz allmählich verwandelte sich meine Enttäuschung über das Desaster des Datenverlusts in Dankbarkeit, unfreiwillig dazu gezwungen zu sein, die Bequemlichkeit allzu vertrauter Wege hinter mir lassen zu müssen. Der unerwartete Verlust Tausender Details führte mich ins Gebet: Herr, was ist das Zentrum christlicher Gemeinschaft? Was ist wirklich wesentlich? Was ist es, was keine Kleingruppe versäumen darf?

Zum damaligen Zeitpunkt hatte ich auch nicht im Entferntesten die Vorstellung, dass all dies einmal zu einem Buch über Sünde und Tugenden führen würde. Über Himmel und Hölle. Über Tod und Leben. Über die bedeutendsten – und gleichzeitig gefährlichsten – Dinge, die wir miteinander teilen können. Über das, was wir in den Augen Gottes bereits sind – und wie andere Menschen uns helfen können, das zu werden, was wir sein sollten.

Warum Himmel und Hölle?

Wenn wir darüber nachdenken, wie zeitgemäße Kleingruppen zu explosivem Gemeindewachstum beitragen können, dann ist vermutlich das letzte Thema, das uns in den Sinn käme, die Frage nach Himmel und Hölle. „Das ist doch wohl hoffentlich ein Scherz, Christian", sagte mir ein bekannter Gemeindeberater, als ich meine Erkenntnisse mit ihm besprach. „Dies sind genau die Themen, die wir aus guten Gründen vermieden haben."

„Ich weiß", sagte ich. „Und ich bin überzeugt, dass uns dies geradewegs zur Wurzel des Problems führt. Wir haben vermieden, uns mit den relevantesten

Themen, die überhaupt denkbar sind, zu beschäftigen – vielleicht aufgrund eines karikaturhaften Verständnisses dieser Themen – und sind auch noch stolz darauf, die Menschen mit einer Fülle von Nebenaspekten des christlichen Glaubens zu unterhalten."

Die Absicht dieses Buches ist nicht, Techniken zu beschreiben, wie man eine Kleingruppe leitet. Vielmehr möchte ich zeigen, was das Wesen christlicher Gemeinschaft ausmacht. Und es in einer Weise zeigen, die deutlich macht, was das Christentum sein kann und auch sein sollte – nicht weniger als ein Vorgeschmack auf den Himmel.

Mehr im Internet

Dieses Buch ist bewusst relativ kompakt gehalten. Wenn Sie tiefer in die Materie eindringen möchten, können Sie auf ***www.3colorsofcommunity.org*** *eine Fülle von Hintergrundinformationen erhalten. Die Themen, die dort vertieft werden, finden Sie in den über das ganze Buch verteilten Spalten „Mehr im Internet". Das beiliegende Lesezeichen enthält einen Zugangscode, den Sie auf dieser Webseite eingeben können, um den Geistlichen-Energie-Test als eTest durchzuführen.*

3colorsofcommunity.org

Mir geht es natürlich nicht darum, dass Sie mein *Vokabular* übernehmen – Himmel und Hölle, Sünde und Tugenden, Leben und Tod. Meine Hoffnung ist vielmehr, dass Sie die *Inhalte* aufgreifen, die mit Hilfe dieser Worte vermittelt werden sollen. Die Gegenwart Christi in unserer Mitte ist nichts Anderes als der Himmel in unserer Mitte (siehe Schaubild auf Seite 5). Das hat Einfluss auf alle Aspekte unseres Lebens hier und jetzt und sogar auf das Leben danach. Wo können wir praktisch lernen, diese ewige Dimension einzuüben und auszuleben, wenn nicht im Zusammenhang mit christlicher Gemeinschaft? Was sollte der Zweck christlicher Gemeinschaft sein, wenn nicht dies?

Mein Hintergrund

Seit gut 18 Jahre bin ich verantwortlich für ein Netzwerk von Gemeinden, das mittlerweile in mehr als 70 Ländern Wurzeln geschlagen hat. Ein Teil meiner Arbeit besteht in Forschung, die darauf ausgerichtet ist, Gemeinden dabei zu helfen, Wachstum zu erleben. Im Laufe dieser 18 Jahre ist meine Lernkurve ziemlich steil gewesen. Und doch ist der Lernprozess, der durch die gelöschte Kleingruppen-Festplatte ausgelöst wurde, ohne Parallele.

In diesem Buch möchte ich das Wichtigste dessen vermitteln, was ich in den letzten Jahren selbst lernen durfte. Ich bin davon überzeugt, dass es sich dabei um Inhalte handelt, die für jeden Christen von Bedeutung sind – ganz besonders für diejenigen, die nicht (wie ich) Zugang zu den Forschungsdaten aus 65.000 Gemeinden haben. Es gibt nur einen Grund, warum Gott einzelnen Menschen Erkenntnis offenbart – damit sie diese mit möglichst vielen anderen Menschen teilen. Das ist es, was ich mit diesem Buch versuche.

Training für Leiter

Zweifelsohne wird *Die 3 Farben der Gemeinschaft* für Kleingruppenleiter von Interesse sein, aber das Buch wurde nicht speziell für sie geschrieben. Es wurde für jeden Christen geschrieben, der entweder eine Kleingruppe besucht oder aber sich mit diesem Gedanken trägt.

Wer sich darüber hinaus stärker mit der Frage der Leitung beschäftigen möchte, der sei auf das Buch *Die 3 Farben der Leiterschaft* verwiesen, das parallel zu diesem Buch erscheint (*www.3colorsofleadership.org*). Es bietet eine Art von Leiterschaftstraining, die besonders für Kleingruppenleiter von Interesse sein wird.

Institut für natürliche Gemeindeentwicklung *Christian A. Schwarz*

Teil 1

Das Wesen christlicher Gemeinschaft – Warum wir uns mit den 7 Todsünden beschäftigen

Wenn man sich mit dem Thema „Kleingruppen" beschäftigt, leuchtet unmittelbar ein, warum das Wesen christlicher Gemeinschaft ins Zentrum des Interesses rückt. Aber warum in diesem Zusammenhang ausgerechnet das Thema „Sünde"? Auf den ersten Blick mag dies ungewöhnlich erscheinen, aber sobald wir uns etwas mehr ins Thema Gemeinschaft vertiefen, drängt sich diese Frage geradezu auf. In unseren Bemühungen, christliche Gemeinschaft zu bauen, werden wir keine Fortschritte machen, solange wir die Wirklichkeit des Bösen außer Acht lassen.

Eine Kleingruppe ist eine Gruppe, die klein ist

Es war eine Konferenz, auf der ich meine brandneuen Entdeckungen vorstellen sollte – die Ergebnisse von jahrelangem Studium und Nachdenken über gesunde Kleingruppen. „Seit geraumer Zeit", sagte ich den Teilnehmern, „arbeite ich an einer Definition von Kleingruppen, und ich bin froh, dass ich nun, nach einer langen Phase von Versuch und Irrtum, endlich eine rundum überzeugende Lösung gefunden habe. Da diese Definition das Herzstück unserer gesamten Konferenz ist, möchte ich euch bitten, dass ihr nun – falls ihr es noch nicht getan habt – euer Schreibwerkzeug herausholt, um diese Definition Wort für Wort mitzuschreiben. Ihr solltet sorgfältig darauf achten, dass ihr nicht ein einziges Detail versäumt."

Hunderte von Händen griffen nach dem Kugelschreiber oder dem Trackpad ihres Laptops und warteten gespannt auf die Definition, die ich nun präsentieren würde. Nach einer ausgedehnten Pause sagte ich langsam: „Eine ... Kleingruppe ... ist eine Gruppe ... die ... klein ist."

Die Reaktion? Einige lächelten, Andere schauten eher ärgerlich drein, und wiederum Andere schlicht enttäuscht. Aber nicht ein Einziger schrieb meine sorgfältig ausgearbeitete Definition mit! Nichtsdestotrotz, dies *war* der Kern des Kleingruppenkonzepts, über das ich auf der Konferenz reden wollte, und es ist der Kern des Kleingruppenkonzepts, auf dem dieses Buch beruht. Eine Kleingruppe ist eine Gruppe, die klein ist – Punkt.

„Wir haben keine Kleingruppen"

Das folgende Gespräch mit dem Pastor einer mittelgroßen Gemeinde ist repräsentativ für zahlreiche Gespräche, die ich in den letzten Jahren geführt habe. „Wir haben keine Kleingruppen", sagte mir dieser Pastor. „Und um ehrlich zu sein, wir sind auch nicht sonderlich beeindruckt von den Kleingruppenkonzepten, die wir in anderen Gemeinden sehen."

„Sind Sie sicher, dass Sie keinerlei Kleingruppen haben?", fragte ich.

„Na ja, zumindest nicht in dem Sinne, wie *Sie* Kleingruppen definieren würden", war seine Antwort.

„Dann lassen Sie mich Ihnen meine Definition geben", sagte ich. „Eine Kleingruppe ist eine Gruppe, die klein ist. Sind Sie sich immer noch sicher, dass Sie keinerlei Kleingruppen haben?"

Der Pastor lächelte. „Natürlich haben wir Gruppen, die klein sind, sogar eine ganze Menge. Aber um ganz ehrlich zu sein, die meisten davon funktionieren nicht wirklich gut."

„Dann lassen Sie uns daran arbeiten, dass sie effektiver werden", sagte ich. „Glauben Sie nicht, dass dies erstrebenswert wäre?"

Am Ende unseres kurzen Gesprächs hatten wir in dieser Gemeinde, die angeblich keine Kleingruppen hat, sage und schreibe 23 verschiedene Kleingruppen ausgemacht. Darunter war ein Chor, drei Jugendgruppen, ein Dritte-Welt-Team, ein Gebetskreis, drei Ausschüsse, eine Arbeitsgruppe für soziale Gerechtigkeit und fünf Dienstgruppen. Wir vereinbarten, gemeinsam

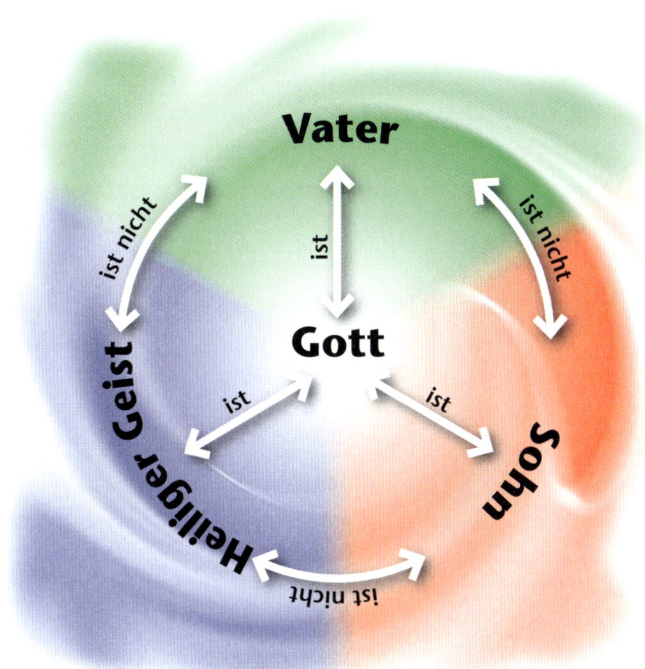

Die tiefste Ebene des Trinitarischen Kompasses: Gottes dreifache Offenbarung als Vater, Sohn und Heiliger Geist. Gott selbst ist Einheit („Gott") in Vielfalt („drei Personen"). Da es beim Thema Gemeinschaft im Tiefsten darum geht, das Wesen sowohl von Einheit als auch von Vielfalt zu bestimmen, ist Gott selbst das beste Modell für Gemeinschaft.

daran zu arbeiten, dass alle diese Gruppen in Zukunft besser funktionieren als bisher.

Das ist es, was ich auch *Ihnen* in diesem Buch anbieten möchte: Impulse, die dazu beitragen werden, dass Ihre Gruppe in Zukunft besser funktioniert. Und ich möchte Sie einladen, über die Gründung neuer Gruppen nachzudenken, mit neuen Möglichkeiten für neue Zielgruppen, sowohl für Christen als auch für Nichtchristen. Es ist nicht meine Absicht, Sie für ein bestimmtes Kleingruppenmodell zu gewinnen. Ich möchte Sie vielmehr im Rahmen des Kleingruppenmodells, für das Sie sich entschieden haben, unterstützen, und Ihnen dabei helfen, sich auf den wichtigsten Inhalt zu konzentrieren, der für eine Kleingruppe denkbar ist – das Wesen christlicher Gemeinschaft.

Prinzipien, die hinter unterschiedlichen Modellen stehen

Mir ist natürlich bewusst, dass viele Menschen meine Definition von Kleingruppen als Witz auffassen. Aber sie ist absolut nicht als Witz gemeint. Es wäre mir ein Leichtes, eine Fülle wünschenswerter Aspekte in diese Definition aufzunehmen: Den Missionsauftrag erfüllen. Ein bestimmtes Multiplikationsverhalten vorantreiben. Die missionale Dimension ausleben. Verantwortung für die Nachbarschaft übernehmen. Bibelzentriert werden. Sich auf kirchenfremde Menschen konzentrieren. Für soziale Gerechtigkeit kämpfen. Alles wunderbare Kriterien!

Ich freue mich mit Ihnen, wenn auf Ihre Gruppe diese und viele andere Kriterien zutreffen. Aber nehmen wir einmal an, das sei nicht der Fall. Dann handelt es sich immer noch um eine Kleingruppe. Und um eine Kleingruppe, mit der ich gerne zusammenarbeiten möchte! Es wäre unglaublich einfach, alle Gruppen, die die Kriterien, die wir für wesentlich halten, nicht erfüllen, aus *unserer* Welt zu verbannen, indem wir sie aus unserer Kleingruppen-Definition ausschließen. Aber selbst wenn wir das täten, würden diese Gruppen weiterhin existieren, möglicherweise sehnsüchtig nach Hilfe Ausschau haltend. Aber sie würden die Hilfe niemals bekommen, da wir diese Gruppen bereits aus unserer Welt wegdefiniert haben.

Die meisten Bücher über Kleingruppen vertreten ein ganz bestimmtes Kleingruppenmodell. Das ist völlig legitim. Ich bin dankbar für die große Vielfalt von Modellen, die in den letzten Jahren entwickelt wurden. Mein Anliegen ist allerdings nicht, einen Beitrag zu der Diskussion zu leisten, was denn nun das richtige – oder beste – Modell sei. Vielmehr möchte ich mich auf die Gesetzmäßigkeiten hinter *allen* gesunden Kleingruppen konzentrieren, ganz gleich, welchem Modell diese auch folgen mögen.

Unterschiedliche Arten von Gruppen

Kleingruppen können sich – und sollten sich sogar – voneinander unterscheiden. Sie haben unterschiedliche Aufgaben, unterschiedliche Schwerpunkte, unterschiedliche Stile und bestehen nicht zuletzt aus unterschiedlichen Menschen. Durch unterschiedliche Arten von Gruppen können unterschiedliche Aspekte von Gemeinschaft ausgedrückt werden.

Und gleichwohl – es gibt ein Element, das alle christlichen Kleingruppen gemeinsam haben: Jede Kleingruppe, ob sie sich dessen bewusst sein mag oder nicht, ist ein Modell für Gemeinschaft, durch das sowohl unsere Beziehung zu Gott als auch unsere Beziehung zu anderen Menschen sichtbar wird. Die Frage ist nicht, ob eine bestimmte Gruppe ein solches Modell sein *möchte*. Sie *ist* es. Die Frage ist allein, ob sie ein gutes oder ein schlechtes Modell ist.

Das Ziel der Ganzheitlichkeit

Diejenigen unter uns, die mit den anderen Büchern in der Reihe *Gemeinde natürlich entwickeln* vertraut sind, wissen, dass jedes Buch mit dem Trinitarischen Kompass beginnt (siehe Schaubild auf Seite 9) und diesen auf die im jeweiligen Buch behandelte Frage bezieht. Der wichtigste Aspekt des Trinitarischen Kompasses – ja, der Trinität – ist *Vielfalt* (die drei verschiedenen Farben) in *Einheit* (das Zentrum des Diagramms, symbolisiert durch die Farbe Weiß, in der alle Farben des Lichts ihre Einheit finden). Gott selbst ist Einheit in Vielfalt. Da wir nach dem Bild Gottes geschaffen wurden, können und sollen wir Unterschiede wertschätzen, und gleichzeitig können und sollen wir nach dem Gemeinsamen hinter diesen Unterschieden Ausschau halten. Das ist die wichtigste Aufgabe, ganz gleich, mit welcher Art von Kleingruppe wir es zu tun haben mögen: Einheit in Vielfalt, und Gott selbst als Ursprung, Vorbild und Modell.

Warum brauchen wir Kleingruppen? Weil Menschen zur Gemeinschaft geschaffen worden sind. Um ihre Aufgabe erfüllen zu können, müssen Kleingruppen *ganzheitlich* sein – und das bedeutet: Gott lieben mit Kopf, Herz und Hand. Meine Hoffnung ist, dass dieses Buch Sie davon überzeugen wird, dass auch in Ihrer Situation das Gestaltwerden dieser Art von Gemeinschaft den erforderlichen Einsatz rechtfertigt.

Mehr im Internet

Auf 3colorsofcommunity.org finden Sie Antworten auf folgende Fragen:

- *Warum vertritt NCD nicht ein ganz konkretes Kleingruppenmodell?*
- *Warum beginnen alle Bücher der Reihe „Gemeinde natürlich entwickeln“ mit dem Trinitarischen Kompass?*

Was macht eine Kleingruppe ganzheitlich?

Es gibt kaum ein abstrakteres Wort als „ganzheitlich", und dennoch ist der Inhalt, der sich dahinter verbirgt, ausgesprochen einfach. Wir brauchen noch nicht einmal eine PowerPoint-Präsentation, um diesen Inhalt zu vermitteln.

Ich erinnere mich an eine Situation, in der ich in einem Dritte-Welt-Land über den Trinitarischen Kompass zu sprechen hatte. Im Anschluss an die Hauptkonferenz reiste ich in ein Dorf, in dem es keine Elektrizität gab – eine Tatsache, über die mich kein Mensch im Voraus informiert hatte. Da mein Kommunikationsstil in starker Weise auf visuelle Darstellungen angewiesen ist – ganz besonders, wenn es um Konzepte wie den Trinitarischen Kompass geht, die sich mit Worten allein einfach nicht angemessen ausdrücken lassen –, bereitete es mir erhebliches Kopfzerbrechen, dass ich mit dieser Gruppe ohne alle visuelle Hilfsmittel zu arbeiten hatte.

Nach einigem Nachdenken – die mehrstündige Reise gab mir genügend Zeit – wurde mir allerdings klar, dass ich auf elektronisch unterstützte visuelle Darstellungsformen verzichten konnte. Denn alles, was ich benötigte, waren drei einfache Gesten. Das Wesen des Trinitarischen Kompasses – auf Kleingruppen angewandt – kann beschrieben werden als Ausdruck unserer Liebe zu Gott mit unserem Kopf (grün), unseren Händen (rot) und unserem Herzen (blau). Das ist bereits alles. Jeder kann dies kommunizieren, sogar ohne Worte, und jeder kann es verstehen (siehe Schaubild auf Seite 12). Die drei grundlegenden Fragen, die wir stellen müssen, sind folgende:

1. Was **denkst** du (Kopf)?
2. Was **fühlst** du (Herz)?
3. Was wirst du **tun** (Hände)?

Mehr im Internet

Auf 3colorsofcommunity.org finden Sie Antworten auf folgende Fragen:

- *Welche Forschungen hat NCD International im Blick auf Kleingruppen durchgeführt?*
- *Warum sind die Qualitätsmerkmale gesunder Gemeinden und gesunder Kleingruppen nahezu identisch?*

Die sieben Gemeinschaftsmerkmale

Das Schaubild auf Seite 13 macht deutlich, dass jedes der sieben Gemeinschaftsmerkmale von Kleingruppen im Blick auf die drei Bereiche *Kopf, Hände* und *Herz* eine ganz bestimmte Position hat:

- **Zweckmäßige Strukturen** ist eine Sache des Kopfes (grün), da wir es hier in starker Weise mit Reflexion und Planung zu tun haben.
- **Bedürfnisorientierte Evangelisation** bezieht sich auf die Hände (rot), da Evangelisation immer etwas Praktisches bedeutet – Weitergeben, was wir empfangen haben.
- **Leidenschaftliche Spiritualität** richtet sich in besonderer Weise auf das Herz (blau), da sie den gesamten Bereich unserer Emotionen mit einbezieht.
- **Gabenorientierte Mitarbeit** ist angesiedelt zwischen Kopf (Reflexion) und Händen (praktische Dienste), da es in diesem Bereich darum geht, geistliche Gaben auf ganz konkrete Aufgaben zu beziehen.

Das Geheimnis ganzheitlicher Kleingruppen besteht darin, die Köpfe (grün), Hände (rot) und Herzen (blau) der Teilnehmer anzusprechen.

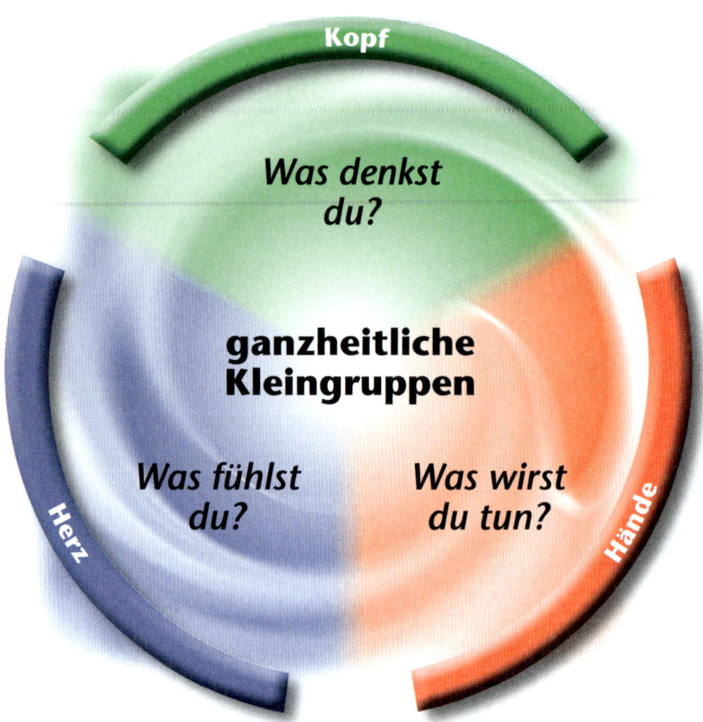

- **Liebevolle Beziehungen** liegt zwischen Herz und Händen; es bedeutet, etwas für Andere zu tun (Hände), das von der richtigen Motivation in Bewegung gesetzt ist (Herz).
- **Inspirierende Anbetung** ist zwischen Kopf (Lehre) und Herz (Gott begegnen) platziert. Der Fokus liegt hier eindeutig nicht auf Aktion.
- **Bevollmächtigende Leitung** schließlich fördert und multipliziert die Gemeinschaft in allen drei Farbbereichen, je nach den Bedürfnissen der Gruppe. Deshalb ist dieses Gemeinschaftsmerkmal im Zentrum des gesamten Schaubilds positioniert (mehr auf Seite 137).

Kleingruppen und ganze Gemeinden

Diejenigen unter uns, die bereits mit der natürlichen Gemeindeentwicklung *(Natural Church Development – NCD)* vertraut sind, werden bemerkt haben, dass die 7 Gemeinschaftsmerkmale gesunder Kleingruppen den 8 Qualitätsmerkmalen gesunder Gemeinden, die NCD lehrt, sehr ähnlich sind. Das liegt daran, dass eine Kleingruppe nichts Anderes als eine „Gemeinde im Kleinformat" ist. Auf der Ebene von Kleingruppen werden die einzelnen Qualitäten natürlich anders ausgedrückt als auf der Ebene der Gesamtgemeinde; aber in beiden Fällen sind die Prinzipien die gleichen.

Die 8 Qualitätsmerkmale gesunder Gemeinden sind das Ergebnis der am besten dokumentierten Gemeindewachstumsforschung, die bisher durchgeführt wurde. Bis heute hat unser Institut mehr als 65.000 Gemeinden in 86 Ländern untersucht und dabei acht Faktoren ausfindig gemacht, die alle wachsenden Gemeinden – unabhängig von Kultur und Frömmigkeitsrichtung – miteinander teilen. Der Unterschied zwischen dieser Liste und den 7 Gemeinschaftsmerkmalen von Kleingruppen besteht in zwei Bereichen:

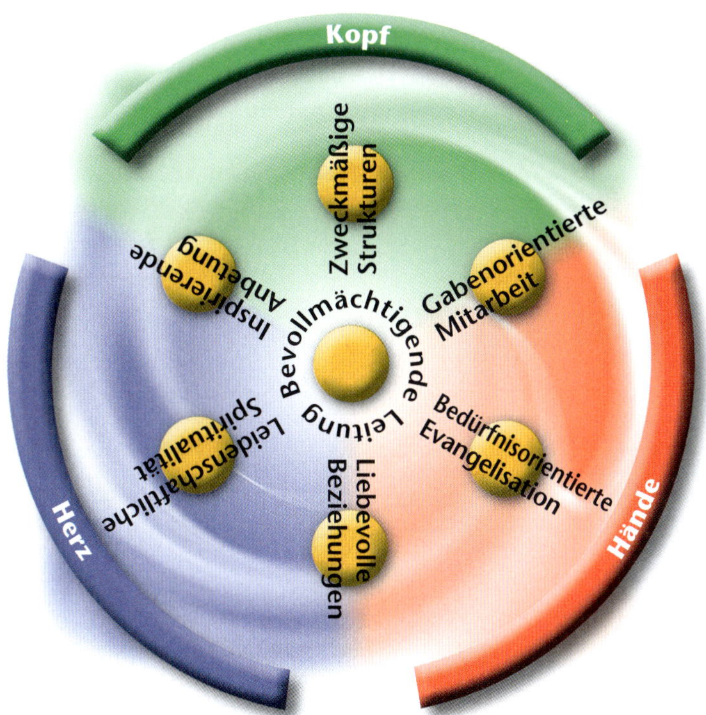

Die 7 Gemeinschaftsmerkmale gesunder Kleingruppen: Jedes der sieben Elemente wird bestimmt durch sein Verhältnis zu den drei Dimensionen Kopf, Hände und Herz.

- Eines der acht Qualitätsmerkmale gesunder Gemeinden ist *ganzheitliche Kleingruppen.* Es versteht sich von selbst, dass dieses Kennzeichen, das für eine Gemeinde als Ganze entscheidend ist, nicht auf eine Liste von Kennzeichen gehört, die entwickelt wurde, genau diese Art von Gruppen näher zu beschreiben.
- Der zweite Unterschied besteht in einer Umformulierung: *Inspirierender Gottesdienst* (auf der Ebene der Gesamtgemeinde) wird zu *inspirierende Anbetung* (auf der Ebene der Kleingruppe). In Kleingruppen reden wir nicht über Gottesdienst im Sinne einer gottesdienstlichen Veranstaltung am Sonntag (bzw. Samstag). Wie reden vielmehr über Anbetungserfahrungen, die sich in einer Fülle unterschiedlicher Weisen ausdrücken können.

Warum Balance nicht unbedingt das Ziel ist

Es gibt einen weiteren wichtigen Unterschied zwischen Kleingruppen und Gesamtgemeinden. Während für die Entwicklung der Gesamtgemeinde ein Gleichgewicht aller acht Qualitätsmerkmale – strategisch gesehen – das Ziel ist, gilt dies nicht notwendigerweise auf der Ebene einer Kleingruppe. Kleingruppen können bewusst einseitig sein.

Es gibt Gruppen, die sich mehr auf *Solidarität* konzentrieren, und andere, die ihr Augenmerk mehr auf das *Beisammensein* legen; einige bringen stärker die *vita activa* (das aktive Leben) zum Ausdruck, andere dagegen die *vita contemplativa* (das besinnliche Leben). Die erste Kategorie könnten wir als *Martha-Gruppen* bezeichnen, die zweite Kategorie als *Maria-Gruppen.* Diese Unterschiede in der Art der Gruppen tragen wesentlich zur Gesundheit und

Kleingruppen können – sollten sogar! – unterschiedliche Schwerpunkte haben: Einige mögen stärker darauf ausgerichtet sein, innere Wachstumsprozesse zu fördern (vita contemplativa), während sich andere darauf konzentrieren, anderen Menschen zu dienen (vita activa).

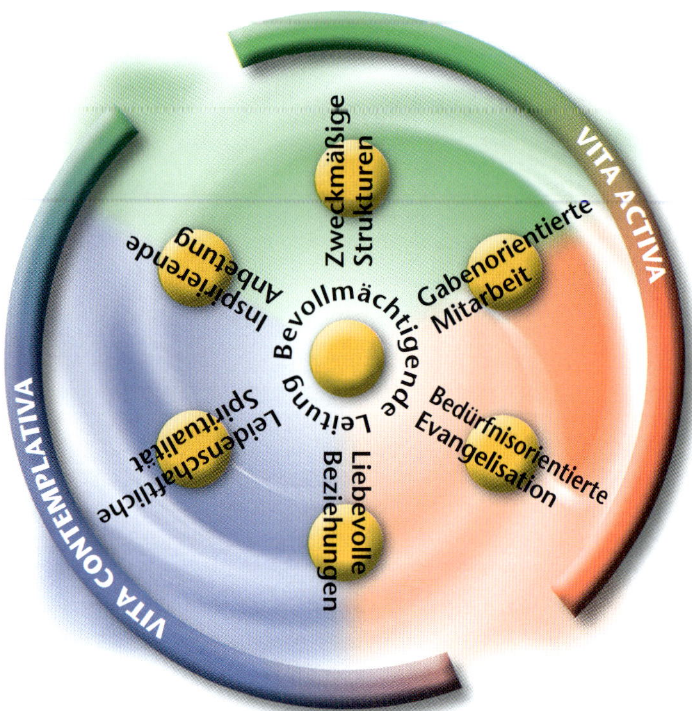

Attraktivität einer Gemeinde bei (siehe Schaubild oben). Nicht jede einzelne Kleingruppe muss eine Balance zwischen diesen beiden Polen aufweisen, aber die Kleingruppenarbeit der Gesamtgemeinde sollte es schon. Wenn eine Gemeinde ausschließlich Martha- oder Maria-Gruppen hat, weist dies mit Sicherheit auf ein Problem hin. Allerdings gibt es keinerlei Notwendigkeit, dass jede Kleingruppe in jedem einzelnen Bereich stark zu sein hat. Die *Unterschiede* in der Ausrichtung von Kleingruppen gehören vielmehr zu den wichtigsten Ressourcen, die eine Ortsgemeinde hat.

Das Modell „Dinnerparty"

Scott Peck hat eine berühmt gewordene Unterscheidung gemacht zwischen echter Gemeinschaft und dem, was er als *Pseudogemeinschaft* bezeichnet. Pseudogemeinschaft ist davon überzeugt, es handele sich um echte Gemeinschaft, während die Realität weit davon entfernt ist.

Peck schreibt, dass die Illusion, dennoch Gemeinschaft zu sein, aufrechterhalten wird „durch eine Reihe von Normen, die wir als Höflichkeitsformen bezeichnen: man sollte sein Bestes tun, alles zu vermeiden, das jemand Anderen stört oder verärgert; wenn jemand Anderes etwas sagt, das einen beleidigt oder verletzt, sollte man so tun, als habe es einen überhaupt nicht berührt; und wenn Meinungsverschiedenheiten oder andere Unstimmigkeiten auftauchen, sollte man sofort das Thema wechseln. Dies sind die Regeln, die jede gute Gastgeberin kennt. Sie können für eine seicht dahinplätschernde Dinnerparty sorgen, aber auch nicht für mehr."

Sollten Sie erwarten, dass *Die 3 Farben der Gemeinschaft* eine Anleitung für eine derartige christliche Dinnerparty bietet, werden Sie von den nächsten 130 Seiten mit Sicherheit enttäuscht sein.

Sünde – ein dreifacher Gemeinschaftsbruch

Warum ist dieses Buch über die 7 Gemeinschaftsmerkmale zugleich ein Buch über die 7 Todsünden? Die Antwort auf diese Frage ist sehr viel einfacher, als es zunächst erscheinen mag. Allerdings werden wir erst dann die Verbindung dieser beiden Themenbereiche verstehen, wenn wir die richtige – was in diesem Zusammenhang heißt: biblische – Sicht von Sünde freigelegt haben.

In der heutigen Alltagssprache wird das Wort Sünde kaum noch verwendet. Selbst Christen bemühen sich, es tunlichst zu vermeiden, wenn es nur irgendwie möglich ist. Sollte der Begriff doch einmal gebraucht werden, dann dient er fast ausschließlich als Beschreibung dafür, dass man zu viel Sahnetorte (oder ähnliche Köstlichkeiten) verspeist hat. Und Sahnetorte, ob in großen oder eher kleineren Mengen genossen, hat relativ wenig mit dem Wesen christlicher Gemeinschaft zu tun. Zumindest wäre es nicht allzu sinnvoll, sie ins Zentrum eines Buches über christliche Gemeinschaft zu stellen: *Wie die 7 Gemeinschaftsmerkmale gesunder Kleingruppen die Wirkungen von Sahnetorte überwinden.*

Sünde isoliert

Das Sahnetorten-Verständnis ist allerdings nichts Anderes als eine Karikatur des biblischen Sündenbegriffs. Wie alle zentralen biblischen Begriffe lässt sich auch Sünde unterschiedlich definieren, wobei jede Definition einen bestimmten Aspekt dessen, was in der Bibel von verschiedenen Seiten beleuchtet wird, ins Zentrum stellt. Jedoch ist der Kern immer der gleiche: Gott hat uns geschaffen, um in Gemeinschaft zu leben, aber Sünde isoliert. Im Tiefsten ist Sünde stets Gemeinschaftsbruch. Genau genommen handelt es sich um einen *dreifachen* Gemeinschaftsbruch – ein Bruch unserer Beziehung zu Gott, zu anderen Menschen und zu uns selbst (siehe Schaubild auf Seite 17).

Dies ist die Verbindung der beiden Themen „Gemeinschaft" und „Sünde". In Wahrheit handelt es sich hier nämlich gar nicht um zwei verschiedene Themen. Es ist schlechterdings unmöglich, eine Gemeinschaft zu bauen, die diesen Namen verdient, solange wir die Realität von Sünde ignorieren. Andererseits ist es unmöglich, Sünde zu besiegen, solange wir sie auf rein individualistische Weise angehen, also außerhalb des Kontexts christlicher Gemeinschaft. Die traditionellen Wege, mit Sünde umzugehen, sind weitgehend dem individualistischen Ansatz gefolgt – ein Verfahren, das zu keiner Zeit funktioniert hat und auch niemals funktionieren kann.

Der dreifache Gemeinschaftsbruch

In dem Moment, wo wir uns mit dem biblischen Verständnis von Sünde beschäftigen, können wir das Sahnetorten-Konzept hinter uns lassen und zum Zentrum des christlichen Glaubens vorstoßen, das Jesus in den folgenden Worten zusammenfasste: „Du sollst den Herrn, deinen Gott, lieben von ganzem Herzen, von ganzer Seele, mit allen Kräften und von ganzem Gemüt, und deinen Nächsten wie dich selbst" (Lk. 10,27). Beachten Sie die drei genannten Adressaten unserer Liebe: der Herr, dein Nächster, du selbst. Aus diesem dreifachen Beziehungsgefüge besteht das Wesen des Christentums. Sünde zerstört jede einzelne dieser drei Beziehungen:

1. **Beziehung zu Gott:** Sünde hat stets mit unserer Beziehung zu Gott zu tun. Wenn wir zu viel Sahnetorte essen, mögen wir zwar auch Probleme bekommen, aber das sind nicht notwendigerweise die Art von Problemen, die unsere Beziehung zu Gott berühren. Unabhängig davon, wie sich Sünde im Alltag konkret ausdrücken mag, ihre Wurzel ist immer ein geistliches Problem. Deshalb hat Sünde genauso viel mit unseren Gedanken und unseren Einstellungen zu tun wie mit unseren eigentlichen Taten. Sünde entfremdet uns von Gott. Sie zerstört unsere Freundschaft zu Gott.
2. **Beziehung zu Anderen:** Das Christentum ist keine Religion der Individualisten, auch wenn einige Zweige der Christenheit diesen Eindruck erwecken mögen. Wir können nicht wirklich Gott begegnen, solange wir Gottes Menschen nicht begegnen. Indem wir anderen Menschen dienen, dienen wir Gott (siehe Mt. 25,31–46). Umgekehrt: Wir empfangen Gottes Liebe in erster Linie durch die Liebe anderer Menschen. Gott zu lieben ohne die Menschen zu lieben ist wie ein Fluss, der keinen Zugang zum Meer hat. Unsere Liebe zu Gott drückt sich durch Gemeinschaft und Dienst aus.
3. **Beziehung zu uns selbst:** Es ist nicht nur wichtig, dass wir zu anderen Menschen eine gute Beziehung aufbauen, sondern auch zu uns selbst. Unsere Fähigkeit, anderen Menschen zu dienen, beruht auf einer gesunden Beziehung zu uns selbst. Sünde bedeutet keineswegs, dass wir böse zu anderen Menschen sind, während wir uns selbst gut behandeln. Ganz im Gegenteil: Die zerstörerischen Auswirkungen von Sünde betreffen uns selbst genauso dramatisch wie Andere. Sünde zerstört unsere Beziehung zu uns selbst. Sie bindet uns und macht uns schließlich unglücklich. *Peccatum poena peccati,* wie Augustin es ausdrückte: „Sünde ist die Bestrafung der Sünde." Einige Theologen stellen in Frage, dass Sünde uns in die Hölle bringt. Aber niemand kann ernsthaft in Frage stellen, dass Sünde die Hölle *in uns* bringt.

Mehr im Internet

Auf 3colorsofcommunity.org finden Sie Antworten auf folgende Fragen:

- *Was sind die wichtigsten Definitionen von Sünde?*
- *Wie kann Sünde eine derartig beklemmende Rolle in der Christenheit spielen, wo doch Jesus für unsere Sünden gestorben ist?*

Selbstbezogenheit anstatt „Wir"

Wo immer die dreifache Beziehung zu Gott, zu anderen Menschen und zu uns selbst beschädigt ist, entstehen Probleme. Anstatt uns als Menschen zu sehen (und entsprechend zu handeln), die zu einem „Wir" gehören, schalten wir auf eine individualistische Haltung um, die uns selbst zum Mittelpunkt des Universums macht. Das ist das Wesen von Sünde: Nicht Sahnetorte, sondern unser eigenes Ich! Eine Heilung sündiger Verhaltensmuster hängt davon ab, dass wir lernen, was es bedeutet, eine „Wir"-Haltung anzunehmen – ein „Wir", das Gott, andere Menschen und uns selbst umfasst.

Der heikle Punkt ist, dass sich eine ich-zentrierte Haltung bisweilen hinter erstaunlich geistlich wirkenden Masken zu verstecken vermag. Diese Tendenz zum Verstecken ist eine generelle Eigenschaft von Sünde. Da wir uns in diesem Zusammenhang mit Sünde im Kontext christlicher Gemeinschaft beschäftigen, sollten wir ganz besonders nach geistlich verbrämten Maskierungen Ausschau halten.

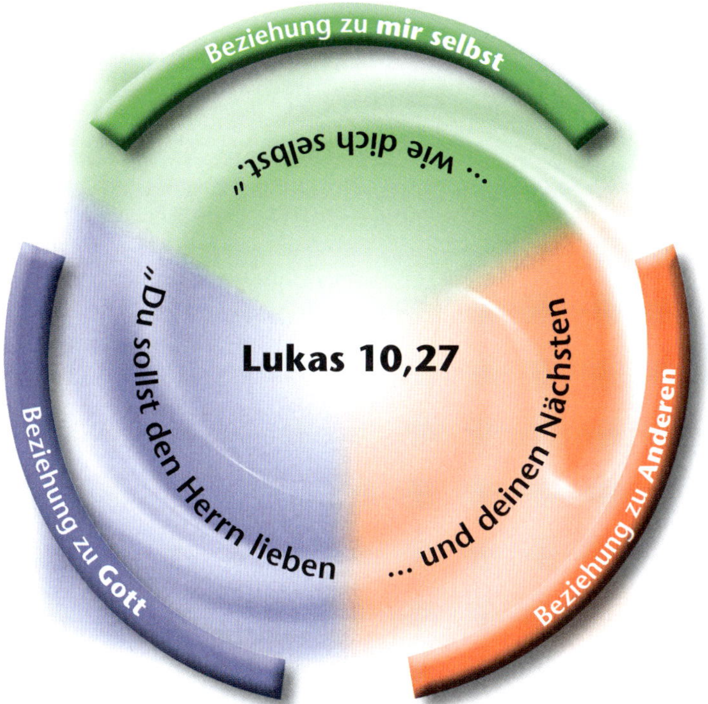

Jesus fasste das Zentrum des christlichen Glaubens in den folgenden Worten zusammen: „Du sollst den Herrn, deinen Gott, lieben von ganzem Herzen, von ganzer Seele, von allen Kräften und von ganzem Gemüt, und deinen Nächsten wie dich selbst" (Lk. 10,27). Sünde ist Gemeinschaftsbruch: ein Bruch unserer Beziehung zu Gott, zu anderen Menschen – und zu uns selbst.

Wenn es uns wirklich darum geht, Menschen dabei zu helfen, ein „gutes Leben" zu führen – und dazu sollte ganz gewiss die Teilnahme an einer Kleingruppe beitragen (siehe Seite 25) –, dann müssen wir uns mit den Faktoren beschäftigen, die Menschen davon abhalten, dieses Ziel zu erreichen. Solange wir die Fähigkeit der Menschen zum Bösen nicht ernst nehmen, werden wir ihnen auch nicht helfen können, ihre Fähigkeit zum Guten zu entwickeln.

Mehr als ein Regelbruch

Von außen betrachtet zeigt sich Sünde darin, dass Regeln gebrochen werden. Das könnte uns zu der Annahme verleiten, das Wesen der Sünde bestünde genau darin – Sünde als Regelbruch. Das wäre aber viel zu kurz gegriffen. Regeln gibt es nur, um Dinge, die wichtiger als die Regeln sind, zu schützen. Unsere Aufgabe besteht darin, die Dinge ausfindig zu machen, die von den Regeln geschützt werden sollen. Nur aus dieser Perspektive werden wir die Weisheit von Regeln zu schätzen lernen. Und was sollen Gottes Regeln schützen? Im Wesentlichen: Beziehungen. Die Regeln sind uns gegeben, um unser dreifaches Beziehungsgefüge zu Gott, zu anderen Menschen und zu uns selbst zu schützen.

Die Vorstellung, Gott sei gegen unser Glück und unsere Freiheit, ist absurd. Er ist vielmehr leidenschaftlich daran interessiert. Um sie zu schützen und gedeihen zu lassen, hat er uns Regeln gegeben. Ein Teil der Attraktivität von Sünde besteht in ihrem Versprechen, uns Freiheit und Glück jenseits der Gemeinschaft zu geben – ein Versprechen freilich, das nicht erfüllt wird. Sowohl Freiheit als auch Glück werden austrocknen und absterben, wenn wir dem Weg der Isolation folgen. Unser wahres Wesen besteht nicht im „Ich", sondern im „Wir".

Die 7 Todsünden und christliche Gemeinschaft

Die gesamte Kirchengeschichte hindurch haben Christen, einschließlich ihrer besten Theologen, sich mit dem Wesen der Sünde herumgeschlagen – nicht nur als abstrakte Kategorie, sondern als tagtäglich erfahrene Wirklichkeit im Leben von Christen und Nichtchristen. Das am weitesten verbreitete System, das dieser fortwährenden Diskussion entsprang, ist das der 7 Todsünden. Es geht zurück auf die Lehren des griechischen Wüstenvaters Evagrius von Pontus (345–399) und wurde über Jahrhunderte hinweg fortwährend verfeinert, bis es seine heutige Form fand (siehe „Eine kurze Geschichte der 7 Todsünden" auf Seite 22).

Die 7 Todsünden sind *Stolz, Völlerei, Neid, Gier, Wut, Trägheit* und *Wollust* (siehe Schaubild auf der rechten Seite).

Zurückhaltung gegenüber den 7 Todsünden

Wenn Menschen dieser Liste der 7 Todsünden zum ersten Mal begegnen, mögen sie die folgenden Fragen stellen:

1. Nach biblischer Lehre gibt es eine *Vielzahl von Sünden*. Warum dann eine auf lediglich sieben Sünden reduzierte Liste?
2. Warum werden gerade diese sieben Sünden für *gravierender* als andere gehalten? Was ist mit sehr viel schwerwiegenderen Sünden wie zum Beispiel Völkermord, Rassismus, Militarismus, Terrorismus etc.? Im Vergleich zu ihnen erscheinen einige der 7 Todsünden (z.B. Trägheit und Völlerei) doch eher harmlos.
3. Und schließlich: Ist die Lehre von den 7 Todsünden *biblisch*?

Diese Fragen sind berechtigt. Wir können sie aber nur dann angemessen beantworten, wenn wir zunächst einmal verstanden haben, was die Liste der 7 Todsünden zu sein beabsichtigt – eine Typologie.

Das Wesen von Typologien

Um das Wesen von Typologien zu verstehen, ist es sinnvoll, mit der dritten der genannten Fragen zu beginnen: Ist die Lehre von den 7 Todsünden biblisch? Die Antwort ist: Ja und nein – je nachdem, wie wir das Wort „biblisch" verstehen.

Nirgendwo in der Bibel werden die 7 Todsünden in Form einer Liste präsentiert. So gesehen könnten wir sagen, die Liste sei nicht „biblisch". Umgekehrt allerdings könnten wir argumentieren, dass sie sehr wohl biblisch ist, da es sich hier um ein System handelt, das uns hilft, biblische Wahrheit zu entdecken, zu organisieren und praktisch anzuwenden.

Die Entwicklung einer solchen Typologie darf nicht mit Exegese verwechselt werden. Vielmehr hat sie ihren Ort in der Systematischen Theologie. Systematische Theologie beruht auf exegetischen Einsichten, aber strebt danach, die verschiedenen Lehren der Bibel zu systematisieren, wobei man sich bemüht, in diesem Prozess stets den Herausforderungen einer gegebenen Zeit Rechnung zu tragen (auch dann, wenn man sich dieser Tatsache gar nicht bewusst sein mag).

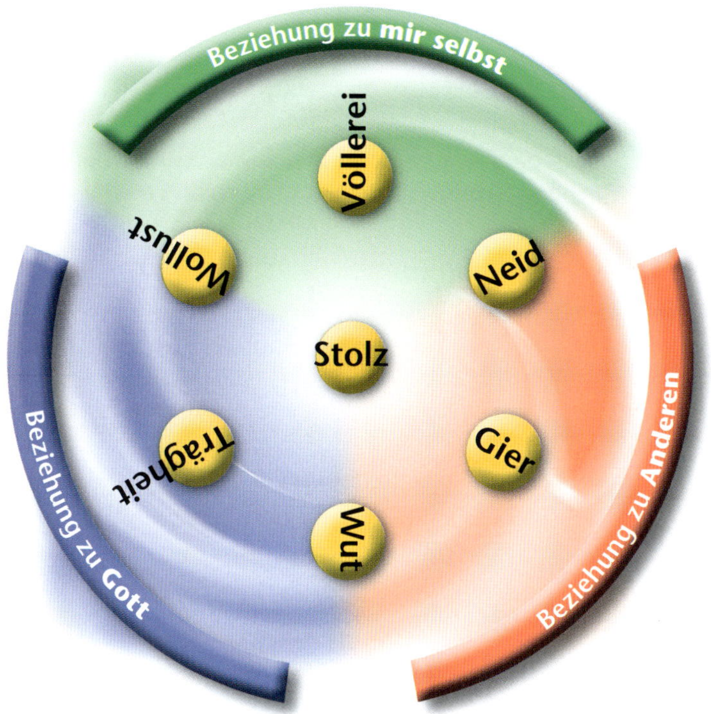

Da Sünde im Tiefsten ein Gemeinschaftsbruch ist, lassen sich die 7 Todsünden am besten als Abwesenheit der entsprechenden Gemeinschaftsmerkmale verstehen (siehe Schaubild auf Seite 13).

Wer mit der natürlichen Gemeindeentwicklung vertraut ist, hat bereits eine Vielzahl derartiger Typologien kennengelernt: *Die acht Qualitätsmerkmale. Die sechs Wachstumskräfte. Die neun geistlichen Stile. Die sieben Gemeinschaftsmerkmale. Die sechs Flügelkräfte der Leiterschaft* (um nur einige zu nennen). Keine dieser Listen ist „biblisch" in dem Sinne, dass die Bibel selbst so eine Liste präsentieren würde. Aber alle sind in dem Sinne biblisch, dass ihr Zweck darin besteht, biblische Wahrheit zu entdecken, zu organisieren und praktisch anzuwenden. Und all diese Typologien haben bereits unter Beweis gestellt, dass sie im Blick auf dieses Ziel ziemlich effektiv sind. Anders ausgedrückt: Sie alle tragen dazu bei, die Bibel ins praktische Leben zu übersetzen.

Das Gleiche gilt für die Liste der 7 Todsünden. Im Gegensatz jedoch zu modernen Typologien, die in der Regel auf lediglich ein paar Jahren der Reflexion beruhen, hat sich die Entwicklung der Liste der 7 Todsünden über 15 Jahrhunderte hinweg erstreckt. Diese Zusammenstellung wurde immer wieder getestet und ständig weiterentwickelt und verfeinert.

Wenn ich selbst ein alternatives System zu entwickelt hätte – ein Versuch, der absolut legitim wäre –, würde ich vielleicht den einen oder anderen Begriff anders wählen, aber ich würde das System als Ganzes nicht grundsätzlich in Frage stellen. Es offenbart – sowohl im Blick auf biblische Erkenntnis als auch im Blick auf Einsicht in das menschliche Herz – eine große Weisheit. Es bietet eine Zusammenstellung von Verwundbarkeiten, die Psychologen als „negative Archetypen des menschlichen Wesens" bezeichnen. Und nicht zuletzt liegt die Brillanz der traditionellen Liste in der Art, wie die Todsünden mit unserem täglichen Leben in Verbindung gebracht werden.

Zwei Beispiele für Typologien, die entwickelt wurden, um biblische Wahrheiten zu verdeutlichen: Der Baum der Laster (links) und der Baum der Tugenden (rechts). Aus: De fructibus carnis et spiritus, Salzburg, 12. Jahrhundert.

Wurzeln, Zweige und Früchte

Wenn wir das Wesen der Todsünden-Liste als Typologie verstanden haben, können wir uns den ersten beiden der eben genannten Fragen zuwenden: Warum eine auf *sieben* reduzierte Liste? Und: Warum gerade *diese* sieben?

Um die 7 Todsünden zu erklären, wurde im Mittelalter gerne das Bild eines Baumes benutzt (seihe Abbildungen oben). Der Baum hat eine Wurzel, einen Stamm und Zweige, aus denen unzählige Einzelsünden entsprießen (auch Tugenden können nach dem gleichen Schema organisiert werden, wie das Bild rechts zeigt). Wenn wir dieses Bild vor Augen haben, wird uns klar, dass in der Typologie der 7 Todsünden tatsächlich jede nur erdenkliche Sünde enthalten ist – als Frucht der sieben Hauptsünden.

Jede der in der Bibel genannten Sünden lässt sich als Unterkategorie einer der sieben Hauptsünden zuordnen. Der Erfinder der ursprünglichen Liste (die damals aus acht Kategorien bestand), der ostkirchliche Theologe Evagrius von Pontus, schrieb: „Es gibt acht allgemeine und grundlegende Gedankenkategorien, in denen jede Art von Gedanken enthalten ist." Und der westliche Theologe Gregor, der als Erster von *sieben* Hauptsünden sprach, schrieb: „Aus Neid entspringen Hass, Tratsch, Verleumdung, Schadenfreude und Kummer über den Erfolg des Anderen. Aus Wut entspringen Zank, Beleidigungen, Empörung, Tobsuchtsanfälle, Blasphemie."

Die Liste der 7 Todsünden besagt weder, dass die sieben genannten Sünden *schwerwiegender* seien als andere (dann müssten wir nämlich Sünden wie Mord mit aufnehmen), noch besagt sie, dass diese *häufiger* als andere sind (in diesem Fall müssten wir vermutlich Lügen und Trunkenheit mit aufnehmen). Diese Typologie betrachtet schlicht die sieben genannten Sünden als die Haupt-Zweige, aus denen unzählige andere Sünden entspringen.

Stolz als Wurzelsünde

Das Bild des Baumes enthält eine weitere hilfreiche Metapher. Unter den 7 Todsünden – den Hauptsünden, den Kapitalsünden – gibt es eine ganz bestimmte, die wir als „Wurzelsünde" bezeichnen könnten, d.h. in der die anderen sechs Sünden ihren Ursprung haben. Im Laufe der Kirchengeschichte wurden unterschiedliche Sünden als *die* Wurzelsünde betrachtet; aber die mit Abstand am weitesten verbreitete Zuordnung dieser Art geht auf Gregor den Großen (540–604) zurück, der die Sünde des *Stolzes* als die Wurzel des Baumes sah, der alle anderen Sünden hervorbringt.

Für Gregor ist Stolz die Sünde aller Sünden, die Mega-Sünde, die Super-Sünde, Inbegriff der Rebellion gegen Gott. Jede der anderen Sünden hat ihren Ursprung in dieser Wurzelsünde. Mit anderen Worten: Jede der anderen Sünden beinhaltet einen gewissen Anteil Stolz. Wie Sie aus dem Schaubild auf Seite 19 erkennen können, habe ich mich an dieses Organisationsprinzip angelehnt.

Die 7 Todsünden als Abwesenheit der Gemeinschaftsmerkmale

Jede der 7 Todsünden lässt sich am besten als die Abwesenheit des entsprechenden Gemeinschaftsmerkmals verstehen. Vergleichen Sie einmal die beiden Schaubilder auf Seite 13 und 19:

- **Stolz** entsteht aus der Abwesenheit von bevollmächtigender Leitung. Sein gemeinschaftszerstörendes Motto heißt: *Ich bin besser als jeder Andere.* Das Motto bevollmächtigender Leitung dagegen heißt: *Lass den Anderen wachsen.*
- **Völlerei** entsteht aus der Abwesenheit von zweckmäßigen Strukturen. Ihr gemeinschaftszerstörendes Motto heißt: *Ich muss selbst satt werden.* Das Motto zweckmäßiger Strukturen dagegen heißt: *Halte in allen Dingen Maß.*
- **Neid** entsteht aus der Abwesenheit von gabenorientierter Mitarbeit. Sein gemeinschaftszerstörendes Motto heißt: *Ich habe das Gleiche wie Andere verdient.* Das Motto gabenorientierter Mitarbeit dagegen heißt: *Ich bedarf der Anderen.*
- **Gier** entsteht aus der Abwesenheit von bedürfnisorientierter Evangelisation. Ihr gemeinschaftszerstörendes Motto heißt: *Ich brauche mehr für mich.* Das Motto bedürfnisorientierter Evangelisation dagegen heißt: *Teile mit Anderen, was du empfangen hast.*
- **Wut** entsteht aus der Abwesenheit von liebevollen Beziehungen. Ihr gemeinschaftszerstörendes Motto heißt: *Ich hasse diejenigen, die mir Unrecht getan haben.* Das Motto liebevoller Beziehungen dagegen heißt: *Reiß die Mauern der Trennung nieder.*
- **Trägheit** entsteht aus der Abwesenheit von leidenschaftlicher Spiritualität. Ihr gemeinschaftszerstörendes Motto heißt: *Mich kümmert das alles nicht.* Das Motto leidenschaftlicher Spiritualität dagegen heißt: *Liebe Gott mit Herz, Verstand und Seele.*
- **Wollust** entsteht aus der Abwesenheit von inspirierender Anbetung. Ihr gemeinschaftszerstörendes Motto heißt: *Ich benutze Andere zu meiner Erhebung.* Das Motto inspirierender Anbetung dagegen heißt: *Richte deine ganze Hingabe auf den Herrn.*

Mehr im Internet

Auf 3colorsofcommunity.org finden Sie Antworten auf folgende Fragen:

- *Warum und wie wurde die ursprüngliche Liste der 7 Todsünden im Laufe der Kirchengeschichte verändert?*
- *Was bedeutet genau der Begriff „Tod" innerhalb von „Todsünde"?*

Eine kurze Geschichte der 7 Todsünden

Während die Liste der 7 Todsünden, wie wir sie heute kennen, ein westliches Produkt ist, führen uns ihre Ursprünge auf die Ostkirche zurück. **Evagrius von Pontus (345–399)**, ein kontemplativer griechischer Mönch, der gemeinsam mit den Wüstenvätern in Ägypten lebte, schuf eine Liste von *acht unreinen Gedanken,* um seine Mönchsbrüder im Prozess der Selbsterforschung zu unterstützen. Die Liste des Evagrius unterschied sich von der heute bekannten Liste der 7 Todsünden dahingehend, dass sie noch nicht die Sünde des *Neides* beinhaltete, dafür aber sowohl *Traurigkeit* als auch *Eitelkeit*. Evagrius hatte eine Leidenschaft für das Praktische. Es lag ihm mehr daran, seelsorgliche Hilfe zu bieten, als ein umfassendes theologisches System zu entwickeln. Als typischer Vertreter der ostkirchlichen Tradition zeigte er ein stärker psychologisch-geistliches als moralisch-rechtliches Interesse.

Evagrius' Schüler **Johannes Cassianus (360–435)** brachte diese Lehre nach Marseille und machte die Westkirche damit bekannt (ohne freilich seinen Lehrer Evagrius ein einziges Mal zu erwähnen). Insbesondere waren es zwei Faktoren, die zu einer Verwestlichung des ursprünglichen Modells beitrugen: Einerseits die Übersetzung vom Griechischen ins Lateinische (eine Sprache, die schon von Haus aus sehr viel stärker rechtliche Nebenbedeutungen mitschwingen lässt), andererseits eine zunehmende Verschiebung des Interesses von psychologischen zu moralischen Kategorien.

Cassianus' Schriften übten einen starken Einfluss auf Benedikt (480–547) aus, den Begründer des westlichen Mönchtums. Durch Benedikt erlangte die Lehre des Cassianus die Aufmerksamkeit von Papst **Gregor dem Großen (540–604)**, der die Liste von acht auf sieben Sünden reduzierte (indem er einerseits *Traurigkeit* mit *Trägheit* zusammenführte, andererseits *Eitelkeit* mit *Stolz*, und außerdem *Neid* hinzufügte) und zum ersten Mal von *7 Todsünden* sprach. Es war Gregor, der Stolz als Wurzelsünde ausfindig machte.

Im Laufe der Zeit wurden die sieben Kategorien erweitert und zunehmend abstrakter. Zur Zeit des **Thomas von Aquin (1225–1274)** war bereits ein äußerst ausgefeiltes System entstanden, das – von Thomas selbst wesentlich erweitert und vertieft – Teil seiner *Summa Theologica* wurde. Über die Jahrhunderte hinweg diente dieses System als Vorlage für unzählige seelsorgerliche, lehrmäßige und künstlerische Bearbeitungen (darunter Dantes berühmte *Divina Commedia*), und zunehmend kamen auch protestantische Versionen auf.

In den letzten Jahrzehnten hat die Lehre über die 7 Todsünden eine Wiedergeburt erlebt. Mittlerweile gibt es tiefgründige säkulare (insbesondere psychologische) Beiträge zum Thema, und die Zahl von **evangelikalen Bearbeitungen** ist stark angestiegen (u.a. Billy Graham). Auch wenn die Darstellung der 7 Todsünden sich von Autor zu Autor beträchtlich unterscheidet, wird doch allgemein anerkannt, dass es sich bei der klassischen Aufstellung um eine Checkliste voller Weisheit handelt, mit der zu beschäftigen sich lohnt.

Östliches und westliches Sündenverständnis

Wenn ich die 7 Todsünden von einem therapeutischen Blickwinkel aus angehe, stoße ich häufig auf Unverständnis. „Sünde und Therapie?", fragte mich ein Pastor. „Das macht doch keinen Sinn. Wir suchen Heilung, wenn wir krank sind. Aber Sünde kann nicht geheilt werden. Sie muss vielmehr ausgemerzt werden."

Aus unterschiedlichen Traditionen lernen

Eines der größten Privilegien meiner Arbeit ist die Gelegenheit, in extrem unterschiedlichen christlichen Traditionen zu arbeiten. Die fortwährende Zusammenarbeit mit verschiedenen Strömungen der Christenheit hat meine Augen für die Stärken und Unausgewogenheiten jeder einzelnen Tradition geschärft – einschließlich der Tradition, in der ich selbst groß geworden bin. Ein erheblicher Teil meiner Arbeit besteht in nichts Anderem, als die besonderen Stärken einer kirchlichen Tradition (oder auch einer Ortsgemeinde) herauszustellen und gleichzeitig die Bereiche ausfindig zu machen, die bisher vernachlässigt worden sind. Eine Gemeinde, die sich den vernachlässigten Bereichen zuwenden möchte, kann ungeheuer viel von den Einsichten anderer Traditionen lernen.

Was bedeutet das ganz praktisch? Wenn wir in einer bestimmten lutherischen (oder katholischen, baptistischen, pfingstlichen etc.) Kirche die Vernachlässigung gewisser Aspekte aufspüren, die in anderen Traditionen (z.B. der Orthodoxen Kirche) gefunden werden können, dann ist unser Ziel nicht, diese lutherische Kirche „orthodoxer" zu machen. Vielmehr geht es darum, zu ihren vorhandenen Stärken neue Elemente hinzuzufügen, so dass sie am Ende eine effektivere lutherische (katholische, baptistische, pfingstliche) Kirche ist.

Die beiden Lungenflügel der Christenheit

Wenn westliche Gemeinden der ostkirchlichen Tradition begegnen (wie z.B. den Wüstenvätern des vierten Jahrhunderts), dann müssen sie sich vor Augen halten, dass es sich hier um Teile ihrer *eigenen* Tradition handelt. Ausnahmslos jede christliche Kirche auf diesem Erdenrund vertritt den Anspruch, ihre tiefsten Wurzeln in der Urkirche zu haben (und letztlich in Jesus selbst). Wenn wir einen Zeitstrahl zwischen der Urkirche und einer beliebigen heutigen Kirche zeichnen würden (sei sie lutherisch, katholisch, baptistisch, pfingstlich etc.), würde dieser Zeitstrahl unausweichlich sowohl die westkirchliche als auch die ostkirchliche Tradition des frühen Christentums umfassen. An dieser Stelle geht es uns nicht darum, verschiedene Denominationen miteinander zu vergleichen. Vielmehr sprechen wir von zwei grundlegenden Dimensionen – den beiden Lungenflügeln – der Christenheit, in denen alle anderen Kirchen ihren Ursprung haben.

Ich habe bereits wiederholt erwähnt, dass die Lehre von den 7 Todsünden auf den ostkirchlichen Theologen Evagrius von Pontus zurückgeht. Nach Evagrius' Tod wurden seine Erkenntnisse von der Westkirche übernommen. In diesem Prozess der „Verwestlichung" wurde sie allerdings auch beträchtlich umgewandelt. Während sich als Ergebnis dieses Prozesses in einigen Bereichen unser

Während die Bibel für die Beschreibung von Sünde sowohl der Rechtswelt entlehnte wie naturhafte Bilder benutzt, hat sich die westliche Tradition in erster Linie auf die rechtliche Dimension konzentriert, während die ostkirchliche Tradition stärker die naturhafte Dimension betont.

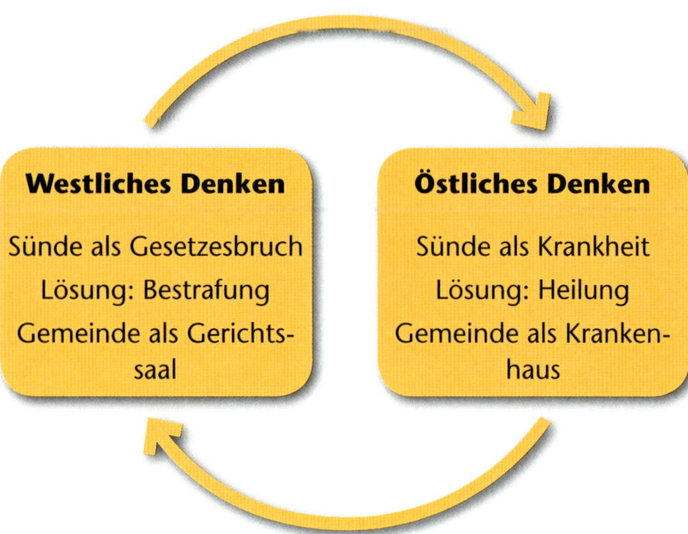

Verständnis vertiefte, wurden andererseits wesentliche Aspekte von Evagrius' Lehre vernachlässigt – Aspekte, die insbesondere heute für viele westliche Kirchen von Bedeutung wären. Evagrius' Anliegen war, sich mit den Wurzeln von Sünde im menschlichen Herzen zu beschäftigen, nicht lediglich mit den Symptomen, die sich in sündigem Verhalten ausdrücken. Mit anderen Worten: Der Nachdruck seiner Lehre – und besonders auch der Praxis, die sich daraus ableitete – war stärker therapeutisch (auf Heilung ausgerichtet) als forensisch (rechtlichen Zwecken dienend). Im Unterschied dazu hat der Westen Sünde stets sehr viel stärker rechtlich aufgefasst.

Unterschiedliche Schwerpunkte der beiden Traditionen

Diese Unterschiede wurden noch dadurch verstärkt, dass viele der frühen westlichen Theologen eine juristische Ausbildung hatten, während die Mehrheit der ostkirchlichen Theologen ihren Schwerpunkt in Rhetorik und Kunst hatten. Wenn wir die Offenbarung der Bibel durch verschiedene Brillen betrachten, dann ist es ganz natürlich, dass wir diejenigen Aspekte, die für uns relevant sind, ganz besonders hervorheben, da sie Antworten auf die Fragen sind, die uns bewegen.

Diese beiden Schwerpunkte bestehen in der Christenheit seit ihren Anfängen (lange bevor es 1054 zum sogenannten „Schisma" zwischen West- und Ostkirche kam). Und da sich beide Perspektiven zu Recht auf die Bibel berufen, können wir die Schwerpunkte dieser beiden christlichen Haupttraditionen als die *beiden Lungenflügel* der Christenheit betrachten. Ein gesunder Organismus hat zwei Lungenflügel, nicht nur einen. Es handelt sich nicht um ein Entweder-oder, sondern um ein Sowohl-als-auch.

Etwas vergröbernd ausgedrückt: Ostkirchliche Traditionen betonen Menschwerdung und Auferstehung Jesu etwas stärker als westkirchliche Traditionen, die ihr Augenmerk stärker auf die Erlösung legen, die auf Golgatha geschah. Außerdem spielt in der ostkirchlichen Tradition die gemeinschaftliche Dimension des christlichen Glaubens eine größere Rolle, während die westliche Tradition dazu neigt, die Menschen primär als Individuen anzusprechen.

Christi Werk:
Sieg über

das BÖSE	&	**den TOD**
Gegenteil des GUTEN		Gegenteil des LEBENS
Fokus der westlichen Tradition		*Fokus der östlichen Tradition*

bewirkt das
GUTE LEBEN

Die Bibel macht deutlich, dass Christi Werk in einem Sieg über das Böse und den Tod besteht. Das Gegenteil des Bösen und des Todes lässt sich im den Ausdruck „das gute Leben" zusammenfassen. Die Aufgabe einer Kleingruppe ist es, deutlich zu machen, was es mit diesem „guten Leben" ganz konkret auf sich hat.

Wann immer man solche verallgemeinernden Aussagen macht, muss man natürlich umgehend hinzufügen, dass selbstverständlich sowohl die westkirchliche als auch die ostkirchliche Tradition durchgehend das Ganze der biblischen Offenbarung gelehrt hat – Inkarnation *und* Erlösung, Karfreitag *und* Ostern, die individuelle *und* die gemeinschaftliche Dimension. Und beide betonen Jesu Tod am Kreuz als den einzigen Weg, Vergebung der Sünden zu erlangen.

Der Unterschied besteht lediglich darin, dass wir dann, wenn wir beide Traditionen nebeneinanderstellen, sehen können, dass jede von ihnen einen dieser beiden Pole etwas stärker betont, als es in der jeweils anderen Tradition der Fall ist. Diese unterschiedlichen Schwerpunkte lassen sich unschwer feststellen, wenn wir theologische Literatur, Liturgie und religiöse Symbolik miteinander vergleichen.

Verschiedene Konzepte von Sünde

Ich bin mir der Tatsache bewusst, dass es in diesem Buch um das Wesen christlicher Gemeinschaft geht, nicht um Kirchen- oder Dogmengeschichte. Aber ohne ein minimales Verständnis für die beiden Lungenflügel der Christenheit werden wir Schwierigkeiten haben, den Schlüssel zu finden, mit dessen Hilfe wir das Hauptproblem der Kirche angehen können. Jeder der beiden Pole, die ich beschrieben habe, ist biblisch begründet, aber für sich allein genommen einseitig. Ein wirklich biblisches Verständnis muss immer danach trachten, beide Pole zusammenzubringen.

Schauen Sie sich das Diagramm auf Seite 24 an. Es bezieht die Schwerpunkte des west- und ostkirchlichen Denkens auf das Verständnis von Sünde. Während der juristische Hintergrund des westlichen Denkmodells dazu führt, dass Sünde in erster Linie als Gesetzesbruch verstanden wird, neigt östliches Denken dazu, Sünde stärker in Analogie zu einer Krankheit zu sehen.

Diese unterschiedlichen Ansätze haben natürlich Auswirkungen auf die Suche nach geeigneten Lösungen. Während das westliche Denkmodell rechtliche Begriffe wie Bestrafung und Vergebung in den Vordergrund stellt, neigt ostkirchliches Denken stärker zu medizinischen Metaphern wie Heilung. Innerhalb des ostkirchlichen Denkens kann sogar Bestrafung als „Medizin" bzw. „Therapie" aufgefasst werden und nicht so sehr als Mittel, das dazu dienen soll, Gott zufriedenzustellen.

Zusammengefasst gesagt: Während in der westlichen Theologie viele der Metaphern, mit deren Hilfe das Christentum beschrieben wird, der Begriffssprache des Gerichtssaals entlehnt sind, betrachtet östliche Theologie Kirche sehr viel stärker in Analogie zu einem Krankenhaus. Einmal mehr müssen wir an dieser Stelle betonen, dass beide Metaphern – die rechtlich-moralischen wie die therapeutischen – ihren Ursprung in der Bibel haben, dass beide wesentlich sind und dass beide einen angemessen Ausdruck in der heutigen kirchlichen Praxis finden sollten. Wir reden nicht über ein Entweder-oder, sondern über ein Sowohl-als-auch.

Wenn es allerdings darum geht, ein Gleichgewicht zwischen diesen beiden Polen herzustellen, dann stehen die meisten westlichen Gemeinden vor der Herausforderung, im Blick auf Sünde ihr therapeutisches Verständnis zu erweitern, indem sie fragen: Was bringt Menschen dazu, Gottes Gebote zu missachten? Was hoffen sie damit zu erreichen? Welche Energien treiben sie dabei an? Wie ließen sich diese Energien in konstruktivere Bahnen umlenken? Und schließlich: Was können wir praktisch tun, um Menschen dabei zu helfen, die selbstzerstörerischen Muster von Sünde zu überwinden?

Das Zentrum des christlichen Glaubens

Mit all diesen Gedanken im Hintergrund sollten Sie sich noch einmal das Diagramm auf Seite 25 anschauen. In dieser Grafik wird das Zentrum des christlichen Glaubens zum Ausdruck gebracht – Christi Sieg über das Böse (linke Box) und den Tod (rechte Box). Die wichtigste Aufgabe der Kirche besteht darin, diese Wahrheit in einer Weise zu vermitteln, dass Menschen nicht nur die Botschaft hören, sondern auch diesen zweifachen Sieg in ihrem Leben *erfahren.*

Mehr im Internet

Auf 3colorsofcommunity.org finden Sie Antworten auf folgende Fragen:

- *Wie kann eine westliche Gemeinde von der ostkirchlichen Tradition lernen, ohne ihre eigene kirchliche Identität zu verleugnen?*
- *Worin besteht die Bedeutung des sogenannten „Schismas" von 1054, insbesondere für protestantische Kirchen?*

Ich bin mir bewusst, dass viele westliche Christen von einem Buch über Kleingruppen erwarten, dass sie hier Ausführungen über die optimale Gruppengröße, Marketingstrategien zur Erreichung neuer Mitglieder oder attraktive Themen finden, die sich unmittelbar auf vorhandene Bedürfnisse beziehen. Jede dieser Fragen hat ihre Berechtigung. Meine Befürchtung ist indessen, dass viele christliche Gruppen – während sie eine Fülle interessanter und sogar geistlicher Aktivitäten entfalten – in Gefahr stehen, das *Zentrum* des christlichen Glaubens zu verfehlen: Menschen dabei zu helfen, Christi Sieg über Sünde und Tod in ihrem eigenen Leben zu erfahren.

Wenn das „Böse" und der „Tod" das Gegenteil des Ziels christlicher Lebenspraxis darstellen, dann folgt daraus, dass wir das „gute Leben" propagieren und einüben sollten („gut" als Gegenteil von „böse" und „Leben" als Gegenteil von „Tod"). Das ist es, worum es in der christlichen Gemeinschaft geht. Wenn wir uns auf den folgenden Seiten mit den 7 Todsünden und den 7 Gemeinschaftsmerkmalen beschäftigen, dann ist unser Ziel, durchzubuchstabieren, worin dieses „gute Leben" praktisch besteht und welche Hindernisse zu überwinden sind, damit es Wirklichkeit werden kann.

Die Energien hinter den Todsünden nutzen

Bis zu diesem Punkt mögen unsere Betrachtungen ziemlich abstrakt erscheinen: Die Definition von Kleingruppen. Der Trinitarische Kompass. Die 7 Gemeinschaftsmerkmale. Die 7 Todsünden. Östliches und westliches Denkmodell. Einige Leser, die vor allem an den nächsten Hauskreis am Dienstagabend denken, an die Fragen von Lena und Mia und Max, an die Arbeitslosigkeit von Max und die Brustkrebserkrankung von Mia, an ihre Schwierigkeiten beim Studium von Römer 7 und an ihren eigenen Zeitdruck, mögen unruhig werden und sich fragen: „Wann wird es endlich praktisch?"

Ich bin recht zuversichtlich, dass Sie bis zum Ende dieses Buches die Bedeutung der theoretischen Bausteine, mit denen wir uns bislang beschäftigt haben, zu schätzen wissen. Ohne diese wäre es nämlich unmöglich, das Paradigma zu verstehen, auf dem dieses Buch beruht – die Unterscheidung zwischen gottgegebenen *Energien* und der Art, wie diese entweder in Form der *7 Todsünden* oder der *7 Gemeinschaftsmerkmale* ausgedrückt werden.

Hat Sünde womöglich doch etwas Positives?

Die meisten der Autoren, die über die 7 Todsünden schreiben, machen an irgendeiner Stelle eine ziemlich verwirrende Entdeckung. Naturgemäß betrachten sie zunächst einmal jede der Sünden kritisch. Das ist auch nicht überraschend, wo doch die zerstörerischen Auswirkungen von Sünde nur allzu offensichtlich sind.

Und doch – sobald man etwas tiefer gräbt, scheint es so etwas wie ein unerklärliches positives Element zu geben, das sich mit jeder einzelnen der sieben Sünden verbindet. Natürlich ist *Wut* negativ – aber sorgt sie nicht auch dafür, dass wir uns in bestimmten Situationen mutiger verhalten, als wir es andernfalls täten? Gar keine Frage, dass *Gier* falsch ist – aber stellt sie nicht auch genau den Kraftstoff dar, der für das Wachstum unserer Wirtschaft sorgt? Zweifelsohne ist *Stolz* eine Sünde – aber hilft er uns nicht auch dabei, ein positives Selbstwertgefühl zu entwickeln? Ähnliche Beobachtungen lassen sich bei jeder einzelnen der 7 Todsünden machen. In jeder von ihnen scheint es ein gewisses Element zu geben, das wir nicht einfach rundweg verdammen können.

Das ergibt ein ziemlich verwirrendes Gesamtbild. Könnte es sein, dass Sünde gar nicht unbedingt etwas Schlechtes ist, zumindest nicht immer? Dass in gewissen Fällen, unter gewissen Umständen oder in gewissen Bereichen sie sogar gerechtfertigt ist?

Die Antwort ist ein eindeutiges „Nein". Sünde ist immer falsch – in allen Fällen, unter allen Umständen, in allen Bereichen. Und dennoch: Diejenigen, die etwas Positives im Bereich jeder der 7 Todsünden wahrnehmen, liegen nicht vollkommen daneben. Das positive Element ist jedoch nicht die Sünde selbst – noch irgendetwas, was nur in Verbindung mit Sünde zu haben ist –, sondern es ist die *Energie*, die sich hinter jeder Sünde verbirgt.

Der Weg der Verdrängung und der Weg des Kompromisses

Wenn es uns nicht gelingt, diese Unterscheidung zu machen und durchzuhalten, werden wir unausweichlich zu einer der beiden folgenden Schlussfolgerungen gelangen:

- Wir interpretieren die Energien als etwas Negatives, das getilgt, reduziert oder unterdrückt werden muss. Ich bezeichne diesen Versuch als den **Weg der Verdrängung**. Wenn wir diesem Pfad folgen, ist es vom Ansatz her ausgeschlossen, die Energien als Treibstoff zu nutzen, der zu einem positiven Ziel – wie den 7 Gemeinschaftsmerkmalen – beiträgt.
- Wir erkennen ganz richtig, dass ein Kampf gegen die Energien aussichtslos wäre. Da wir aber die Energien nicht von den jeweiligen Sünden unterscheiden (können), sehen wir gar keine Alternative dazu, Sünde als unvermeidlich zu betrachten. Ich nenne dies den **Weg des Kompromisses**. In seiner moderaten Spielart wird er dazu führen, sündige Muster in unserem Leben zu rechtfertigen; in seiner extremen Spielart wird das biblische Verständnis von Sünde uminterpretiert, so dass am Ende das, was die Bibel Sünde nennt, geradezu als Tugend erscheint.

Zusammengefasst: Der Weg der Verdrängung versteht die Energien als etwas Negatives, der Weg des Kompromisses versteht die Sünden als etwas Positives – zwei fatale Schlussfolgerungen. Und gleichwohl stellen diese beiden Wege die am weitesten verbreiteten „Strategien" für den Umgang mit Sünde dar (siehe Tabelle unten). Die meisten der Probleme, mit denen wir in unseren Gemeinden zu tun haben, lassen sich auf einen dieser beiden Irrwege zurückführen.

Die Umleitung der Energien

Wie sieht dann eine konstruktive – und biblische – Alternative zu diesen beiden Irrwegen aus? Schauen Sie sich die beiden Grafiken auf der rechten Seite an: Das linke Schaubild drückt aus, was geschieht, wenn wir die Dinge einfach laufen lassen. Unsere natürlichen Energien führen dann unausweichlich zur Sünde, während sie nur minimal zum entsprechenden Gemeinschaftsmerk-

Weg der Verdrängung	Energie	Sünde	Weg des Kompromisses
Füg dich!	Macht	Stolz	Heldenverehrung
Enthalte dich!	Genuss	Völlerei	Konsumhaltung
Pass dich an!	Identität	Neid	Gleichmacherei
Verzichte!	Versorgung	Gier	Materialismus
Beruhige dich!	Gerechtigkeit	Wut	Selbstgerechtigkeit
Tu was!	Erneuerung	Trägheit	Unterhaltung
Halte dich rein!	Intimität	Wollust	Freizügigkeit

Der Weg der Verdrängung (linke Spalte) unterscheidet nicht zwischen sündigem Verhalten und der zugrunde liegenden Energie. Deshalb versucht er, die sieben Energien auszulöschen. Der Weg des Kompromisses (rechte Spalte) leidet am gleichen Denkfehler, führt aber zu den gegenteiligen Schlussfolgerungen. Er kapituliert vor der Macht der Sünde.

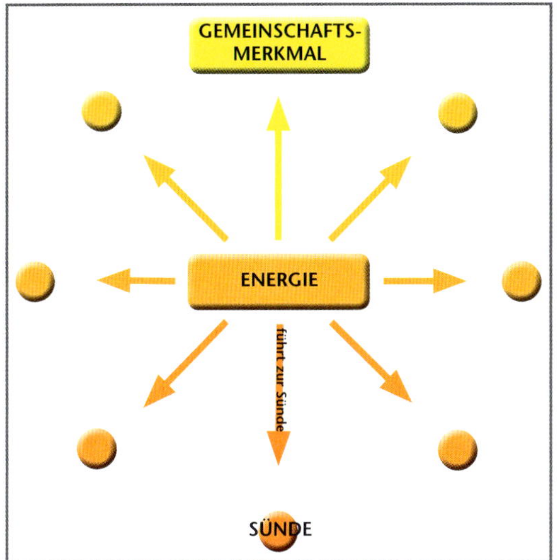

Solange sie nicht umgeleitet werden, führen unsere natürlichen Energien unausweichlich zu den verschiedensten Sünden (symbolisiert durch die Punkte im Diagramm). Der Beitrag zum Gemeinschaftsmerkmal ist nur minimal.

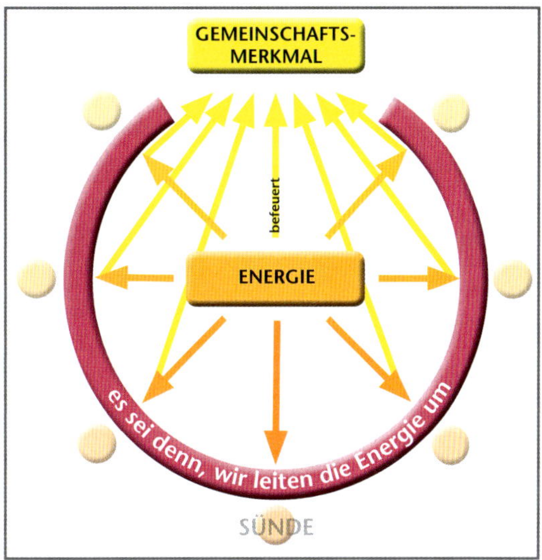

Das Konzept der Energieumwandlung, symbolisiert durch die Parabollinie. Die natürliche Energie fließt; der Schirm der Parabollinie allerdings leitet diese Energie in einer Weise um, dass sie vollumfänglich dem Gemeinschaftsmerkmal zugutekommt.

mal beitragen. In diesem Buch werde ich dies den *Weg der Isolation* nennen. Das ist unser Standard-Modus, wenn wir nichts tun.

Das Diagramm zur Rechten drückt aus, was geschieht, wenn wir die Energien umleiten (symbolisiert durch die Parabollinie): Die natürliche Energie kann fließen – genauso wie im linken Diagramm; allerdings wird sie durch den Schirm der Parabollinie so umgeleitet, dass sie zu 100 Prozent dem Gemeinschaftsmerkmal zugutekommen kann. In diesem Buch werde ich dies den *Weg der Gemeinschaft* nennen.

In der Theorie mag dies alles abstrakter wirken, als es tatsächlich ist. Nehmen Sie z.B. die Energie der *Macht*. Die von dieser Energie genährte Sünde ist *Stolz* und das entsprechende Gemeinschaftsmerkmal *bevollmächtigende Leitung*. Wenn wir nichts tun, wird sich Macht vor allem als Stolz ausdrücken und nur minimal zu bevollmächtigender Leitung beitragen. Wenn wir aber lernen, diese Energie umzuleiten – indem wir unseren Einfluss in Andere investieren –, wird 100 Prozent unserer Macht darauf gerichtet, andere zu bevollmächtigen. Unsere Macht fließt buchstäblich in andere Menschen. Für Stolz ist dann kein Raum mehr. Er verschwindet ganz „von selbst".

„Wo kann ich den Parabolschirm kaufen?"

Als ich in einem Seminar über diese Zusammenhänge sprach, war die unmittelbare Reaktion eines Pastors folgende: „Ich würde gerne sieben Parabolschirme bestellen. Was kosten sie?" Ich antwortete: „Sie brauchen diese Parabolschirme gar nicht zu bestellen. Sie haben sie bereits. Jede Ihrer Kleingruppen kann zu so einem Parabolschirm werden. Aber auch wenn die Parabolschirme kein Geld kosten, werden die Mitglieder Ihrer Kleingruppen einen beträchtlichen Preis zu zahlen haben: Sie müssen umschalten vom Weg der Isolation auf den Weg der Gemeinschaft." Sie können *Die 3 Farben der Gemeinschaft* durchaus als „Benutzer-Handbuch" für diesen Parabolschirm verstehen.

Im griechischen Neuen Testament wird „Energie" auf unterschiedliche Weise ausgedrückt: *energeia* und *energema* (Substantive), *energes* (Adjektiv) oder *energeo* (Verb). Diese Wortfamilie hat eine Doppelbedeutung: (a) die Quelle eines übernatürlichen Vorgangs göttlichen oder dämonischen Ursprungs und (b) eine Beschreibung der Wirkung, also dessen, wozu die Energie führt.

Einer der wichtigsten Abschnitte ist in diesem Zusammenhang 1. Korinther 12,4–6, wo zunächst von verschiedenen „Gaben" (*charismata*) und „Aufgaben" (*diakonia*) die Rede ist und dann – im Blick auf ein drittes Element – die folgende Aussage gemacht wird: „Es gibt verschiedene Arten von Wirkungen (*energemata*), aber es ist derselbe Gott, der alles in allen wirkt (hier steht das Verb: *energeo*)." Wenn wir an einer Arbeit nach biblischem Vorbild interessiert sind, können wir uns nicht leisten, das biblische Konzept der Energien zu ignorieren.

Hohe Energie = Hohes Potenzial = Hohe Verwundbarkeit

Der *Geistliche-Energie-Test*, der Teil dieses Buches ist, wird Ihnen helfen, ausfindig zu machen, wie stark jede der sieben Grundenergien (*Macht, Genuss, Identität, Versorgung, Gerechtigkeit, Erneuerung* und *Intimität*) in Ihrem persönlichen Leben und in Ihrer Gruppe als Ganzer ausgeprägt ist. Unterschiedliche Menschen zeigen unterschiedliche Energieprofile, und auch die Energien verschiedener Gruppen können sich ganz erheblich voneinander unterscheiden.

Mehr im Internet

Auf 3colorsofcommunity.org finden Sie Antworten auf folgende Fragen:

- *Was ist die biblische Grundlage für das Konzept der Energien, wie es in diesem Buch beschrieben wird?*
- *Ist es eher gut oder schlecht, in einem bestimmten Bereich viel Energie zu haben?*

Es sollte ausdrücklich erwähnt werden, dass der Test *weder* die 7 Gemeinschaftsmerkmale *noch* die 7 Todsünden misst. Mit anderen Worten: Er sagt Ihnen *nicht*, wie gottgefällig oder sündig Ihr Leben ist. Er zeigt Ihnen ausschließlich Ihren derzeitigen Energielevel in allen sieben Bereichen.

Es ist die gleiche Energie, die entweder das jeweilige Gemeinschaftsmerkmal oder die entsprechende Sünde nährt. Bildlich ausgedrückt: Die sieben Energien wirken wie Nitroglycerin – sie können entweder Brücken zum Einsturz bringen oder Herzen heilen. Menschen, die in einem bestimmten Bereich einen hohen Energielevel haben, besitzen auch ein großes Potenzial für das dazugehörige Gemeinschaftsmerkmal; gleichzeitig sind sie stärker verwundbar im Blick auf die dazugehörige Sünde.

Wenn Sie Ihre Energie im Kontext einer Kleingruppe freisetzen, indem Sie sie in das entsprechende Gemeinschaftsmerkmal investieren, hat dies zwei positive Wirkungen gleichzeitig:

- Die **gesamte Gruppe** wird von Ihrer Energie profitieren; die anderen Mitglieder werden durch Sie buchstäblich Gottes Liebe erfahren.
- Sie werden **Ihre eigene** Verwundbarkeit gegenüber der entsprechenden Sünde deutlich verringern.

Vielleicht ist es sinnvoll hinzuzufügen, dass ich noch nicht in einem einzigen Fall von negativen Nebeneffekten gehört habe, wenn Menschen diesem Ansatz gefolgt sind.

Warum es nicht reicht, „Nein“ zur Sünde zu sagen

Wie wir gesehen haben, sagt der Weg der Verdrängung „Nein“ zur Sünde – eine absolut angemessene Reaktion. Sünde ist ein Übel, das unsere Beziehung zu Gott, zu anderen Menschen und zu uns selbst zerstört. Sie beraubt uns unserer Freiheit und unseres Glücks. Das Problematische am Weg der Verdrängung ist nicht die Tatsache, dass er „Nein“ sagt, sondern dass er nur wenig Anderes beizutragen hat, wenn es darum geht, mit der Realität von Sünde fertig zu werden.

Das „Nein“ ist richtig – aber es reicht nicht aus

Es gibt eine Geschichte von einer schottischen Frau, deren ungläubiger Ehemann bereits auf sie wartete, als sie vom Gottesdienst nach Hause kam. Als er sie fragte, wovon die Predigt gehandelt habe, antwortete sie: „Der Pfarrer predigte über Sünde.“ „Und was sagte er?“, wollte der Ehemann wissen. Die Antwort der Frau war kurz: „Er war dagegen.“

Diese Antwort führt uns nicht weiter. „Er war dagegen“ – ja, und dann? Es ist nicht so, dass dieses „Nein“ etwa falsch sei, aber es reicht nicht aus. Es ist genau der Moment, wo wir „Nein“ sagen, an dem die ganze Sache *anfängt*, spannend zu werden: Was tun, wenn wir Sünde in unserem Leben entdecken, obwohl wir „Nein“ gesagt haben? Wie gehen wir mit zwiespältigen Gedanken und Gefühlen um? Und schließlich: Wie benutzen wir die Energien, die in uns sind, in einer Weise, dass wir sündige Verhaltensmuster überwinden können?

Energien ausdrücken statt unterdrücken

Das größte Manko des Weges der Verdrängung ist seine Neigung, nicht nur zur Sünde „Nein“ zu sagen, sondern auch zu den Energien hinter jeder Sünde, da man zwischen beidem nicht zu unterscheiden vermag. Das macht es schwierig, die Energien überhaupt wahrzunehmen, geschweige denn mit Anderen über sie zu reden und schließlich Wege zu finden, sie in konstruktive Bahnen zu lenken.

Es ist unmöglich, die Energien am Fließen zu hindern. Sie *werden* einen Weg finden, sich auszudrücken. Wenn wir diesen Prozess nicht bewusst angehen, indem wir dem Weg der Gemeinschaft folgen (und zu den Gemeinschaftsmerkmalen beitragen), werden die Energien eine andere Ausdrucksweise unter der Oberfläche finden, möglicherweise sogar so, dass wir es gar nicht bemerken.

Die Tatsache, dass wir die Energien nicht bemerken, bedeutet ja nicht, dass sie nicht vorhanden wären. Wenn sie nicht ausgedrückt werden können, werden sie unterdrückt. Sollte diese Unterdrückung ein fortwährender Zustand sein, werden die unterdrückten Energien sich in unserem Unbewussten sammeln und irgendwann mit eruptiver Kraft ans Tageslicht treten. Es ist keine Übertreibung zu sagen, dass der Weg der Verdrängung direkt zu sündigen Verhaltensweisen beiträgt. Das ist keineswegs ein Paradox, sondern eine relativ einfach zu erklärende psychologische Gesetzmäßigkeit.

Die Projektion unserer Schattenseite

Der Weg der Verdrängung hat einen äußerst unangenehmen Nebeneffekt. Wir haben ein inneres Bild, wie wir sein möchten, und alles, was diesem Bild nicht entspricht, wird ins Unbewusste abgeschoben. Anstatt uns mit unserem Schatten zu beschäftigen, indem wir ihn betrachten, ihn analysieren und über ihn reden, projizieren wir ihn auf andere Menschen. Das Ergebnis ist, dass wir hyperkritisch im Blick auf Andere werden.

Ich bin überzeugt, dass Jesus diese grundlegende menschliche Tendenz vor Augen hatte, als er sagte: „Was siehst du aber den Splitter in deines Bruders Auge und nimmst nicht wahr den Balken in deinem Auge? Oder wie kannst du sagen zu deinem Bruder: Halt, ich will dir den Splitter aus deinem Auge ziehen?, und siehe, ein Balken ist in deinem Auge. Du Heuchler, zieh zuerst den Balken aus deinem Auge; danach sieh zu, wie du den Splitter aus deines Bruders Auge ziehst" (Mt. 7,3–5).

Jesus: Mehr als nur ein „Nein"

Schauen Sie sich die Tabelle auf der rechten Seite an. Sie illustriert, wie das Neue Testament – und insbesondere Jesus selbst – mit den Energien, die das Potenzial zur Sünde in sich tragen, umgeht. In jedem einzelnen der genannten Fälle besteht die Strategie darin, diese Energien auf ein positives, geistliches Ziel zu lenken. Wenn wir uns im zweiten Teil dieses Buches mit jeder einzelnen Energie (sowie den dazugehörigen Sünden und Gemeinschaftsmerkmalen) beschäftigen, werden wir auf diese Art von Energieumwandlung immer wieder zurückkommen.

Tugend – die Bibel spricht von einem „heiligen Leben" – besteht nicht in der *Abwesenheit* von etwas (wie den 7 Todsünden), sondern in der *Anwesenheit* von positiven Verhaltensweisen (wie den 7 Gemeinschaftsmerkmalen). Solange wir uns darauf konzentrieren, etwas zu vermeiden (wie z.B. einen sündigen Gedanken), setzen wir geradezu einen mentalen Prozess in Gang, in dessen Verlauf das Gehirn nach genau diesen Gedanken sucht. Dieses Verfahren verstärkt die verbotenen Gedanken und erhöht die Wahrscheinlichkeit, dass sie unseren Geist zunehmend füllen. Je mehr wir uns bemühen, *nicht* an etwas zu denken, desto mehr werden wir erleben, *dass* wir daran denken müssen.

Der Fallstrick einer Vermeidungshaltung

Auf Konferenzen veranschauliche ich diese Gesetzmäßigkeit gerne durch eine einfache Vorführung. Ich sage den Teilnehmern: „Bitte denken Sie jetzt nicht an violette Elefanten." An dieser Stelle schauen mir die meisten ziemlich fassungslos ins Gesicht, als wollten sie sagen: „Warum um alles in der Welt sollten wir an violette Elefanten denken?" Dann fahre ich fort: „Schließen Sie jetzt bitte die Augen und denken Sie an gar nichts, ganz besonders nicht an violette Elefanten."

Nach einiger Zeit lasse ich die Teilnehmer die Augen wieder öffnen und frage sie: „Was haben Sie vor Ihrem inneren Auge gesehen, als Sie die Augen geschlossen hatten?" Wann immer ich diese simple Übung durchgeführt habe, war das Ergebnis das gleiche: Kaum jemand war es gelungen, *keinen* violetten Elefanten zu sehen.

Dieses Phänomen lässt sich leicht erklären. Je stärker wir etwas zu vermeiden trachten, desto mehr werden wir genau davon angezogen. Diese Einsicht

Energie	Sünde	Biblisches Modell	Umleitung der Energien	Gemeinschafts-merkmal
Macht	Stolz	Jakobus' und Johannes' Bitte *Markus 10,35–45*	Größe durch Dienerschaft	Bevollmächtigende Leitung
Genuss	Völlerei	Die Freiheit des Christen *1. Korinther 10,23–33*	Was baut auf?	Zweckmäßige Strukturen
Identität	Neid	Viele Glieder – ein Leib *1. Korinther 12,14–27*	Jeder wird gebraucht	Gabenorientierte Mitarbeit
Versorgung	Gier	Speisung der Fünftausend *Markus 6,32–44*	Multiplikation durch Teilen	Bedürfnisorientierte Evangelisation
Gerechtigkeit	Wut	Tempelreinigung *Johannes 2,13–17*	Eifer für Gottes Sache	Liebevolle Beziehungen
Erneuerung	Trägheit	Erquickung für die Beladenen *Matthäus 11,28–30*	Ruhe durch das sanfte Joch	Leidenschaftliche Spiritualität
Intimität	Wollust	Salbung durch eine Sünderin *Lukas 7,36–39*	Sinnlichkeit auf Jesus lenken	Inspirierende Anbetung

Diese Tabelle zeigt, wie im Neuen Testament fortwährend potenziell sündige Energien auf geistliche Ziele umgelenkt werden. Dieser Ansatz lässt sich insbesondere im Leben Jesu studieren.

hat weitreichende Konsequenzen: Indem wir uns darauf konzentrieren, eine Sünde loszuwerden, verstärken wir lediglich ihre Macht über uns. Unsere Sünde wird unser violetter Elefant, sein inneres Bild verfolgt uns überall. Der beste Umgang mit Sünde besteht darin, dass wir uns auf alternative Einstellungen und Verhaltensweisen konzentrieren, durch die wir die Energie ausdrücken können, die uns anderenfalls zur Sünde führen würde.

Warum das Konzept der „gegenteiligen Tugenden" nicht funktioniert

Der biblische Rat beschränkt sich jedenfalls nicht darauf, „Nein" zur Sünde zu sagen. Die Bibel ermahnt uns wiederholt, uns nicht „vom Bösen überwinden" zu lassen, sondern „das Böse mit Gutem" zu überwinden (Röm. 12,21). Die ganze Kirchengeschichte hindurch gab es unzählige Bemühungen, genau diesem Pfad zu folgen. Aber wir müssen eingestehen, dass die meisten dieser Versuche nicht funktionierten. Was also lief falsch?

In den meisten Fällen wurden den 7 Todsünden eine Liste von „gegenteiligen Tugenden" gegenübergestellt: Demut anstelle von Stolz, Keuschheit anstelle von Wollust, Enthaltsamkeit anstelle von Völlerei, Milde anstelle von Wut etc. Auf den ersten Blick wirkt dieses Verfahren vielversprechend: Statt uns darauf zu konzentrieren, die Sünde loszuwerden, bemühen wir uns um die „gegenteilige

Tugend". Das klingt sowohl logisch als auch konstruktiv. Was ist dann falsch an diesem Ansatz? Die beiden Hauptfehler sind folgende:

- Erstens: Wenn wir einem Menschen, der mit Stolz zu kämpfen hat, sagen: „Sei demütig!", oder einem Menschen, der mit Völlerei ringt: „Enthalte dich!", dann ist das so, **als sagten wir einem blinden Menschen: „Mach deine Augen auf"**, oder einem tauben Menschen: „Hör jetzt mal ganz genau hin!" Es stimmt ja, dass eine Umsetzung dieser Ratschläge das Problem dieser Menschen lösen würde. Wenn der Stolze demütig würde, der Prasser enthaltsam, der Taube hörend und der Blinde sehend – wunderbar! Die Probleme wären verschwunden. Die Schwierigkeit besteht darin, dass der Blinde nicht sehen *kann* und der Taube nicht hören *kann*. In gleicher Weise haben stolze Menschen nicht die Ohren, die Botschaft der Demut zu hören, und wer zur Völlerei neigt, hat nicht die Augen, um den Weg der Enthaltsamkeit als Lösung seiner Probleme zu sehen.
- Zweitens: Das Konzept der „gegenteiligen Tugenden" **macht keinerlei Gebrauch von den Energien** hinter den jeweiligen Sünden. Zwei meiner Kinder, beide hyperintelligent, sind Legastheniker. Ihre Deutschlehrerin sagte jedem von ihnen: „Deine Rechtschreibung muss besser werden." Wie hilfreich! Beide wissen, dass ihre Rechtschreibung katastrophal ist. Eine zufriedenstellende Rechtschreibung ist genau das, womit ein Legastheniker nicht dienen kann, und eine Konzentration der Energien auf dieses Ziel wäre geradezu verhängnisvoll. Als Eltern verfolgten wir den umgekehrten Ansatz: Wir halfen unseren Kindern dabei, die Energien hinter ihrer Form von Legasthenie wertzuschätzen und zu nutzen – die Fähigkeit zum Beispiel, Gesamtkontexte blitzschnell zu erfassen, ohne sich durch Buchstabenketten hindurchkämpfen zu müssen (etwas, wozu ihre Deutschlehrerin und auch wir als Eltern niemals fähig wären). Wir fütterten sie buchstäblich mit Beispielen von Legasthenikern, die Außerordentliches erreicht haben, weil sie lernten, ihre erstaunliche Fähigkeit zur Ganzheits-Wahrnehmung konstruktiv einzusetzen. Die Ergebnisse unseres Ansatzes waren, um es zurückhaltend auszudrücken, ermutigend.

„Heute sollte nicht Mittwoch sein"

Der Weg der Verdrängung versucht die Sünde dadurch loszuwerden, dass ihre Existenz verleugnet wird. Das ist so ähnlich, als würden wir mitten im strömenden Regen sagen: „Aber heute sollte eigentlich die Sonne scheinen", oder am Mittwoch ausrufen: „Heute sollte eigentlich Dienstag sein!" Wir können ja solche Aussagen machen, um unsere Wünsche auszudrücken. Aber wir sollten nicht erwarten, dass sie irgendeinen Einfluss auf die Wirklichkeit haben.

William Willimon hat diese Gesetzmäßigkeiten in präzisen und hilfreichen Worten zusammengefasst: „Die Frage ist nicht, ob wir versagen werden oder nicht. Wir werden es. Die Frage ist: Was geschieht dann?" Der Weg der Verdrängung hilft uns nicht weiter, wenn wir selbst mit der Realität von Sünde konfrontiert sind. Das mag der Grund dafür sein, dass viele Christen, die sich wiederholt bemüht haben, diesen Weg zu gehen, dazu neigen, im anderen Extrem Zuflucht zu finden – der Weg des Kompromisses.

Mehr im Internet

Auf 3colorsofcommunity.org finden Sie Antworten auf folgende Fragen:

- *In welchem Verhältnis steht die Vergebung durch Jesus zu unserer aktiven Bemühung, ein besseres Leben zu führen?*
- *Welcher der beiden Ansätze steht der biblischen Lehre näher: der Weg der Verdrängung oder der Weg des Kompromisses?*

Christliche Konsumenten oder Jünger Jesu?

Eine der folgenschwersten Auswirkungen des Weges des Kompromisses besteht darin, dass er dazu führt, Christen als Konsumenten statt als Jünger Jesu zu behandeln. Konsumenten wollen sich gut fühlen, und so halten wir uns mit allem zurück, was sie in ihren Gefühle verunsichern könnte. Konsumenten wollen unterhalten werden, und so bieten wir ihnen einen unterhaltsamen Glauben. Konsumenten wollen Bequemlichkeit, und so geben wir ihnen einen benutzerfreundlichen Jesus.

All das ist wohlgemerkt immer noch Christentum – „Nein, nein, wir sind durchaus keine Atheisten, wir glauben an Gott, ganz sicher!" –, aber es ist *Christentum light*. Christliches Konsumentendenken kommuniziert: Du *bist* nicht Gemeinde, sondern du *besuchst* die Gemeinde – und das ist ganz in Ordnung. Im Blick auf meine eigene Arbeit ist es mir ein Anliegen, *alles* zu vermeiden, was auch nur irgendwie dazu beitragen könnte – oder dazu benutzt werden könnte –, christliches Konsumentendenken zu fördern.

Der christliche Konsument

Wenn ich ein Gegenwort zu *Jünger* zu wählen hätte, würde ich mich für den Begriff *Konsument* entscheiden. Und wenn ich ein Synonym für eine *unfromme Haltung* zu wählen hätte, würde ich mich für *Konsumentenhaltung* entscheiden.

Bis heute haben wir rund 65.000 Gemeinden auf ihre Qualität hin untersucht – kleine und große, ländliche und städtische, berühmte und wenig bekannte Gemeinden. Viele Pastoren – insbesondere von kleineren Gemeinden – sind überrascht, wenn das Gemeindeprofil zum Ausdruck bringt, dass die Qualität ihrer Gemeinde hoch ist, in vielen Fällen beträchtlich höher als die einer durchschnittlichen Megagemeinde. Diese Pastoren verstehen allerdings nicht, was das Gemeindeprofil misst. Wir messen nicht die Professionalität der Show auf der Bühne, noch messen wir die Qualität der Kirchenbänke. Was wir messen, ist vielmehr die Qualität der Menschen, die auf diesen Bänken Platz nehmen.

Der unschöne Begriff „Qualität der Menschen" ist nichts Anderes als die Neuformulierung eines zentralen biblischen Konzepts – Jüngerschaft. Eine zunehmend energieverschlingende Show auf der Bühne, die mit der ständig wachsenden Erwartungshaltung eines immer verwöhnteren Publikums einhergeht – das ist ganz gewiss kein Hinweis auf eine Gemeinde mit hoher Qualität. Vielmehr ist es ein Hinweis auf einen zunehmend konsumentenorientierten Ansatz von Gemeindeentwicklung.

Materialien für Jüngerschaft

Vermutlich ist Ihnen bewusst, dass das Buch, das Sie in den Händen halten, Teil der Reihe *Gemeinde natürlich entwickeln* ist. Wenn Sie mit einigen der anderen Bücher dieser Reihe vertraut sind, werden Sie gemerkt haben, dass jedes einzelne von ihnen einige Elemente enthält, die außerhalb der Wohlfühlzone der meisten Christen liegen. Diese Elemente mögen sie in ihren Gefühlen verunsichern. Sie mögen als zu herausfordernd wahrgenommen werden. Sie mögen als zu anspruchsvoll empfunden werden. Ich hatte endlose Diskussionen mit Verlegern unterschiedlicher Länder, die diese Elemente streichen wollten. Sie wollten statt *Büchern für Jünger* eindeutig lieber *Bücher für Konsumenten*.

Selbstverständlich bemühen wir uns, unsere Arbeitsmaterialien „benutzerfreundlich" zu gestalten. Aber diese benutzerfreundlichen Arbeitsmaterialien haben das Ziel, einen äußerst herausfordernden, komplexen und bisweilen verstörenden Inhalt zu vermitteln – Jüngerschaft. Und Jüngerschaft ist gewiss nicht benutzerfreundlich. Das liegt schlicht daran, dass ein Jünger kein „Benutzer" des Christentums ist – und auch kein Benutzer der Gemeinde und schon gar nicht von Jesus.

Moderne Formen von Ablass

Warum ist eine Konsumentenhaltung so gefährlich? Weil sie dazu führt, das christliche Leben an Andere zu delegieren – an den Pastor („den Priester"); an die christlichen Heiligen („wie bewegend!"), an christliche Organisationen („wie vorbildlich!") – und wir sind nur zu gerne bereit, all das mit unserem Geld zu unterstützen. Die meisten Christen begreifen noch nicht einmal den Zusammenhang zwischen der heutigen Konzentration auf Spenden (für viele der Inbegriff christlichen Engagements) und dem historischen Ablasshandel. Wir zahlen Geld – und im Gegenzug dürfen wir uns gut fühlen. Wir haben den Eindruck, dass wir etwas Bedeutendes geleistet haben. Wie müssen uns nicht ändern. Unser Gewissen ist rein, da unser Geld ein Projekt von großer Bedeutung unterstützt hat.

Mir gefällt die Geschichte von Mutter Teresa, die eingeladen war, auf einer Spendengala zu sprechen, und dabei ihre Gastgeber vollends brüskierte. Diese erwarteten, dass Mutter Teresa die Gelegenheit nutzen würde, so viel Geld wie möglich für ihre Arbeit zu sammeln. Aber ihre Botschaft war eine gänzlich andere. „Wir brauchen nicht Ihr Geld", betonte sie vor ihrem betuchten Publikum. „Wir möchten, dass Sie sich selbst den Armen geben." Fürwahr, keine sehr konsumentenorientierte Botschaft. Aber Mutter Teresa war nicht bereit, das Wesen von Jüngerschaft auf dem Altar christlicher Konsumentenhaltung zu opfern.

Strukturelle Gegenwart von Sünde

Schon häufig habe ich gehört, das Ausmaß von Sünde habe im Laufe der Geschichte ständig zugenommen, ganz besonders innerhalb der letzten Jahrzehnte. Das entspricht aber nicht der Wirklichkeit. In *jeder* Phase der Geschichte lassen sich die Auswirkungen von Sünde in unterschiedlichen Ausdrucksweisen studieren. Allerdings ist es ohne Zweifel richtig, dass keine andere Zeit so stark von einer Konsumentenhaltung geprägt war wie die unsere. Da wir alle die damit verbundenen Einstellungen als selbstverständlichen Teil des Lebens akzeptiert haben, empfinden wir sie gar nicht als eine strukturelle Ausdrucksweise von Sünde (siehe Tabelle auf der rechten Seite).

- **Stolz:** Es mag so großspurig daherkommen wie eine überdimensionierte Villa, eine private Yacht oder ein Rolls Royce, oder auch so moderat wie eine zusätzliche Sekretärin, das neueste Smart Phone oder ein prestigeträchtiges Urlaubsziel – alles, was als *Statussymbol* dient, ist ein Ausdruck von Stolz. All dies soll signalisieren: „Schaut auf mich, ich bin wer!" Unsere Gesellschaft ist mittlerweile derart überladen mit Statussymbolen, dass es

Energie	Sünde	Strukturelle Gegenwart der Sünde
Macht	Stolz	Statussymbole
Genuss	Völlerei	Massentierhaltung
Identität	Neid	Gleichmacherei
Versorgung	Gier	Shareholder value
Gerechtigkeit	Wut	Moralische Entrüstung
Erneuerung	Trägheit	Wellness statt Training
Intimität	Wollust	Werbung mit Sex

Unser Problem heute besteht nicht darin, dass sündiges Verhalten stärker verbreitet sei als in anderen geschichtlichen Phasen. Allerdings gibt es bestimmte Ausdrucksweisen von Sünde, die sich als „Strukturelle Gegenwart der Sünde" beschreiben lassen. Diese machen es schwerer, bestimmte Sünden überhaupt als solche zu erkennen.

unsere Sinne abgestumpft hat. Kaum jemandem kommt auf den Gedanken, dass Stolz eine Sünde ist. Denn dann würden uns unsere eigenen kleinen Statussymbole ständig an eine der 7 Todsünden erinnern.

- **Völlerei:** In keinem anderen Bereich zeigt sich die strukturelle Gegenwart von Völlerei deutlicher als in der *Massentierhaltung*. Diese Industrie ist zu einem derart akzeptierten Teil des täglichen Lebens geworden, dass ihre Infragestellung beinahe schon als Blasphemie empfunden wird. Wir glauben tatsächlich, wir *brauchten* die künstlich verbilligten Produkte aus dieser Industrie, und wir möchten nicht mit Gedanken an deren ökologische oder gesellschaftliche Konsequenzen behelligt werden. Das Letzte, was uns in den Sinn kommt, wenn wir Gehacktes an der Fleischtheke des Supermarkts kaufen, ist ein Zusammenhang mit einer der 7 Todsünden.
- **Neid:** So widersprüchlich es auch erscheinen mag, die strukturelle Gegenwart von Neid zeigt sich vor allem in dem Versuch, Neid um jeden Preis vermeiden zu wollen: nicht zu hoch und nicht zu niedrig, nicht zu dick und nicht zu dünn, nicht zu klug und nicht zu dumm, nicht zu mächtig und nicht zu machtlos. Moderne Konsumenten wollen als Gleiche behandelt werden. Was wir dabei gar nicht bemerken, ist die Tatsache, dass wir auf diese Weise der *Gleichmacherei* huldigen – und damit den Durchschnitt zum Ideal erklären. Und möglicherweise würden wir vor Erstaunen erblassen, wenn jemand andeuten sollte, dieser tapfere Kampf für Gleichheit sei Ausdruck einer der 7 Todsünden.
- **Gier:** Die strukturelle Gegenwart von Gier schafft es, sich hinter relativ harmlos klingenden Worten wie „Geschäftssinn", „Gewinnmaximierung" oder „finanzieller Erfolg" zu verbergen. Deutlichster struktureller Ausdruck für diese Haltung ist das Konzept von *Shareholder Value*, das unzählige Geschäftsentscheidungen bestimmt. Sobald eine Firma äußerst zwiespältige Ziele mit einem Hinweis auf Shareholder Value rechtfertigen kann, mag man zwar die Entscheidungen hinterfragen, aber es wird gewiss niemand an eine der 7 Todsünden denken. Vielleicht gehören wir ja selbst zu den profitierenden Shareholders?

- **Wut:** „Wie brutal!" „Wie egoistisch" „Wie ungerecht!" Wir sitzen vor unserem Fernseher und beweisen unsere moralische Überlegenheit dadurch, dass wir uns an einer Demonstration *moralischer Entrüstung* beteiligen. Unsere emotionale Reaktion beweist, dass unser ethischer Kompass intakt ist. Niemandem würde in den Sinn kommen, dass eine solche Reaktion Ausdruck einer der 7 Todsünden sein könne. Die Demonstration moralischer Entrüstung ist eine Weise, mit dem Bösen umzugehen, die ganz besonders den Bedürfnissen moderner Konsumenten entgegenkommt.
- **Trägheit:** Während „Training" beinhaltet, uns kontinuierlich mit Aktivitäten herauszufordern, die uns dabei helfen, ein höheres Ziel zu erreichen, verspricht uns der Begriff „Wellness", die gleichen Resultate zu erzielen, während wir ausschließlich angenehme Dinge tun. Es gibt eine wachsende Neigung, *Wellness anstelle von Training* anzubieten. Nehmen wir einmal an, eine Gemeinde übernimmt eine solche Haltung, indem sie ihre Mitglieder als zu unterhaltende Konsumenten betrachtet. Wir mögen dann vielleicht einen solchen Ansatz an der einen oder anderen Stelle hinterfragen – aber wird auch nur irgendeiner im Entferntesten daran denken, dies mit einer der 7 Todsünden in Verbindung zu bringen?
- **Wollust:** Es wäre allzu einfach, z.B. Pornographie als Illustration für die strukturelle Gegenwart von Wollust zu nehmen. Tatsache nämlich ist, dass es in den meisten Fällen sehr wohl möglich ist, pornographischen Einflüssen aus dem Wege zu gehen. Indessen ist es sehr viel schwieriger, sich der weitverbreiteten Praxis von *Werbung mit Sex* zu entziehen, d.h. dem Einsatz von sexuellen Metaphern, die der Verkaufssteigerung dienen sollen. Riesige Teile der Werbeindustrie setzen bewusst Bilder ein, die wollüstige Gedanken und Gefühle in uns stimulieren sollen, um die dadurch freigesetzte Energie auf den Kauf bestimmter Produkte zu lenken, die meist vollkommen unerotischer Natur sind (wie z.B. Autos, Computer, Telefone oder Versicherungen). Wir mögen ob dieser Werbepraxis verlegen lächeln oder sie auch offen kritisieren – aber nur sehr wenige würden darin den Ausdruck einer der 7 Todsünden sehen.

Mehr im Internet

Auf 3colorsofcommunity.org finden Sie Antworten auf folgende Fragen:

- *Ist es nicht offensichtlich, dass die Welt zunehmend mehr der Sünde verfällt? Was spricht dafür, was dagegen?*
- *Ist es im Blick auf suchende Menschen nicht angebracht, sie als Konsumenten zu betrachten?*

Die 7 Todsünden – das bin ich

Ich erinnere mich an ein Treffen mit Bill, Margaret und Linda, um mit ihnen ein Seminar über die 7 Todsünden zu besprechen. Ich wollte sie von der Bedeutung des Themas im Blick auf buchstäblich alles, was wir tun, überzeugen. Als eine Aufwärmübung bat ich jeden von ihnen, die Namen von Menschen aufzuschreiben, die ihnen in den Sinn kämen, wenn sie an eine „Todsünde" denken. Die drei häufigsten Namen waren Adolf Hitler, Charles Manson und Osama bin Laden. Meine eigene Liste enthielt andere Namen: Christian, Bill, Margaret und Linda.

Bill, Margaret und Linda waren klug genug, sofort zu verstehen, was ich damit sagen wollte. Bei den 7 Todsünden geht es um uns. Wenn wir über Sünde sprechen, ist es gute Praxis, dass wir über *unsere* Sünde reden, über *meine* Sünde. Bei den 7 Todsünden geht es darum, wie wir normalerweise denken und handeln. Als ich mich vor Jahren zum ersten Mal mit dem Thema der 7 Todsünden beschäftigte, hatte ich nicht den Eindruck, dass das viel mit meinem eigenen Leben zu tun habe. Seit dieser Zeit habe ich meine Meinung grundlegend geändert.

Teil 2

Die 7 Gemeinschaftsmerkmale – Wie wir den 7 Todsünden begegnen können

Der Geistliche-Energie-Test am Ende von Teil 2 wird Ihnen helfen herauszufinden, wie stark jede der sieben Energien in Ihrem Leben ausgeprägt ist. Bevor Sie den Test durchführen, werden Sie lernen, worum es bei diesen Energien geht und wie sie über die sieben Gemeinschaftsmerkmale ausgedrückt werden können. Jedes der folgenden sieben Kapitel beginnt dort, wo wir alle beginnen, wenn wir uns diesem Thema zuwenden – indem wir einen näheren Blick auf die Sünde werfen, die geradezu unausweichlich ist, solange wir nicht gelernt haben, die entsprechenden Energien in konstruktive Bahnen zu lenken.

Den Stolz besiegen

Ich hatte viel aus seinen Büchern gelernt. Jetzt saß ich ihm direkt gegenüber in einem Straßencafé in der Nähe des Konferenzzentrums, und er erzählte mir von seinen atemberaubenden Erfolgen. Großartige Geschichten – und es machte Spaß ihm zuzuhören.

Ich schaute auf die Uhr. „Wir müssen uns beeilen", sagte ich. „Dein nächster Vortrag beginnt in zehn Minuten."

Er lächelte. „Wir können durchaus einen weiteren Kaffee bestellen. Ich komme gewöhnlich zehn Minuten zu spät. Du solltest auch darüber nachdenken. Es vergrößert das Momentum."

„Aber 500 Leute warten", rief ich aus. „Sie werden entsetzt ein, wenn du sie völlig ohne Grund warten lässt."

„Ganz im Gegenteil", sagte er. Dann lachte er auf, beugte sich nach vorne und schaute mir direkt in die Augen. „Sie werden mich bewundern!" Daraufhin lehnte er sich wieder zurück, legte seine Beine lässig übereinander und rief: „Ober, noch zwei Kaffee."

Eine herablassende Haltung

Das wirklich Beängstigende an dieser Geschichte ist, dass er absolut recht hatte. Als wir schließlich mit 15 Minuten Verspätung ankamen, war der Saal bereits gefüllt mit einem Geist der Bewunderung: „Er muss ein wirklich bedeutender Mensch sein!" Sein programmatischer Vortrag über Leiterschaft enthielt eine ganze Reihe großartiger Einsichten, aber bisweilen schien es so, als wäre der eigentliche Titel seine Rede: „Die 10 größten Männer der Kirchengeschichte – und wie ich die anderen 9 auswählte."

Einige Zeit später fand ich exakt den gleichen Tipp – bewusst zu spät kommen, um Momentum zu schaffen – in einem Leiterschaftsbuch, eingerahmt von einer Fülle ähnlicher Hinweise: „Sich niemals unter die Leute mischen, *bevor* die Veranstaltung beginnt." „Gebrauchen Sie Ihre Stimme und Körpersprache, um unmissverständlich deutlich zu machen, wer in diesem Raum das Sagen hat." „Niemals Unsicherheit zeigen, immer Bestimmtheit." Der gemeinsame Nenner all dieser Tipps war im Wesentlichen: „Wie Sie Andere beeindrucken können, so dass sie Sie für größer halten, als Sie tatsächlich sind." Jeder dieser Tipps war nichts Anderes als eine unverhohlene Demonstration von Stolz.

Jeder ist anfällig für Stolz, aber für Leiter gilt dies in ganz besonderem Maße. Je erfolgreicher unsere Leiterschaft, desto größer ist die Gefahr, Stolz zu entwickeln. Je stärker wir im Rampenlicht stehen, desto mehr wächst unsere Verwundbarkeit. Das gilt für Politiker, Geschäftsleute, Entertainer – und es gilt auch für christliche Leiter.

Narziss und Stolz

Eine der Persönlichkeitsstörungen, die am schwierigsten zu behandeln sind, ist Narzissmus. Das Problem im Blick auf eine Therapie besteht darin, dass die Mehrheit derer, die darunter leiden, niemals eingestehen würden, dass es sich dabei um eine Störung handelt. Das *Diagnostische Manual DSM IV* listet

Macht ist eine von Gott gegebene Energie, die entweder zu Stolz führen kann (wenn sie über den Weg der Isolation ausgedrückt wird), oder aber zu bevollmächtigender Leitung beiträgt (wenn die Energie auf den Weg der Gemeinschaft umgeleitet wird).

die folgenden neun Merkmale des Narzissmus auf, wobei eine pathologisch narzisstische Person zumindest fünf der neun Merkmale aufweist:

- das Gefühl eigener Grandiosität und Wichtigkeit;
- die häufige Beschäftigung mit Phantasien von Erfolg, Macht und Schönheit;
- die Überzeugung, etwas Besonderes zu sein und nur mit ebenbürtigen Menschen verkehren zu können;
- das Verlangen nach Bewunderung und Beachtung;
- hohe Ansprüche, etwa auf bevorzugte Behandlung;
- die Gestaltung von Beziehungen als Ausbeutungsverhältnisse bzw. Manipulation Anderer;
- mangelndes Einfühlungsvermögen;
- heftige Neidgefühle (oder auch die Einschätzung Anderer als neidisch);
- arrogantes Auftreten.

Der Begriff „Narzissmus" geht auf die griechische Mythologie zurück. Narziss wird beschrieben als außergewöhnlich stolze Person, die diejenigen verachtet, die ihn lieben. Als er seine eigene Reflexion im Wasser des Beckens sieht, verliebt er sich in sein Spiegelbild – wobei er nicht merkt, dass es sich um ein bloßes Bild handelt. Unfähig, der Schönheit seines Spiegelbildes zu entkommen, will er sich mit ihm vereinigen und ertrinkt.

Stolz als Wurzelsünde

Es wäre irreführend, das Problem des Stolzes lediglich auf diejenigen zu beschränken, die im Rampenlicht stehen. Jeder von uns ist an dieser Stelle verwundbar. Wie wir bereits gesehen haben (Seite 20), ist die gesamte Kirchengeschichte hindurch Stolz als Wurzelsünde gesehen wurde: die Mega-Sünde, die Sünde aller Sünden. Wir könnten sagen, dass sich Stolz hinter allen anderen Sünden verbirgt, und jede Sünde wird durch Stolz vergrößert: stolzer Neid, stolze Wut, stolze Gier, stolze Trägheit etc.

Im Tiefsten bedeutet Stolz, dass das eigene Selbst autonom sein will und weder andere Menschen noch Gott nötig hat. Alle anderen Sünden lassen sich als Versuch verstehen, von Gott davonzulaufen. Stolz dagegen ist ein direkter Angriff auf Gott. Er strebt danach, Gottes Platz einzunehmen. Stolz ist eine grandiose Überschätzung der eigenen Bedeutung.

Die Sünde der Tugendhaften

Im Unterschied zu anderen Sünden zeigt sich Stolz gewöhnlich dann, wenn wir ganz in unserem Element sind. Er greift uns im Bereich unserer größten Stärke an. Stolz ist die Versuchung der Tugendhaften. Wir können stolz auf unsere Selbstlosigkeit sein, auf unsere Frömmigkeit, auf unsere geistlichen Erfahrungen und sogar auf unsere Demut.

Ursprünglich wurde Eitelkeit als eigene Todsünde gezählt. Später wurde sie mit Stolz verschmolzen und als Variante von Stolz betrachtet (siehe Seite 22). Stolz ist das übermäßige Verlangen nach Größe, Eitelkeit ist deren *Darstellung* gegenüber Anderen. Eitelkeit bedarf der Anerkennung und Bewunderung Anderer; sie beschäftigt sich ständig mit dem eigenen Erscheinungsbild. Stolz mag sich als Eitelkeit ausdrücken, und dies ist häufig der Fall, aber durchaus nicht immer. Es ist möglich, derartig überzeugt von der eigenen Bedeutung zu sein, dass man nicht mehr des Beifalls anderer Menschen bedarf. Man *weiß* einfach, dass man besser als jeder Andere ist; es ist gar nicht nötig, das von anderen zu hören.

Wie Stolz die Gemeinschaft untergräbt

In der religiösen Symbolik wird häufig der Turm verwendet, um Stolz abzubilden. Das Bild des Turms umfasst viele typische Eigenschaften des Stolzes: das Streben, größer als jeder Andere zu sein. Rückzug von anderen Menschen. Auf Andere herunterschauen. Gottes Platz einnehmen. Eine öffentliche Zurschaustellung der eigenen Überlegenheit.

Stolz errichtet eine Barriere zwischen dem eigenen Selbst und Anderen. Stolze Menschen glauben, der Anderen nicht zu bedürfen. Sie finden es schwierig, ihr Herz zu öffnen, sich verwundbar zu machen, ihr wahres Selbst zu zeigen. Sie können derartig besessen von ihrem eigenen Erscheinungsbild sein, dass sie ihr öffentliches Image mit ihrem inneren Selbst verwechseln. Stolz macht es ihnen schwer, sich auch nur irgendeiner der 7 Todsünden in ihrem eigenen Leben zu stellen.

Die treibende Energie: Macht

Nehmen wir einmal an, der Geistliche-Energie-Test hat ans Tageslicht gebracht, dass Macht Ihre höchste Energie ist. Bedeutet dies, dass Sie stolz sind? Nicht unbedingt. Das Ergebnis macht lediglich darauf aufmerksam, dass Sie im Bereich Stolz am stärksten verwundbar sind. Je besser es Ihnen gelingt, Ihre Macht dadurch auszudrücken, dass Sie andere Menschen bevollmächtigen, desto weniger stehen Sie in der Gefahr, stolze Haltungen und Verhaltensweisen zu entwickeln.

In einigen Strömungen des Christentums gibt es die Tendenz, Macht an sich als etwas Negatives zu betrachten. Anstatt Macht in einer Weise auszudrücken, die auf die Gestaltwerdung des Reiches Gottes gerichtet ist, versuchen diese Menschen, Macht zu vermeiden. Aber jede Gemeinschaft bedarf der Energie der Macht, um Fortschritte zu machen.

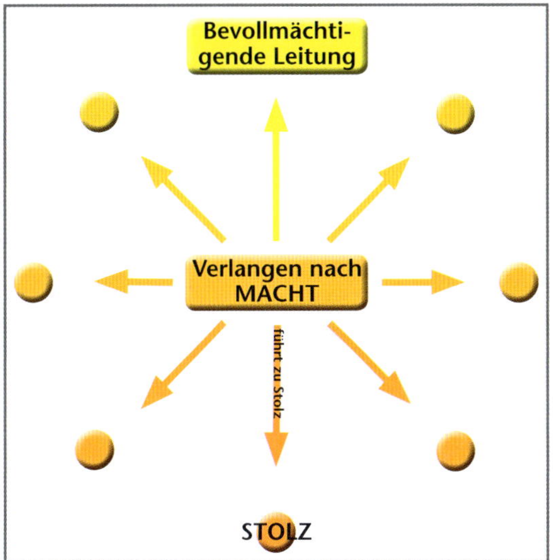

Solange es nicht umgeleitet wird, führt das natürliche Verlangen nach Macht fast unausweichlich zu Stolz, was sich in einem Überlegenheits-Komplex ausdrückt, und trägt nur minimal zu bevollmächtigender Leitung bei.

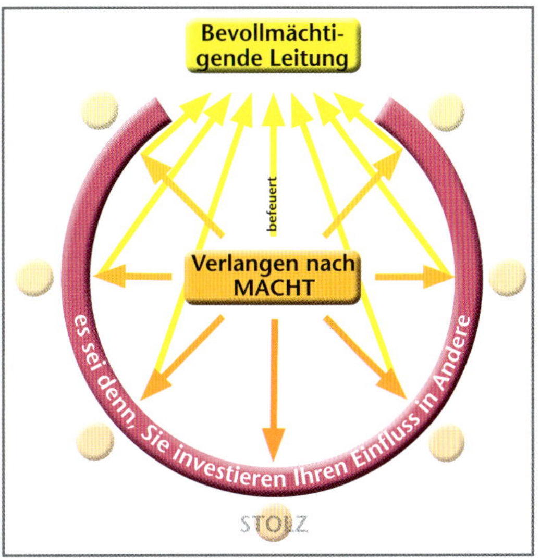

Das Konzept der Energieumwandlung, symbolisiert durch die Parabollinie. Die natürliche Energie fließt; der Schirm der Parabollinie allerdings leitet diese Energie in einer Weise um, dass sie vollumfänglich bevollmächtigender Leitung zugutekommt.

Menschen mit hoher Energie im Bereich der Macht neigen zu Unzufriedenheit mit dem Status quo. Sie blicken über die Erfordernisse des Augenblicks hinaus. Sie laufen nicht davon, wenn sie auf Hindernisse stoßen. Sie sind bereit, ihr Bestes zu geben. Sie akzeptieren Begrenzungen nicht als unveränderliche Gegebenheiten. Sie sind in der Lage, harte Entscheidungen zu treffen. Sie sind bereit, Konflikte in Kauf zu nehmen, wenn dies notwendig ist, um eine Gruppe voranzubringen.

Ohne Macht keine Bevollmächtigung. Unser Ziel sollte nicht darin bestehen, Macht zu vermeiden, sondern sie durch praktische Prozesse der Bevollmächtigung auszudrücken. Bevollmächtigung ist nichts Anderes als dies: die Macht, die in Ihnen ist – ob Sie eine Leitungsposition haben mögen oder nicht – an Andere weiterzugeben. Ihr Erfolg als bevollmächtigender Leiter misst sich am Wachstum derer, die Sie zu bevollmächtigen trachten. Je mehr Bevollmächtigte – und je höher der Grad ihrer Bevollmächtigung – desto vollmächtiger der Leiter. Dies ist eine Form von „Macht", die 100-prozentig im Einklang mit biblischen Maßstäben steht.

Das Gegenmittel: Bevollmächtigende Leitung

In meinem Buch über bevollmächtigende Leitung rede ich ausführlich über eine Gruppe von Leitern, die wir *NCD-Davids* nennen. Dies können Pastoren von großen oder kleinen Gemeinden sein, sie können berühmt sein oder nur wenig bekannt, aber alle haben eines gemeinsam: Ihre Gemeinden haben ein starkes qualitatives Wachstum erlebt. Diese Leiter sind Modelle für bevollmächtigende Leitung. Sie gebrauchen kontinuierlich ihren Einfluss, um andere Menschen stark zu machen.

Als ich in dieser Gruppe von Leitern ein qualitatives Forschungsprojekt durchführte, entdeckte ich, dass die meisten von ihnen ihre Begabung zur bevollmächtigenden Leitung erkannten, als sie sich auf der Ebene von Kleingruppen engagierten. Kleingruppen sind *der* optimale Übungsplatz, um neue Leiter zu rekrutieren, die das Gesicht der Kirche von morgen prägen werden. Auf dieser Ebene zeigt sich Leiterschaft in ihrer reinsten Form.

Als ich diese Leiter befragte, spürte ich, dass selbst für die *NCD-Davids* Stolz eine echte Gefahr sein kann, aber ihr wirksamstes Gegenmittel darin besteht, sich in die Bevollmächtigung anderer Menschen zu investieren. Das hält sie demütig, zugänglich und lernbereit. In dieser Gruppe fand ich nicht eine einzige Person, die eine Guru-Haltung entwickelt hätte – zumindest solange man nicht aus dem Prozess ausstieg, Andere zu bevollmächtigen.

Daniels Geistliche-Energie-Test

Daniel (dessen Namen ich geändert habe, wie auch die Namen aller Anderer in den folgenden Fallstudien) ist einer der *NCD-Davids*. Er ist Pastor einer

Energieumwandlung in der Bibel: Grösse durch Dienerschaft

κατακυριεύουσιν αὐτῶν καὶ οἱ μεγάλοι αὐτῶν
κατεξουσιάζουσιν αὐτῶν. **43** οὐχ οὕτως δέ
ἐστιν ἐν ὑμῖν, ἀλλ' ὃς ἂν θέλῃ μέγας γενέ-
σθαι ἐν ὑμῖν ἔσται ὑμῶν διάκονος, **44** καὶ ὃς
ἂν θέλῃ ἐν ὑμῖν εἶναι πρῶτος ἔσται πάντων
δοῦλος· **45** καὶ γὰρ ὁ υἱὸς τοῦ ἀνθρώπου οὐκ

Jakobus' und Johannes' Bitte Markus 10,35–45

In diesem Bericht skizziert Markus – sehr viel stärker als die anderen Evangelisten – Jakobus und Johannes in ihrer ganzen menschlichen Zwiespältigkeit. Sie erscheinen als Personen, die von einem Gemisch aus Ehrgeiz, Macht und Stolz getrieben sind. Sie beanspruchen Ehrenplätze in Gottes Reich – eindeutig mit dem Ziel, die anderen Jünger auszustechen.

Jesus reagiert mit den folgenden Worten: „Ihr wisst, dass die, die als Herrscher gelten, ihre Völker unterdrücken und die Mächtigen ihre Macht über die Menschen missbrauchen. **Bei euch aber soll es nicht so sein, sondern wer bei euch groß sein will, der soll euer Diener sein**, und wer bei euch der Erste sein will, soll der Sklave aller sein" (Verse 42–44). Es ist auffallend, dass Jesus in keinster Weise das Bestreben der beiden Jünger nach Größe zurückweist. Er sagt nicht: „Ihr solltet nicht nach Größe streben. Seid demütig." Vielmehr sagt er: „Ihr wollt groß sein? Dann stellt das unter Beweis, indem ihr anderen Menschen dient. Das ist es, was euch wahrhaft groß macht."

Indem er (a) ihren Wunsch nach Größe anerkennt und (b) Größe als Dienst definiert, muss Jesus sie nicht ermahnen, demütig zu werden. Er wusste, dass sich – als natürlicher Nebeneffekt des Dienstes an Anderen – Demut automatisch einstellt. Das überzeugendste Argument für die Art von Leiterschaft, die Jesus vor Augen hatte, ist der Hinweis auf sein eigenes Beispiel: „Denn auch der Menschensohn ist nicht gekommen, dass er sich dienen lasse, sondern dass er diene und sein Leben gebe als Lösegeld für viele" (Vers 45).

Gemeinde, die ein atemberaubendes qualitatives Wachstum innerhalb von lediglich zwei Jahren erlebt hatte. Daniel beteiligte sich an der Pilotphase in der Entwicklung des Geistliche-Energie-Tests, und ich hatte eine Auswertungssitzung mit ihm.

Keiner von uns beiden war wirklich überrascht, dass seine höchsten Werte – mit großem Abstand vor allen anderen – im Bereich „Macht" lagen. Das war ein Hinweis auf sein enormes Potenzial, andere Menschen zu bevollmächtigen.

In der Tat: Zur gleichen Zeit, als Daniel mit seiner eigenen Gemeinde jene unglaubliche Qualitätssteigerung gelang, sorgte er mehr als nur indirekt für drei Gemeindegründungen in seiner Region und investierte beträchtliche Zeit in die jungen Leiter dieser Gemeinden. In unserer Auswertungssitzung bat ich Daniel, über diese Erfahrungen zu berichten, wobei ich ihn nur hin und wieder unterbrach, um ihm die Gelegenheit zu geben, auszudrücken, wie er sich fühlte, als er inmitten dieser Bevollmächtigungsprozesse steckte.

Daniel: Wie sich das anfühlte? Hmm, ich würde sagen: ziemlich gut. Auf jeden Fall hatte ich den Eindruck, wirklich ein Teil dessen zu sein, was Gott tat.

Christian: Das gab dir den Eindruck von wirklicher Größe, stimmt's?

Daniel: Größe? Nein, das trifft es nicht. Vielleicht sogar eher das Gegenteil. Manchmal fühlte ich mich wirklich klein. Gedemütigt. Ich sah, wie Andere wuchsen, und das machte mich glücklich. Ich spürte, wie meine Kraft zu ihnen gelangt war.

MEHR IM INTERNET

Auf 3colorsofcommunity.org finden Sie Antworten auf folgende Fragen:

- *Gibt es nicht Bereiche, in denen es gerechtfertigt und gesund ist, Stolz zu zeigen?*
- *Warum kann es nicht gelingen, Stolz damit zu bezwingen, dass man sich auf die gegensätzliche Tugend (Demut) konzentriert?*

Christian: Daniel, da deine stärkste Energie Macht ist, ist der Bereich deiner größten Verwundbarkeit Stolz. Hast du in diesen Situationen so etwas wie Stolz gespürt?

Daniel: In diesen Situationen nicht, nein. Es war vielmehr Dankbarkeit. Dass Gott mir tatsächlich die Möglichkeit gab, einen derartig sichtbaren Einfluss auf das Leben anderer Menschen zu haben. Diese Prozesse der Bevollmächtigung brachten mich immer wieder auf den Boden zurück. Ich beschäftigte mich ja tatsächlich mit den alleralltäglichsten Dingen im Leben anderer Menschen, zum Teil mit wirklich äußerst banal erscheinenden Sachen. Das ist nicht der Boden, auf dem Stolz gedeihen könnte.

Christian: Aber du weißt, wie sich Stolz anfühlt, richtig?

Daniel: Sicher weiß ich das.

Christian: Beschreibe eine typische Situation, in der du mit Stolz reagiert hast.

Daniel: Ehrlich gesagt, normalerweise werden mir solche Fragen nicht gestellt ...

Christian: Aber es ist hilfreich, sie zu stellen. Ich habe nicht den geringsten Zweifel, dass dir das helfen wird, Wachstum zu erleben.

Daniel: Da hast du wohl recht. Die letzte Situation, in der ich Stolz erlebte? Das war wohl letzte Woche, als unsere Gemeinde eine Konferenz ausrichtete. Alles lief grandios. Die Teilnehmer waren aufrichtig interessiert an meinen Erfahrungen ...

Christian: ... und zumindest für die Dauer der Konferenz konntest du die Rolle eines kleinen Guru annehmen, richtig?

Daniel (lacht): Der Ausdruck Guru ist sicherlich ein bisschen zu drastisch. Aber es stimmt schon, deine Beschreibung trifft's. Es war ein tolles Gefühl, dass so viele Leute meiner Führung folgten. Ja, ich fühlte mich super, großartig. Nächstes Jahr planen wir eine weitaus größere Konferenz.

Christian: Und dann fühlst du dich noch größer.

Daniel: Darum geht es mir nicht, Christian. Das weißt du aber auch. Aber ich muss schon zugeben, dass dieses Element in meine Motivation zumindest ein Stück mit hineinspielt.

Christian: Was hast du praktisch getan, um die Teilnehmer der Konferenz zu bevollmächtigen?

Daniel: Im Wesentlichen teilte ich mit ihnen die Geschichte unseres Erfolgs.

Christian: Das war nicht meine Frage. Ich fragte vielmehr, was du praktisch getan hast, um sie zu bevollmächtigen.

Daniel: Was meinst du mit „um sie zu bevollmächtigen"?

Christian: Denk doch einfach an die alleralltäglichsten Dinge, die du erwähntest, als du darüber sprachst, wie du andere Menschen bevollmächtigt hast. Hast du irgendetwas Vergleichbares im Zusammenhang mit der Konferenz getan?

Daniel: Ehrlich gesagt, nein. Aber vielleicht ist auch eine Konferenz nicht der geeignete Ort für solche Prozesse.

Christian: Mag sein. Aber die Nacharbeit zur Konferenz wäre schon der richtige Ort, oder? Ich stelle mir vor, dass du durchaus Wege finden könntest, wie du zumindest einige dieser Menschen bevollmächtigen kannst – und ich kann dir garantieren, dass dies der beste Weg ist, um deine Gefühle von Stolz in den Griff zu kriegen. Neigst du dazu, stolz zu sein?

Daniel: Du, ich kann da nicht mit einem simplen Ja oder Nein drauf antworten. Es ist, als gäbe es da verschiedene Kräfte, die in mir kämpfen, manchmal ziehen sie mich in die eine Richtung, manchmal in die andere.

Menschen dabei helfen, ihre eigenen Antworten zu finden

Bevollmächtigende Leiter sitzen nicht oben auf einem Turm. Sie befinden sich mitten unter den Menschen. Sie ziehen sich nicht vom Mittelmaß der Anderen zurück. Vielmehr investieren sie sich in mittelmäßige Menschen, um ihnen dabei zu helfen, über ihr Mittelmaß hinauszuwachsen. Es kann sein, dass bevollmächtigende Leiter Kontakte zu einflussreichen Menschen haben, aber ihre Priorität liegt darin, Zeit mit Menschen zu verbringen, die machtlos sind. Der Fokus ihres Dienstes ist darauf ausgerichtet, diese Menschen zunehmend mächtig zu *machen*.

Wie entstehen bevollmächtigende Leiter? Der optimale Übungsplatz sind Kleingruppen. Man kann nur dann eine Kleingruppe leiten, wenn man wirklich transparent, lernbereit und aufrichtig an anderen Menschen interessiert ist. Leiter von Kleingruppen brauchen keine Experten zu sein. Sie haben nicht alle Antworten, noch tun sie so, als ob sie sie hätten. Aber es gibt eine Disziplin, in der sie tatsächlich Experten *sind*: Menschen dabei zu helfen, ihre eigenen Antworten zu finden. Sobald ein Mensch dies im Kontext einer

Kleingruppe gelernt hat, wird er fähig sein, das Gleiche in jedem anderen Bereich zu tun.

In Co-Leiter investieren

Bevollmächtigende Leitung zeigt sich darin, andere Menschen derart zu bevollmächtigen, dass diese in der Lage sind, mit den alltäglichen Herausforderungen ihres Lebens besser fertigzuwerden (wie zum Beispiel mit der Realität von Sünde). Es zeigt sich insbesondere in dem Bemühen, zukünftige Leiter hervorzubringen. Eine der wichtigsten Aufgaben eines Leiters besteht darin, sich in einen Co-Leiter zu investieren, der schließlich die Leitung der Gruppe übernimmt (mehr auf den Seiten 136–140).

Solche Co-Leiter sollten als „Leiter in der Ausbildung" gesehen werden, anstatt sie als „Assistenten" des Leiters zu betrachten. Das Ziel besteht darin, sie so zu bevollmächtigen, dass sie ihrerseits eine Kleingruppe leiten können – und einen weiteren Co-Leiter zu bevollmächtigen, unter dessen Federführung sich der gleiche Prozess wiederholt.

Kleingruppen multiplizieren sich nicht, indem Gruppen geteilt werden, sondern indem zusätzliche Leiter trainiert werden. Die Entwicklung von Kleingruppen beruht in erster Linie auf der Entwicklung von Leitern.

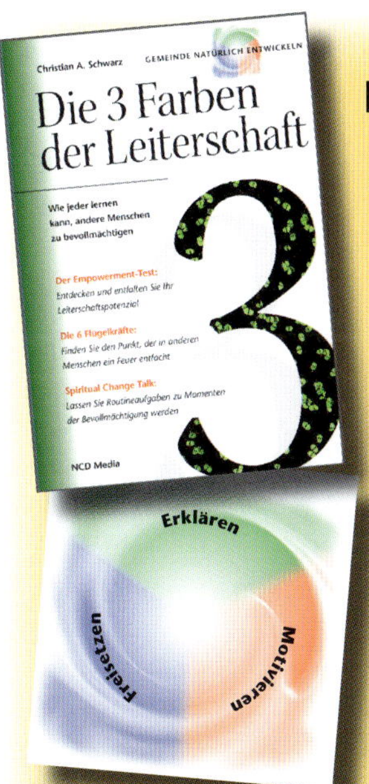

Die 3 Farben der Leiterschaft

• ***Wie „Die 3 Farben der Leiterschaft" eingesetzt werden kann, um bevollmächtigende Leitung zu entwickeln:*** Da jede Seite dieses Buches darauf ausgerichtet ist, Ihnen dabei zu helfen, andere Menschen zu bevollmächtigen (durch Wachstum in den drei Schlüsselbereichen Erklären, Motivieren und Freisetzen), zeigt es ganz praktisch, wie die Macht, die in uns ist, in andere Menschen „hineinfließen" kann. Es beinhaltet u.a. eine Einführung in *Spiritual Change Talk* – eine einfach zu lernende Methode der Bevollmächtigung, die von jedem Christen angewandt werden kann. *Spiritual Change Talk* lässt sich sowohl in Einzelgesprächen als auch im Kontext von Gruppen einsetzen.

• ***Wie Ihre Kleingruppe von „Die 3 Farben der Leiterschaft" profitieren kann:*** Da jeder von uns Einfluss auf andere Menschen hat – ob wir nun eine Leitungsaufgabe haben mögen oder nicht –, wird jedes Mitglied einer Kleingruppe von diesem Buch profitieren. In seinem Zentrum steht der *Empowerment-Test*, der sowohl von Leitern als auch von Menschen eingesetzt werden kann, die sich noch fragen, ob Gott sie zu einer Leitungsaufgabe berufen hat. Das Buch ist geeignet für jede Gruppe, die es als Anleitung für eine Serie von Kleingruppentreffen benutzt – insbesondere dann, wenn „Macht" eine ihrer höheren Energien ist. Es ist gleichzeitig das optimale Trainingsmanual für das Leitungsteam einer Gruppe (bestehend aus Gastgeber, Gruppenleiter und Co-Leiter). *www.3colorsofleadership.org*

Die Völlerei besiegen

Wie bereits erwähnt ist das Wort „Sünde" weitgehend aus dem täglichen Sprachgebrauch verbannt worden (siehe Seite 15). Es gibt lediglich eine bemerkenswerte Ausnahme – Völlerei. Dieser Begriff wird gemeinhin der Sprachfamilie „vollschlank", „mollig" oder „wohlgenährt" zugeordnet. Mehr Kilos auf die Waage zu bringen, als es das modische Schönheitsideal vorsieht, ist ein untrüglicher Hinweis, dass eine Sünde begangen wurde. In unserer auf (Selbst-)Darstellung ausgerichteten Kultur ist kaum eine schlimmere Sünde vorstellbar, als übergewichtig zu sein. In den Augen mancher Menschen ist dies der Gipfel aller Frevel.

Die Waage als untaugliches Instrument

Ist erst einmal der Fettbauch als Grundproblem ausfindig gemacht, steht auch die Lösung schon fest. Sie lautet: Diät. Die Sünde besteht darin, zu viel zu essen; die Buße darin, einer strikten Diät zu folgen. Eine Kontrolle mittels der Waage wird zeigen, ob die bisherigen Bußübungen ausreichend gewesen sind – oder ob die Sünde so gravierend war, dass wir unsere Buße fortsetzen müssen.

Wenn es tatsächlich so einfach wäre, könnte ich an dieser Stelle auf eine Fülle hervorragender Ernährungsbücher hinweisen und vielleicht noch ein paar Hinweise auf Fitness-Bücher hinzufügen. Dann könnten wir unser Kapitel über Völlerei beenden, da alles Nötige gesagt wäre. Leider – oder sollten wir sagen: glücklicherweise? – stellt sich das Ganze nicht so einfach dar. Völlerei hat sehr viel weniger mit Übergewicht zu tun, als man zunächst glauben mag. Längst nicht jeder Mensch mit Gewichtsproblemen neigt zur Völlerei, und es gibt unzählige schlanke und durchtrainierte Menschen, die in diesem Bereich ein ernstes Problem haben. Völlerei verweist weniger auf unsere Art zu essen und zu trinken, als auf unsere Art zu *denken*.

Es mag an dieser Stelle hilfreich sein, sich in Erinnerung zu rufen, in welchem Kontext die ursprüngliche Liste der Todsünden – in jener Zeit als „unreine Gedanken" bezeichnet – aufkam: als Teil des asketischen Lebens von Mönchen, die in der ägyptischen Wüste lebten (siehe Seite 22). Ursprünglich hatte Völlerei nichts zu tun mit übermäßigem Genuss von Nahrung, da dies in der Wüste ohnehin kaum möglich gewesen wäre. Der Wüstenvater Evagrius beschrieb mit diesem Begriff eine Haltung, die übermäßig um die eigene Gesundheit besorgt war – die Sorge, dass eine strikte Fastendisziplin dem Körper Schaden zufügen könnte. Völlerei bedeutete in diesem Zusammenhang nicht, gedankenlos Unmengen von Fastfood in sich hineinzustopfen, sondern z.B. inmitten der Fastenzeit in plastischen Bildern über ein Stück Obst oder ein Glas Wasser nachzudenken.

Ich möchte damit nicht sagen, dass Evagrius' Auffassung von Völlerei die hilfreichste Definition für uns heute sei. Die meisten von uns leben in einer vollständig anderen Situation als die Mönche zur Zeit des Evagrius. Aber zumindest *ein* Element, das Evagrius identifizierte, ist heute noch genauso aktuell wie in Ägypten zur Zeit des vierten Jahrhunderts: Bei Völlerei geht es in erster Linie um etwas, das sich in unserem Geist abspielt. Es ist eine übertriebene Aufmerksamkeit, die wir der Ernährung beimessen.

Genuss ist eine von Gott gegebene Energie, die entweder zu Völlerei führen kann (wenn sie über den Weg der Isolation ausgedrückt wird), oder aber zu zweckmäßigen Strukturen beiträgt (wenn die Energie auf den Weg der Gemeinschaft umgeleitet wird).

Verschiedene Spielarten von Völlerei

Völlerei bezieht sich nicht so sehr auf den Akt des Essen als vielmehr auf das dahinterstehende Begehren. Wenn wir erst einmal verstanden haben, dass es unsere Gedanken statt der Pfunde auf der Waage sind, was auf diese Sünde verweist, werden wir Völlerei in den unterschiedlichsten – und für manche Menschen überraschenden – Bereichen entdecken:

- Da sind die **Fastfood-Junkies**, die es in aller Regel vermeiden, über die Konsequenzen ihres Lebensstils nachzudenken. Gleichwohl wird ihr Alltag vom Gedanken ans Essen beherrscht – es muss immer schnell und bequem vonstatten gehen. Und natürlich muss ausreichend viel zur Verfügung stehen.
- Da sind die **Gourmets**, für die es fast schon einer unverzeihlichen Sünde gleichkäme, Fastfood auch nur anzurühren. Sie wollen stets das Beste vom Besten – in manchen Fällen bis zu einem absurden Grad verfeinert – und ihre Gedanken sind beherrscht von diesem Ziel.
- Da sind die **Ernährungs- bzw. Gesundheitsfanatiker**, die jede einzelne Kalorie bzw. jedes Kohlehydrat zählen, bevor sie etwas in den Mund nehmen, und die die Menschen, die ihnen etwas servieren, über den Ursprung jeder Zutat mit geradezu inquisitorischem Eifer ausfragen. Gesundes Essen ist zum Mittelpunkt ihres Universums geworden.

Der Einfluss auf das geistliche Leben

Ich hoffe, es ist bereits deutlich geworden, warum die Waage kein geeignetes Mittel ist, Völlerei zu messen. Weitaus hilfreicher ist eine sorgfältige Analyse der verschiedenen Stimmen, die wir in uns hören, wenn wir ans Essen denken.

Für die Wüstenväter war die Untersuchung ihrer Gedanken das Entscheidende. Sie waren nicht um ihre äußere Erscheinung besorgt. Höchstwahrscheinlich hätten sie das Verlangen nach einem schlanken Körper – um Anderen damit zu imponieren – als Ausdruck von Stolz, Neid und vielleicht auch Wollust angesehen. Ihnen ging es in erster Linie um den Einfluss von Völlerei auf das geistliche Leben der Mönche, auf ihre Beziehung zu Gott.

Deshalb war ihre Frage nicht so sehr, *was* oder *wie viel* wir essen, sondern vielmehr: *warum*? Was ist es, das dem Essen in unserem Leben einen so hohen Stellenwert gibt? Könnte es sein, dass Essen für uns ein Ersatz für etwas Anderes geworden ist, an dem es uns fehlt? Könnte es sein, dass wir ein geistliches Vakuum mit etwas Materiellem zu füllen versuchen? Könnte es vielleicht sogar sein, dass Paulus' Urteil über eine Gruppe von Menschen in Rom – sie dienten nicht wirklich Jesus Christus, sondern ihrem eigenen Bauch (Röm. 16,18) – auch auf uns zutrifft?

Die letzte Aussage mag harsch erscheinen, und doch ist sie ein Hinweis darauf, warum Völlerei zu den 7 Todsünden gerechnet wird – und zwar zu Recht. Im Tiefsten führen alle diese Sünden – jedenfalls dann, wenn sie unseren Lebensstil prägen – dazu, dass sie uns von Gott trennen. Während wir in Matthäus 4,4 daran erinnert werden, dass der Mensch nicht vom Brot allein lebt, ist Völlerei in gewisser Weise der Versuch, „vom Brot allein" zu leben – indem es zum Mittelpunkt unseres Universums wird. Essen ist dann nicht länger ein bloßes Gut – es ist unser Gott.

Auswirkungen auf die Gemeinschaft

Da geistliches Leben nicht von seiner gemeinschaftlichen Ausdrucksform getrennt werden kann, verwundert es nicht, dass Völlerei sich negativ auf die Gemeinschaft auswirkt. Völlerei verleitet zum isolierten Essen, was auch dann noch gilt, wenn wir innerhalb einer Gruppe essen sollten. Es macht definitiv keine Freude, gemeinsam mit Menschen zu essen, die zu Völlerei neigen, da sie stärker auf ihren eigenen Genuss als auf die Bedürfnisse der Anderen bedacht sind. Völlerei führt dazu, dass unsere Wahrnehmung anderer Menschen erstickt wird.

Die Geschichte vom *Reichen Mann und armen Lazarus* handelt von einem Menschen, der sich „jeden Tag glänzend vergnügt" hatte (Lk. 16,19). Die Geschichte erinnert uns daran, dass es bei Völlerei um weitaus mehr als nur um übermäßigen Genuss auf persönlicher Ebene geht. Völlerei führt uns dazu, dass wir gegenüber Anderen blind werden. Genauso, wie wir die Bedürfnisse des Lazarus (ein Symbol für die Armen der Welt) missachten, ignorieren wir auch die Bewahrung von Gottes Schöpfung. Völlerei ist ausschließlich auf die kurzfristige Befriedigung der eigenen Bedürfnisse fixiert. Sie strebt nach Genuss, was an und für sich nicht problematisch ist. Das Problem bei Völlerei ist, dass sie nach *übermäßigem* Genuss strebt, nach *sofortigem* Genuss und schließlich: einzig und allein nach dem *eigenen* Genuss.

Die treibende Energie: Genuss

Die Tatsache, dass Genuss Ihre höchste Energie ist, besagt noch keineswegs, dass auf Sie die Kennzeichen der Völlerei zutreffen. Vielleicht gelingt es Ihnen ja, Ihr Verlangen nach Genuss in einer moderaten Weise auszudrücken. Es ist wunderbar, im Bereich von Genuss viel Energie zu haben, da es sich um eine gottgegebene Energie handelt. Essen ist dafür gedacht, Genuss zu bereiten, und wenn es Ihnen gelingt, diese Fähigkeit zu entwickeln und Ihre Erfahrungen mit Anderen zu teilen, haben Sie Anteil an einer göttlichen Mission.

Die Verbindung zwischen Essen und Genuss ist vom Schöpfer selbst angelegt worden. Der Versuch, Genuss zu diskreditieren und Enthaltsamkeit als Ideal zu propagieren – oder doch zumindest den Verzehr von Nahrung ohne alle Freude – sollte nicht als christliche Tugend ausgegeben werden. Leider ist in

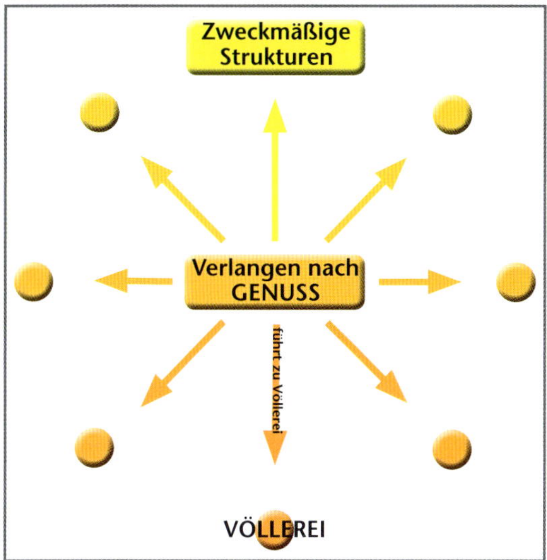

Solange es nicht umgeleitet wird, führt das natürliche Verlangen nach Genuss fast unausweichlich zu Völlerei, was sich in einer Unfähigkeit ausdrückt, andere Menschen zu versorgen, und trägt nur minimal zu zweckmäßigen Strukturen bei.

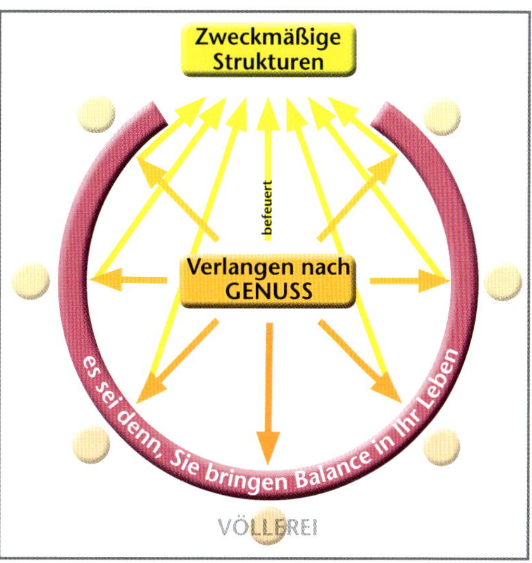

Das Konzept der Energieumwandlung, symbolisiert durch die Parabollinie. Die natürliche Energie fließt; der Schirm der Parabollinie allerdings leitet diese Energie in einer Weise um, dass sie vollumfänglich zweckmäßigen Strukturen zugutekommt.

manchen Strömungen der Christenheit genau das geschehen. Diese Christen haben in ihrem berechtigten Eifer, Völlerei zu bekämpfen, ein untaugliches Mittel gewählt. Da sie nicht in der Lage sind, Genuss als Gabe Gottes wertzuschätzen, haben ihre Rezepte nur zu Einseitigkeiten geführt, die ebenso fragwürdig sind wie das, was sie bekämpfen wollten.

Das Gegenmittel: Zweckmässige Strukturen

Auf den ersten Blick mag es unserer Intuition widersprechen, „Genuss" und „zweckmäßige Strukturen" auch nur irgendwie miteinander in Verbindung zu bringen. Diejenigen, die bereits mit der natürlichen Gemeindeentwicklung vertraut sind, müssen an dieser Stelle beachten, dass sich in diesem Zusammenhang der Begriff „zweckmäßige Strukturen" nicht auf die organisatorische Seite der Gemeinde bezieht, sondern auf die Strukturen im Leben des einzelnen Christen. Auf welchem Organisationsprinzip beruht Ihr Leben? Was bestimmt Ihre Entscheidungen? Wie hängen die unterschiedlichen Bereiche Ihres Lebens miteinander zusammen?

Ohne Strukturen dieser Art ist es unmöglich, das Verlangen nach Genuss angemessen auszudrücken. Der Zweck von Strukturen besteht darin, auf Grundlage einer Langzeitperspektive eine Balance sicherzustellen, anstatt lediglich auf momentan empfundene Bedürfnisse zu reagieren. Wenn wir zweckmäßige Strukturen auf die Energie des Genusses beziehen, besteht ihre Aufgabe darin, für einen gesunden Rhythmus zwischen Fasten und Feiern zu sorgen. Dies führt langfristig nicht zu weniger, sondern zu mehr Genuss. Der entscheidende Punkt ist der, dass wir uns von unserem Verlangen nach Genuss nicht beherrschen lassen (1. Kor. 6,12).

Genuss ist keineswegs unser Feind, aber ein unausgewogener Ausdruck von Genuss ist es sehr wohl. Oftmals führt kurzzeitiger Genuss langfristig zu Unglück. Umgekehrt kann kurzzeitige Enthaltsamkeit langfristig zu wachsendem Genuss beitragen. Langfristiger Genuss kann nur erzielt werden, wenn unser Leben in Balance ist.

Ein Rhythmus zwischen Fasten und Feiern bedeutet, dass das Pendel zwischen den beiden Polen hin und her schwingen darf – manchmal mehr in die eine Richtung, dann wieder in die andere Richtung. Es bedeutet keineswegs eine statisch definierte Mittelposition – weder wirkliches Fasten noch wirkliches Feiern.

Feiern (was großzügig bemessene Portionen beim Essen einschließen kann) stellt die ultimative Ausdrucksweise für unsere Energie des Genusses dar. Auf der anderen Seite hilft *Fasten* uns dabei, dass wir uns von unserem Verlangen nach Genuss nicht beherrschen lassen. Es hilft uns dabei, die Dinge kontrollieren zu lernen, die das Potenzial haben, uns zu kontrollieren. Durch Wachs-

Energieumwandlung in der Bibel: Was baut auf?

τραπέζης δαιμονίων. 22 ἢ παραζηλοῦμεν
τὸν κύριον; μὴ ἰσχυρότεροι αὐτοῦ ἐσμεν;
23 Πάντα ἔξεστιν ἀλλ᾽ οὐ πάντα συμφέ-
ρει· πάντα ἔξεστιν ἀλλ᾽ οὐ πάντα οἰκοδομεῖ.
24 μηδεὶς τὸ ἑαυτοῦ ζητείτω ἀλλὰ τὸ τοῦ ἑτέ-
ρου. 25 Πᾶν τὸ ἐν μακέλλῳ πωλούμενον ἐσθί-

Die Freiheit des Christen
1. Korinther 10,23–33

Der Kontext dieser klassischen Sätze über das Wesen christlicher Freiheit ist der Genuss von Fleisch, das zuvor den Götzen als Opfer dargebracht worden war. Paulus' Anliegen ist vor allem, dass wir in diesem Bereich nicht übermäßig skrupulös sein sollten. Alles – einschließlich Essen und Trinken – sollte in einer Haltung der „Dankbarkeit" (Vers 30) und zur „Ehre Gottes" (Vers 31) geschehen. Die Kernaussage dieses Absatzes finden wir in Vers 23: ***„Alles ist erlaubt, aber nicht alles dient zum Guten (sympherei). Alles ist erlaubt, aber nicht alles baut auf (oikodomei)."***

Es ist gewiss kein Zufall, dass dieser Vers in Parallele zum hebräischen *parallelismus membrorum* formuliert ist, in dem die beiden Begriffe *sympherei* und *oikodomei* sich gegenseitig interpretieren: Als „zum Guten dienlich" wird das betrachtet, was die Gemeinde „aufbaut" *(oikodomei)*. Die Christen sind frei, Fleisch zu kaufen, ohne nach seinem Ursprung zu fragen. Wenn allerdings jemand Anderes sie darauf aufmerksam machen sollte, dass das Fleisch aus einem heidnischen Tempel stammt, dann sollten sie auf das Fleisch verzichten. Die gleiche Argumentationsstruktur finden wir in 1. Korinther 6,12: „Alles ist mir erlaubt, aber nicht alles dient zum Guten. Alles ist mir erlaubt, aber es soll mich nichts gefangen nehmen."

Genuss wird in keiner Weise missbilligt oder verachtet, sondern an drei Kriterien gebunden: (1) Achte darauf, dass du nicht abhängig wirst. (2) Achte darauf, dass du nicht für Andere zum Stein des Anstoßes wirst. (3) Achte darauf, dass alles in Dankbarkeit geschieht.

tum in der Disziplin des Fastens steigern wir folglich unsere Freiheit. Wenn beide Pole – Fasten und Feiern – in Ihrem Leben in Balance stehen, haben Sie gute Gründe davon auszugehen, dass „zweckmäßige Strukturen" erfolgreich in Ihren persönlichen Lebensstil integriert sind. Sie sollten nicht unterschätzen, welche Ausstrahlung das auf andere Menschen hat.

Der Zusammenhang zwischen Energie und Gemeinschaftsmerkmal

Im Laufe unseres Pilotprojekts zum Geistliche-Energie-Test waren einige Personen, die nur relativ niedrige Werte im Bereich „Genuss" erzielten, über die Interpretation verwundert, dies deute auf ein geringes Potenzial für „zweckmäßige Strukturen" hin.

Ein Pastor schrieb mir Folgendes: „Ich bin ein aktiver NCD-Leiter in unserer Denomination und ein begeisterter Student des gesamten Konzeptes, seiner Methodologie und Praxis. Während die Testresultate in den meisten Bereichen zuzutreffen scheinen, war ich von den Werten für ‚zweckmäßige Strukturen' überrascht. Das Implementieren von Strukturen und Verfahrensoptimierungen ist etwas, wofür ich bekannt geworden bin, und stellt einen erheblichen Teil meiner Tätigkeit in Ausbildung, Coaching und Beratung dar."

Ich erwähne bewusst dieses Beispiel, da ich davon ausgehe, dass manche Leser ähnliche Fragen haben mögen. Leiter, die gut darin sind, auf der Ebene einer Organisation zweckmäßige Strukturen auszuarbeiten, verstehen häufig nicht, warum ihr „Potenzial für zweckmäßige Strukturen" im Geistliche-Energie-Test relativ niedrige Werte erzielt. Und sie mögen auch Schwierigkeiten haben zu verstehen, was das Ganze überhaupt mit „Genuss" zu tun haben soll.

Ich kenne eine ganze Reihe Menschen – insbesondere Gemeindeberater –, die ungeheuer versiert darin sind, strukturellen und organisatorischen Herausforderungen zu begegnen. Ihr Gehirn läuft zu Höchstform auf, wenn es um solche Fragen geht. Einige von ihnen haben hohe Energie in „Macht" (und folglich ein hohes Potential für bevollmächtigende Leitung), aber nur wenig Energie in „Genuss" (und folglich ein niedriges Potenzial für zweckmäßige Strukturen). Um die Daten des Tests angemessen zu interpretieren, müssen wir Folgendes berücksichtigen:

- Wie bereits erwähnt, geht es im Kontext des Geistliche-Energie-Tests nicht um Strukturen auf der Ebene einer Organisation (wie z.B. Leitungsstrukturen, Informationskanäle, Entscheidungsfindungsprozesse etc.). Wir sprechen hier ausschließlich über Strukturen, die unser eigenes Leben in Balance bringen, indem sie das Pendel zwischen den beiden Polen des Fastens und Feierns schwingen lassen.
- Menschen mit geringer Energie im Bereich Genuss – die folglich auch nicht sehr stark mit Völlerei zu kämpfen haben – können intellektuell ausgesprochen versiert sein, wenn es darum geht, Menschen beim Entwickeln von zweckmäßigen Strukturen zu helfen. Wenn jedoch ein Mensch, der von hoher Energie im Bereich Genuss angetrieben wird – und es gelernt hat, diese Energie in konstruktive Bahnen zu lenken –, anderen dabei hilft, mehr Struktur in ihr Leben zu bringen, ist seine Botschaft sehr viel vollmächtiger.

Lucas Geistliche-Energie-Test

Die Ergebnisse des Geistliche-Energie-Tests zeigten bei Luca einen Balken von fast schon wolkenkratzerähnlichen Dimensionen. Es war nicht schwer, den Bereich seiner größten Energie zu sehen – es war sein Verlangen nach Genuss.

Christian: War dieses Ergebnis überraschend für dich, Luca?

Luca: Ja, das war es. Als ich las, dass das Ergebnis bedeutet, dass ich zu Völlerei neige, war ich schon erstaunt, um es zurückhaltend auszudrücken.

Christian: Das Ergebnis bedeutet nicht, dass du zu Völlerei neigst. Es bedeutet lediglich, dass Völlerei zu den Bereichen deiner größten Verwundbarkeit gehört.

Luca: Wie dem auch sei, ich bin seit einigen Jahren Vegetarier und vor einiger Zeit bin ich Veganer geworden. Mein Körper ist absolut in Form. Wenn ich ein Vielfraß sein soll, dann weiß ich nicht, welches Wort ich für dich benutzen soll ...

Christian: Welche Rolle spielt Essen in deinem Leben?

Luca: Eine wichtige. Ich bin überzeugt, dass die Gedankenlosigkeit so vieler Menschen im Blick auf ihre Ernährungsgewohnheiten an ein Verbrechen grenzt. Sie zerstören die Umwelt und manchmal sogar ihre eigene Gesundheit. Anstatt ihren unverantwortlichen Lebensstil in Frage zu stellen, stecken sie Leute wie mich in eine esoterische Ecke, so dass am Ende ich es bin, der sich rechtfertigen muss. Ich denke stets darüber nach, was ich essen sollte und wo die einzelnen Zutaten herkommen. Außerdem ist vegetarisches Essen, wenn es phantasievoll zubereitet wird, einfach sehr viel schmackhafter als eine durchschnittliche Fleischmahlzeit.

Christian: Ich höre dich wieder mal predigen, Luca, und mir gefällt deine Predigt ja durchaus. Ich kann mir allerdings vorstellen, dass deine starken Überzeugungen auch eine Reihe Probleme in deinen sozialen Beziehungen geschaffen haben. Habe ich recht?

Luca: In der Tat. Einige meiner Freunde und Familienmitglieder fragen sich, ob sie einen Menschen mit solchen Ansichten überhaupt noch einladen sollten. Ich bin immer öfter in Streitgespräche verwickelt, besonders mit meinem Onkel Sam, der ein ziemlich dicker und zutiefst gedankenloser Fleisch-Junkie ist. Er versucht mich ständig davon zu überzeugen, wieder „normal" zu werden.

Christian: Du würdest also sagen, auf Onkel Sam trifft der Verdacht der Völlerei zu, richtig?

Luca: Aber absolut.

Christian: Vielleicht hast du ja recht, wenn er wirklich meint, ohne Fleisch nicht leben zu können. Es sieht so aus, als wenn dein Onkel dem Essen viel zu viel Aufmerksamkeit widmet. Dem Geistliche-Energie-Test zufolge ist das die Definition von Völlerei. Klingelt da etwas bei dir?

Luca: Du willst sagen, dass auch ich dem Essen zu viel Aufmerksamkeit widme?

Christian: Ich kenne dich nicht genug, um das wirklich beurteilen zu können, aber ich könnte mir zumindest vorstellen, dass du in der Gefahr stehst, das zu tun. Wenn du dein veganes Essen nicht bekommst, könnte es sein, dass du genauso harsch reagierst wie dein Onkel, wenn ihm sein geliebtes Fleisch vorenthalten wird.

Luca: Es stimmt schon, dass es an *dieser* Stelle eine Gemeinsamkeit gibt. Der Unterschied besteht aber darin, dass Onkel Sam falsch liegt und ich recht habe.

Christian: Mir ist schon klar, was du meinst, und ich möchte dich auch definitiv nicht davon überzeugen, deinen veganen Lebensstil aufzugeben. Du hast gute und wohldurchdachte Gründe dafür. Aber ich bin fest davon überzeugt, dass du mehr Balance in dein Leben bringen könntest – ein Gleichgewicht von Fasten und Feiern, das sich vielleicht ja auch darin zeigt, dass du konsequent deine eigenen Prinzipien verfolgst, während du den Lebensstil, den Andere für sich gewählt haben, akzeptierst. Vielleicht kommen dir ja Situationen in den Sinn, in denen dir das bereits gelungen ist. Ziemlich wahrscheinlich waren in diesen Situationen deine sozialen Beziehungen befriedigender, als sie es heute sind – vielleicht sogar gegenüber Onkel Sam. Und wahrscheinlich würde Onkel Sam sehr viel aufmerksamer auf dich hören, wenn er diesen Geist in dir spürte.

Luca: Jetzt predigst *du*, Christian. Aber du magst schon recht haben, dass Essen in letzter Zeit zu wichtig für mich geworden ist.

Dankbarkeit als Schlüssel

Essen ist eine Gabe Gottes, und auch die Verbindung zum Genuss ist etwas, das von Gott selbst erfunden wurde. Es war niemals seine Absicht, dass Essen ein rein technischer Vorgang sein sollte – den Körper mit Nährstoffen füllen, wie man ein Auto mit Benzin betankt. Wer das, was Gott uns gegeben hat, um uns zu erfreuen, nicht genießt, kritisiert damit den Schöpfer und seine gute Schöpfung.

Es ist gewiss kein Zufall, dass die Bibel an so vielen entscheidenden Stellen von gemeinsamen Mahlzeiten berichtet. Das beginnt schon in den ersten Büchern der Bibel, als Gottes Bund mit seinem Volk mit einer gemeinsamen Mahlzeit gefeiert wird (Ex. 24,11). Und es setzt sich fort bis hin zu den letzten Seiten der Offenbarung, die vom „Hochzeitsmahl des Lammes" spricht (Offb. 19,9).

Es ist ohne Zweifel eine gute Praxis, gemeinsame Mahlzeiten zum Teil der Kleingruppentreffen zu machen. Gemeinsames Essen und Trinken baut Gemeinschaft und verstärkt das Zusammengehörigkeitsgefühl. Es ist eine phantastische Gelegenheit zu zeigen, welchen Platz das Essen in unserem Leben einnehmen sollte – eine Gabe Gottes, die am besten in Gemeinschaft mit anderen genossen wird. Wenn wir in Gemeinschaft mit anderen Christen essen, dann sollten wir darauf achten, dass das Essen gesund ist (Gott möchte, dass wir gesund leben), dass es gut schmeckt (Gott möchte, dass wir genießen) und dass es ökologisch verantwortlich ausgewählt wurde (Gott liegt an Lazarus und dem Ganzen der Schöpfung).

Mehr im Internet

Auf 3colorsofcommunity.org finden Sie Antworten auf folgende Fragen:

- *Was sind einige praktische Beispiele für die Verbindung von Genuss und zweckmäßigen Strukturen?*
- *Warum kann es nicht gelingen, Völlerei damit zu bezwingen, dass man sich auf die gegensätzliche Tugend (Enthaltsamkeit) konzentriert?*

Der Schlüssel im Blick auf Ernährung ist Dankbarkeit. „Weil alles, was Gott geschaffen hat, gut ist, sollen wir nichts davon ablehnen. Wir dürfen es dankbar annehmen", schreibt Paulus (1. Tim. 4,4). Da er hier ausdrücklich sagt „alles", haben wir guten Grund zu vermuten, dass er auch wirklich „alles" meint. Diese Art biblischer Freiheit wird dann zu einer geistlichen Tugend, wenn sie vom Kriterium der Dankbarkeit begleitet wird.

Den Neid besiegen

Die jüdische Tradition ist reich an Geschichten, die uns tiefe Einsichten in das Wesen des Neids gewähren lassen. Eine der anschaulichsten handelt von zwei Ladenbesitzern in der gleichen Straße, die einander ständig neidisch beäugten und deshalb in fortwährendem Streit miteinander lagen.

Eines Tages besuchte sie ein Engel und sagte: „Ich will euch alles geben, worum ihr mich bittet – unter einer einzigen Bedingung: Euer Rivale wird das Doppelte von dem bekommen, um was ihr gebeten habt."

Zwei Stunden lang starrten sich die beiden Männer in die Augen, ohne ein einziges Wort zu sagen. Keiner wollte um irgendetwas bitten, wenn dies bedeutete, dass sein Rivale noch mehr davon erhalten würde.

Schließlich brach einer der beiden Männer das Schweigen. Er hatte eine zufriedenstellende Lösung für seinen inneren Konflikt gefunden: „Ich wünsche mir, auf einem Auge blind zu werden."

Eine Kleinstadt-Sünde

Diese kleine Geschichte ist weder eine Karikatur noch eine Übertreibung. Sie fasst vielmehr präzise zusammen, was es mit Neid auf sich hat:

- Neid ist eine „Kleinstadt-Sünde", wie es der dänische Philosoph Søren Kierkegaard ausdrückt („in der gleichen Straße"). Je näher Menschen einander sind, desto wahrscheinlicher wird es zu Neid kommen.
- Neid gedeiht am besten in der Beziehung zwischen Gleichen („zwei Ladenbesitzer"). Ein Landwirt mag vielleicht nicht den Telekomchef wegen seines höheren Einkommens beneiden, dafür aber den anderen Landwirt einen Hof weiter. Ebenso mag ein Pastor weit davon entfernt sein, Billy Graham wegen seiner Predigtgabe zu beneiden, während der Pastor der Nachbargemeinde, von dessen Predigten jedermann so sehr schwärmt, Zielscheibe seiner Neidattacken wird.
- Dem Neid geht es nicht wirklich darum, die eigene Situation zu verbessern („Ich will euch alles geben, worum ihr mich bittet"). Es geht ihm ausschließlich um den *Abstand* zwischen der eigenen Situation und der Situation Anderer. Neidische Menschen definieren sich selbst auf Grundlage des Vergleichs mit anderen Menschen.
- Und schließlich kann Neid zu den absurdesten Konsequenzen führen („auf einem Auge blind"). Neidische Menschen würden es vorziehen zu leiden, solange andere Menschen noch mehr leiden müssten, als glücklich zu sein, wenn dies bedeutet, dass die anderen noch glücklicher sind.

Ein Vergleichsspiel

Neid ist ein Vergleichsspiel. Wir nehmen die Person, mit der wir uns vergleichen, auf einer imaginären Leiter als „höher" wahr. Dieses „Höher" kann bedeuten reicher, glücklicher, klüger, schöner, berühmter, geistlicher, gesegneter oder vieles Andere mehr. Unser Ziel besteht dann darin, die gleiche Stufe wie der Andere – wenn nicht gar eine höhere Stufe – zu erreichen. Das kann auf eine der beiden folgenden Weisen bewerkstelligt werden:

Identität ist eine von Gott gegebene Energie, die entweder zu Neid führen kann (wenn sie über den Weg der Isolation ausgedrückt wird), oder aber zu gabenorientierter Mitarbeit beiträgt (wenn die Energie auf den Weg der Gemeinschaft umgeleitet wird).

- Im günstigsten Fall **gelangen wir selbst auf eine höhere Stufe** der Leiter. In unserer kleinen Geschichte grübelte jeder der beiden Ladenbesitzer zwei Stunden lang über diese Möglichkeit nach. Aber was immer sie sich auch ausdachten, um selbst auf der Leiter höher zu kommen, hätte zur Folge gehabt, dass der Rivale noch höher gestiegen wäre. Deswegen war dieser Weg ausgeschlossen.
- Wenn das der Fall ist, wird die zweite Option gewählt. **Die andere Person muss heruntergezogen werden**. Selbst wenn das bedeutet, dass wir ebenfalls die Leiter herunter müssen, sind wir bereit, uns darauf einzulassen, solange der Andere nicht höher steht als wir selbst.

Sich bitter fühlen, wenn's Anderen besser geht

Die zweite Option mag zwar ausgesprochen lächerlich erscheinen (sich zufrieden zu fühlen, obwohl die eigene Situation sich objektiv verschlechtert), aber sie hat durchaus eine innere Logik. Für einen neidischen Menschen bemisst sich Glück aufgrund des wahrgenommenen Abstands zwischen sich selbst und Anderen – und nicht aufgrund der eigenen Situation, wie sie sich unabhängig von der anderer Menschen darstellt.

So ist es leicht zu erklären, warum neidische Menschen „sich bitter fühlen, wenn's Anderen besser geht", wie es Rebecca DeYoung in Ihrem großartigen Buch *Glittering Vices* (Verlockende Laster) ausgedrückt hat. Der Gewinn des Anderen wird als eigener Verlust interpretiert. Neid blickt nicht auf das, was wir haben, sondern auf das, was Andere haben und wir nicht.

Das Tragische ist, dass wir niemals glücklich werden können, solange wir dieser Logik folgen. Während jede andere Todsünde zumindest eine gewisse Form von Kurzzeitglück bietet (wenn sie auch langfristig betrachtet zum Unglück führt), sorgt Neid noch nicht einmal für kurzfristige Glücksgefühle. Da es immer Menschen gibt, die auf der imaginären Leiter höher stehen, werden wir stets unglücklich bleiben – auch dann, wenn wir endlich auf der Stufe angekommen sind, die wir so lange Zeit ersehnt hatten.

Geistliche Spielarten von Neid

Es fällt nicht allzu schwer, sich über Neid lustig zu machen, weil der dahinterstehende Mechanismus ausgesprochen masochistisch erscheint. Es ist sehr viel schwieriger zuzugestehen, dass es Stimmen in einem jeden von uns gibt, die genau dieser Logik folgen. Neid ist ein universelles Problem. Das ist der Grund, warum dieses Thema in der Bibel so häufig behandelt wird. Kain und Abel, Josef und seine Brüder, das Salomonische Urteil („Schneidet das lebende Kind entzwei"), um nur einige besonders markante Beispiele zu nennen.

Wenn Neid in seiner „geistlichen" Form erscheint, spiegelt er in aller Regel die Haltung des älteren Sohnes in der Geschichte vom verlorenen Sohn wider. Als er von der Feier hörte, die sein Vater für seinen jüngeren Bruder, der soeben nach Hause gekommen war, vorbereitete, entgegnete er: „All die Jahre habe ich schwer für dich gearbeitet und dir nicht ein einziges Mal widersprochen, wenn du mir etwas aufgetragen hast. Und in dieser ganzen Zeit hast du mir nicht einmal eine junge Ziege gegeben, um mit meinen Freunden ein Fest zu feiern. Doch jetzt, wenn dein Sohn daherkommt, nachdem er dein Geld mit Huren durchgebracht hat, feierst du und schlachtest unser bestes Kalb" (Lk. 15,29–30).

Der Neid des älteren Sohnes

Der ältere Sohn repräsentiert den Neid frommer Menschen, die hart gearbeitet haben, um eine bestimmte Stufe der Frömmigkeit zu erreichen. Wenn sie spüren, dass Andere das Gleiche mit weitaus weniger Einsatz schaffen, fühlen sie sich verletzt:

- Dies erklärt, warum Menschen, die sich gewissenhaft darum bemüht haben, ihr Leben nach strikten, puritanischen Maßstäben auszurichten, sich ungeheuer entrüsten können, wenn sie sehen, dass andere Christen einen weitaus freudigeren, lebenszugewandteren Weg entdeckt haben, Christus nachzufolgen. Es ist der Neid des älteren Sohnes.
- Dies erklärt, warum Gemeindemitglieder, die ihr gesamtes Leben hindurch in großer Geduld ausgesprochen langweilige Gottesdienste ertragen haben, auf einmal so aggressiv reagieren können, wenn ansprechendere Formen des Gottesdienstes eingeführt werden. Es ist der Neid des älteren Sohnes.
- Dies erklärt, warum Pastoren, die Gemeinde ausschließlich als etwas Schrumpfendes erlebt haben, so sarkastisch reagieren können, wenn sie von wachsenden Gemeinden hören. Es ist der Neid des älteren Sohnes.

Klatsch als gemeinschaftlicher Neid

Neid entsteht nur dann, wenn Menschen eine gewisse Art von Nähe zueinander haben („Kleinstadt-Sünde"), und je näher sich Menschen kommen, desto mehr wächst auch das Neidpotenzial. Neid vergiftet die Gemeinschaft. In den meisten Fällen isoliert er uns. Da neidische Menschen den Segen, den Andere erfahren, nicht feiern können, sind sie überhaupt nicht in der Lage zu feiern.

Allerdings gibt es eine gewisse Spielart des Neids, die auch gemeinschaftlich ausgedrückt werden kann und dann sogar das Zusammengehörigkeitsgefühl der „In-Group" stärkt – Klatsch. In allen Formen von Klatsch lassen

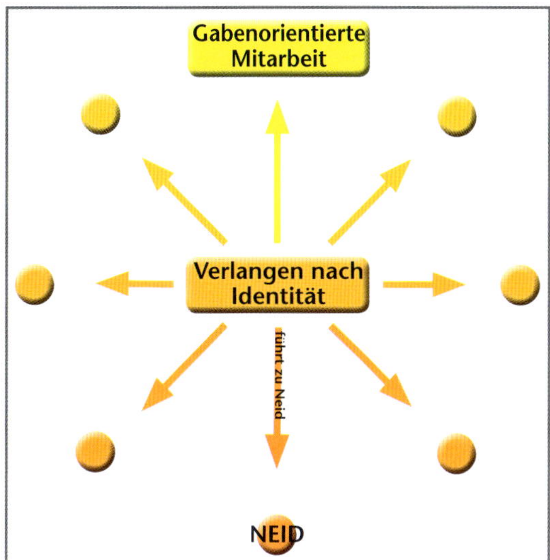

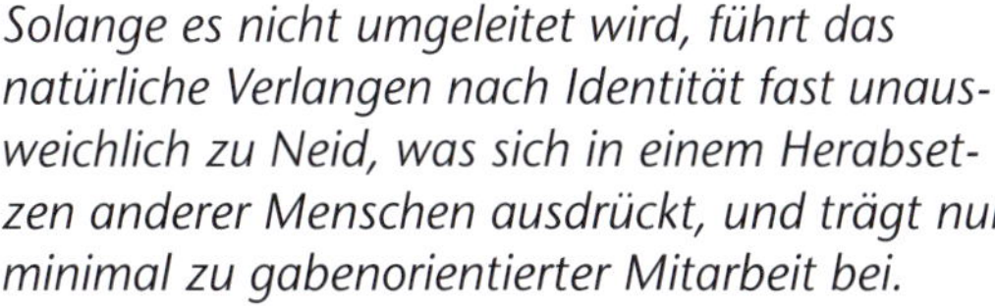
Solange es nicht umgeleitet wird, führt das natürliche Verlangen nach Identität fast unausweichlich zu Neid, was sich in einem Herabsetzen anderer Menschen ausdrückt, und trägt nur minimal zu gabenorientierter Mitarbeit bei.

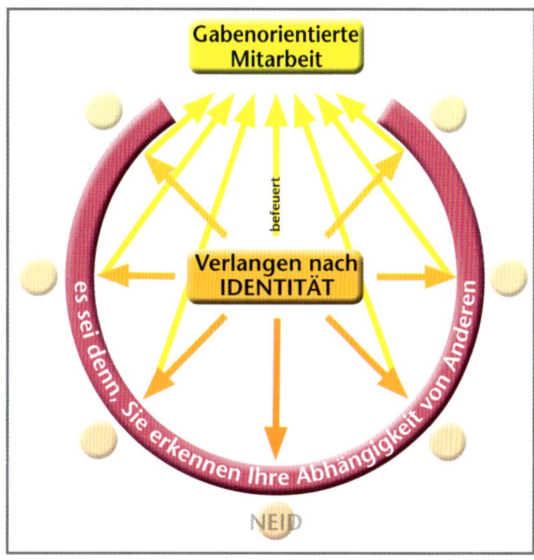

Das Konzept der Energieumwandlung, symbolisiert durch die Parabollinie. Die natürliche Energie fließt; der Schirm der Parabollinie allerdings leitet diese Energie in einer Weise um, dass sie vollumfänglich gabenorientierter Mitarbeit zugutekommt.

sich unschwer Elemente des Neids aufspüren. „Ständig hat er sich wie ein moralischer Superstar aufgeführt. Jetzt schaut ihn nur an." „Habt ihr gehört, was mit den Petersens passiert ist, diesen arroganten und eingebildeten Millionären?" „Erinnerst du dich noch an diese Megagemeinde und die hochtrabende Vision ihres Pastors? Jetzt sind sie mitten in einer ausgesprochen peinlichen Leitungskrise."

Klatsch gibt uns das Gefühl, ein Stückchen erhoben zu werden, jedenfalls für kurze Zeit. Genau die Leute, die wir so sehr beneiden, sind auf den Boden gebracht worden – oder wir haben sie auf den Boden gebracht –, was uns das Gefühl gibt, dass wir nun auf der Leiter ein Stückchen höher stehen als sie. Da es zu den ungeschriebenen Spielregeln des Klatsches gehört, dass uns andere Menschen in unserer Sicht unterstützen (und wenn sich das nur in einem gedankenlos dahingeworfenen: „Da sieht man mal wieder!" äußert), fühlen wir uns weniger elend, als wenn wir unserem uneingestandenen Neid allein ausgesetzt wären. Auf diese Weise kann Klatsch starke Gefühle der Befriedigung (obschon nur für extrem kurze Zeit) hervorrufen, ganz besonders auch dann, wenn er uns dabei hilft, dass wir uns Anderen geistlich überlegen fühlen.

Die treibende Energie: Identität

Neid hat nichts mit dem Objekt unseres Neides zu tun (auch wenn wir es so empfinden mögen). Er entsteht, weil wir mit uns *selbst* unglücklich sind – vollkommen unabhängig von unserer Umgebung. Deshalb wählen wir in unserer Umgebung ein Opfer aus und projizieren unsere Probleme auf diese Person. Der daraus resultierende Neid lässt uns dann noch elender fühlen – ein Teufelskreis.

Neid verhindert, dass wir uns auf konstruktive Weise mit unserer Identität beschäftigen. Und es ist die ungelöste Identitätsfrage, die Neid befeuert: „Wer bin ich? Was ist der Sinn meines Lebens? Was macht meine Einzigartigkeit aus?" Um diese Fragen konstruktiv anzugehen, müssen wir das beschriebene Vergleichen aufgeben – die Definition unseres Selbstwertes auf der Grundlage der Situation anderer Menschen. Solange wir unsere Suche nach Identität durch Neid ausdrücken, verhindern wir nur, das zu finden, was wir eigentlich suchen.

Die Sehnsucht nach Identität ist ein kraftvolles und gottgegebenes Verlangen. Sie hat eine metaphysische Dimension. Es ist äußerst kreativ, die eigene Einzigartigkeit und den sich aus ihr ergebenden Beitrag zur Gemeinschaft zu erforschen. Wenn Sie im Bereich von Identität hohe Energie haben, können Sie davon ausgehen, dass Sie einen großen Beitrag für die Menschen in Ihrer Umgebung leisten können – sofern es Ihnen gelingt, Ihre Energie über den Weg der Gemeinschaft auszudrücken.

Energieumwandlung in der Bibel: Jeder wird gebraucht

22 ἀλλὰ πολλῷ μᾶλλον τὰ δοκοῦντα μέλη τοῦ
σώματος ἀσθενέστερα ὑπάρχειν ἀναγκαῖά
ἐστιν, 23 καὶ ἃ δοκοῦμεν ἀτιμότερα εἶναι τοῦ
σώματος τούτοις τιμὴν περισσοτέραν περιτί-
θεμεν, καὶ τὰ ἀσχήμονα ἡμῶν εὐσχημοσύνην
περισσοτέραν ἔχει, 24 τὰ δὲ εὐσχήμονα ἡμῶν

Viele Glieder – ein Leib
1. Korinther 12,14–27

Dieser Text handelt von unserer Identität in Christus – als Glieder seines Leibes. Für Paulus ist das Bild des Leibes Christi keine bloße Metapher, sondern eine geistliche Wirklichkeit mit lebensverändernden Auswirkungen. Paulus fordert gerade nicht, dass jedes Glied gleich zu sein habe. Die Hand unterscheidet sich vom Auge, und das Auge unterscheidet sich vom Fuß. „Wenn aber alle Glieder ‚ein' Glied wären, wo bliebe der Leib?", fragt er. „Nun aber sind es viele Glieder, aber der Leib ist ‚einer'" (Verse 19–20). Paulus macht deutlich, dass innerhalb des Leibes Christi alle Glieder aufeinander angewiesen sind. Jeder wird gebraucht. Aufgrund dieser gegenseitigen Abhängigkeit besteht keinerlei Anlass zu Neid.

Paulus schrieb diesen Abschnitt als Reaktion auf Gefühle von Neid, denen er unter den Christen in Korinth begegnet war: Überlegenheitsgefühle bei den Einen, Minderwertigkeitsgefühle bei den Anderen. Ausdrücklich spricht er deshalb über diejenigen Glieder, die ein schwächer ausgeprägtes Selbstwertgefühl haben: Die Glieder, **„die uns am wenigsten ehrbar zu sein scheinen, die umkleiden wir mit besonderer Ehre**; und bei den unanständigen achten wir besonders auf Anstand" (Vers 23).

Er betont, dass es Gott ist, der die unterschiedlichen Teile miteinander verbunden hat und „dem geringeren Glied höhere Ehre gegeben" habe (Vers 24). Die ultimative Anti-Neid-Maßnahme wird in Vers 26 vorgestellt: „Wenn ‚ein' Glied leidet, so leiden alle Glieder mit, und wenn ‚ein' Glied geehrt wird, so freuen sich alle Glieder mit."

Das Gegenmittel: Gabenorientierte Mitarbeit

Für mich persönlich hat nichts so sehr zu meinem Identitätsbewusstsein (und folglich zu meinem Selbstwertgefühl) beigetragen wie das Entdecken meiner geistlichen Gaben – und deren Einsatz zum Nutzen anderer Menschen. Meine einzigartige Gabenkombination zeigt mir, wer ich im Leib Christi bin. Sie zeigt mir, was ich zu tun habe, da es sonst von niemand Anderem getan würde. Gleichzeitig ermöglicht sie mir, Tausende von Dingen *nicht* zu tun (auch wenn Andere das von mir erwarten sollten), da Gott mich in diesen Bereichen nicht begabt hat. Und schließlich: Sie hält mich demütig, da mir bewusst ist, wie sehr ich der Gaben Anderer bedarf. Ich weiß, dass ich in meiner Einseitigkeit gar nicht überleben könnte. Aber wenn ich mich mit Menschen vernetze, die genauso einseitig sind wie ich – allerdings in anderen Bereichen –, dann können wir gemeinsam die Welt buchstäblich aus den Angeln heben.

Im Blick auf geistliche Gaben können und sollen wir einseitig sein. Das biblische Ideal ist nicht, dass jeder gleich sein sollte. Lehrer unterscheiden sich von Organisatoren, Hirten von Evangelisten und Helfer von Propheten. Sie alle – und unzählige mehr – werden gebraucht, da sie nur in Gemeinschaft mit Anderen den Leib Christi darstellen. Das Konzept der geistlichen Gaben widerspricht der unbiblischen Vorstellung von Gleichmacherei, die unausweichlich zu einem Extremismus des Mittelmaßes führt.

Gabenorientierte Mitarbeit ist weitaus mehr als ein moderner Management-Gimmick. Das Konzept wurde von niemand Geringerem als dem Apostel Paulus eingeführt (siehe Box links). Es ist lohnenswert, sich daran zu erinnern, dass Paulus' ursprüngliche Lehre über geistlichen Gaben eine Reaktion auf Neidbekundungen in der Gemeinde darstellt. Die ganze Pointe der neutestamentlichen Gabenlehre ist, dass Gaben – richtig verstanden – nicht eigentlich Individuen gegeben werden, sondern der Gemeinschaft. Mit anderen Worten: Außerhalb der Gemeinschaft können wir unsere Gaben weder entdecken noch angemessen einsetzen. Diese Erkenntnis macht gabenorientierte Mitarbeit zu einem idealen Kleingruppen-Thema. Gabenorientierte Mitarbeit offenbart uns unsere Identität auf der denkbar fundamentalsten Ebene – als Glieder am Leib Christi.

Mehr im Internet

Auf 3colorsofcommunity.org finden Sie Antworten auf folgende Fragen:

- *Gibt es bestimmte Kulturen, die für Neid anfälliger sind als andere? Welche sind es? Warum?*
- *Warum kann es nicht gelingen, Neid damit zu bezwingen, dass man sich auf die gegensätzliche Tugend (Freundlichkeit) konzentriert?*

Jennifers Geistliche-Energie-Test

Die Ergebnisse von Jennifers Geistliche-Energie-Test ergaben, dass ihre höchste Energie „Identität" war. Allerdings war mir nicht klar, ob sie ein starkes Selbstbewusstsein hatte oder eher ein angeschlagenes Selbstwertgefühl. Das Testergebnis brachte lediglich zum Ausdruck, dass dieser Bereich für sie ein wichtiges und emotional aufgeladenes Thema darstellt. Vor unserer Auswertungssitzung bat ich sie, außer dem Geistliche-Energie-Test auch den 3-Farben-Gabentest zu machen, so dass wir während unseres Gesprächs beide Ergebnisse zur Hand hatten.

Christian: Jennifer, nenne mir fünf geistliche Gaben, die du definitiv nicht hast.

Jennifer: Ich habe nicht eine einzige Gabe in der Kategorie der Leiterschaftsgaben – also weder Leitung noch Organisation, weder Apostel noch Hirtendienst.

Christian: Das sind vier.

Jennifer: Noch habe ich die Gabe des Lehrens.

Christian: Es gibt noch viele anderen Gaben, die du nicht hast. Es wird einen Grund haben, dass du genau diese fünf erwähnt hast.

Jennifer: Da bin ich mir nicht sicher. Aber vielleicht hatte ich gehofft, zumindest eine Gabe in dieser Kategorie zu haben.

Christian: Kennst du Menschen, die eine dieser fünf Gaben haben?

Jennifer: Ja, sicher.

Christian: Bewunderst du diese Menschen?

Jennifer: Ehrlich gesagt, ja. Diese Gaben bedeuten mir viel. Menschen, die solche Gaben haben, bedeuten mir ebenfalls viel.

Christian: Und ich vermute, du neigst dazu, diese Menschen gleichzeitig zu bewundern und zu beneiden?

Jennifer: Könnte sein.

Christian: Welche Gaben hat der Test bei dir ans Tageslicht gebracht?

Jennifer: Leider nicht sehr aufregende. Abgesehen von Seelsorge habe ich noch Dienen, Handwerk, Geben und Glaube ausfindig gemacht.

Christian: Das ist ja wirklich ein langweiliges Ergebnis, Jennifer. Das tut mir aufrichtig leid.

Jennifer: Wie meinst du das?

Christian: Na ja, die Lehre des Neuen Testaments über geistliche Gaben ist glasklar. Sie unterscheidet zwischen den aufregenden Gaben auf der einen Seite, und den langweiligen Gaben auf der anderen Seite. Und Paulus lehrt unzweideutig: „Gesegnet sind diejenigen mit den aufregenden Gaben, denn die Salbung liegt auf ihnen."

Jennifer: Machst du dich jetzt lustig über mich, Christian?

Christian: Ganz im Gegenteil. Ich nehme deine Worte völlig ernst, vielleicht ja zu ernst. Du sagtest gerade, dass du ausschließlich nicht-aufregende Gaben hast. Deshalb gehe ich davon aus, dass du auf solider biblischer Grundlage zu dieser Interpretation gelangt bist.

Jennifer: Ja, mir ist schon klar, worauf du hinauswillst. Da hast du gewiss recht. Aber Fakt ist, dass ich meine Testergebnisse *wirklich* nicht sonderlich aufregend finde.

Christian: Hättest du gerne, dass ich dir helfe, deine einzigartige Gabenkombination auf Aufgaben zu beziehen, die aufregend *sind*?

Jennifer: Es wäre zumindest den Versuch wert.

Kleingruppen als Übungsfeld

Es wäre zu simplistisch gedacht, davon auszugehen, dass die Betonung christlicher Gemeinschaft, die wir derzeit erleben, zu einem Nachlassen oder Verschwinden von Neid führen würde. Es scheint vielmehr realistisch zu sein, vom Gegenteil auszugehen: Je enger eine Gemeinschaft wird, desto mehr wächst auch das Neidpotenzial.

In seinem großartigen Buch *Sinning Like a Christian* (Sündigen wie ein Christ) macht Bischof William Willimon die folgende scharfsinnige Beobachtung:

„Bei all den wohlklingenden modischen Appellen, unter uns individualistischen Amerikanern die Gemeinschaft zu vertiefen, erwarte ich als Begleiterscheinung einen neuen Ausbruch von Neid. Der wahrhaft selbstgenügsame Individualist, wenn es denn ein solches Wesen überhaupt geben sollte, ist gegenüber Neid weitgehend immun; der wahrhaft die sozialen Beziehungen suchende Gemeinschaftsmensch dagegen niemals."

Mit dieser Beobachtung trifft Bischof Willimon den Nagel auf den Kopf. Die Wahrscheinlichkeit des Auftretens von Neid wächst in dem Maße, wie die Intensität der Gemeinschaft wächst. Wenn es also dazu kommt, sollten wir nicht frustriert sein, sondern es als Hinweis darauf sehen, dass wir grundsätzlich auf dem richtigen Weg sind.

In dieser Situation sollten wir die richtige Maßnahme ergreifen – die vorhandene Energie im Bereich Identität nutzen, indem wir sie durch gabenorientierte Mitarbeit ausdrücken. In einer Kleingruppe haben wir die einzigartige Gelegenheit, nicht nur über den Leib Christi zu reden und Bibelarbeiten zu diesem Thema zu halten, sondern wirklich zu erleben, was es praktisch bedeutet, Glied am Leib Christi zu sein – ein Mensch, der den Anderen etwas Einzigartiges zu geben hat, während er gleichzeitig auf die Beiträge der Anderen angewiesen ist.

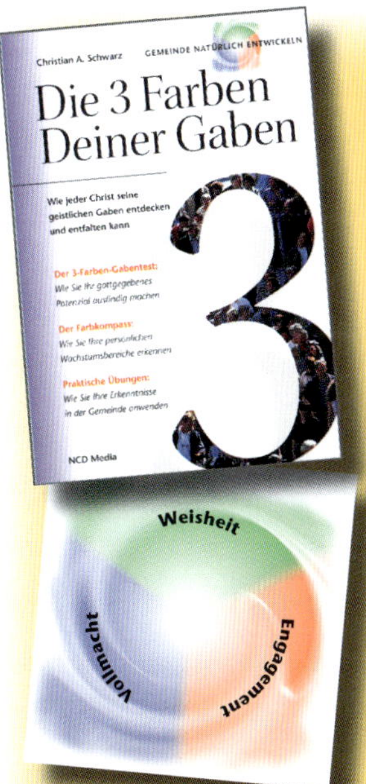

Die 3 Farben Deiner Gaben

• ***Wie „Die 3 Farben Deiner Gaben" eingesetzt werden kann, um gabenorientierte Mitarbeit zu entwickeln:*** Dieses Buch hilft jeder Gruppe dabei, die drei grundlegenden Bereiche Weisheit, Engagement und Vollmacht ins Gleichgewicht zu bringen. In seinem Zentrum steht der 3-Farben-Gabentest, der jedem Gruppenmitglied dabei hilft, seine geistlichen Gaben ausfindig zu machen und sie auf konkrete Aufgaben innerhalb oder außerhalb der Gemeinde zu beziehen. Das Entdecken von Gaben sollte idealerweise nicht als individualistische Übung gesehen werden, sondern als gemeinschaftlicher Prozess.

• ***Wie Ihre Kleingruppe von „Die 3 Farben Deiner Gaben" profitieren kann:*** Da das Buch bis heute in 24 verschiedenen Sprachversionen veröffentlicht wurde, hatten wir die einzigartige Gelegenheit zu studieren, was das optimale Einsatzfeld für gabenorientierte Mitarbeit ist – völlig unabhängig von Kultur, Denomination oder geistlicher Tradition. Ohne Zweifel ist dies die Kleingruppe. Dieses Buch kann als Anleitung für einen mehrwöchigen Gabenentdeckungsprozess eingesetzt werden, wovon insbesondere Gruppen mit hoher Energie im Bereich Identität profitieren werden. Ergänzende Handbücher (für Pastoren, Kleingruppenleiter und Gabenberater) helfen dabei, den Prozess in Bewegung zu halten – nicht nur durch die Verbreitung von Begeisterung, sondern durch praktische Schritte, die zu nachhaltiger Frucht führen. *www.3colorsofministry.org*

Die Gier besiegen

Wie jede der 7 Todsünden hat auch Gier sehr viel mehr mit Himmel und Hölle zu tun, als die meisten von uns vermuten würden. Es gibt eine rabbinische Geschichte von einem Mann, der nach seinem Tod in eine andere Welt eintritt. Ein Engel führt ihn in einen großen Speisesaal.

Was er dort sieht, macht ihn sehr traurig. Um einen riesigen Tisch herum, üppig gedeckt mit den köstlichsten Speisen, sitzt eine Gruppe elend aussehender Menschen, abgemagert und hungernd. Warum sind sie in einem solch erbärmlichen Zustand? Die Speisen, die sich in der Mitte des Tisches befinden, können nur mit Hilfe eines extra-langen Löffels erreicht werden. Das Tragische ist, dass jeder im Raum einen drei Meter langen Löffel hat. Obwohl dieser zu lang ist, um damit den eigenen Mund zu erreichen, hat er genau die richtige Länge, um die Person auf der anderen Seite des Tisches zu speisen. Aber kein Einziger macht das. Jeder zieht es vor, zu hungern.

Nachdem er das gesehen hat, wird der Mann in einen zweiten Raum geführt, in dem sich der gleiche Tisch mit genau den gleichen köstlichen Speisen befindet. Um den Tisch herum sitzt eine Gruppe fröhlicher Menschen, die die gleichen extra-langen Löffel in der Hand halten – sie sind aber gut genährt, glücklich und zufrieden. Jeder benutzt den eigenen Löffel, um jemand Anderen zu speisen.

„Dies ist der Himmel", sagt der Engel. „Der andere Raum – das war die Hölle."

Ein Thema der Bibel

Gier sorgt für die Hölle auf Erden. Sie zerstört die Gemeinschaft, ruiniert die Umwelt und untergräbt das Glück der gierigen Person. Da es sich um eine derart starke und universelle Kraft handelt, ist Gier ein wichtiges Thema der Bibel. Jesus redete mehr über Gier als über jede andere Sünde.

Ein Bekannter von mir hat es als Entertainer und Komiker zu einer gewissen Berühmtheit gebracht. Weder ist er Theologe, noch ist er jemals als Intellektueller bekannt geworden. Deshalb war ich überrascht, als ich sah, dass er zwei theologische Bücher veröffentlicht hatte: *Was die Bibel über die Kindertaufe sagt* und *Was die Bibel über vorehelichen Sex sagt*. Da ich neugierig war zu erfahren, was mein Bekannter über diese Themen zu sagen hatte, bestellte ich die beiden Bücher. Jedes von ihnen hatte eine beträchtliche Seitenzahl – aber die Seiten waren komplett leer. Mit Ausnahme der Copyright-Angabe befand sich in den Büchern kein einziges Wort! Nun, das *war* die Botschaft, die mein Bekannter unter die Leute bringen wollte, und es war tatsächlich eine theologische Botschaft allerersten Ranges. Er brauchte mehrere hundert leere Seiten, um seine Sicht der Dinge so überaus deutlich darzustellen. Grandios gemacht!

Allerdings wäre es ihm nicht möglich gewesen, das gleiche Verfahren auf ein Buch mit dem Titel *Was die Bibel über Gier sagt* anzuwenden. Während wir in der Bibel kein einziges Wort über Kindertaufe oder vorehelichen Sex finden (was keineswegs bedeutet, dass es nicht lohnend sei, über diese Fragen von einem biblischen Standpunkt aus nachzudenken!), ist es beim Thema Gier

Versorgung ist eine von Gott gegebene Energie, die entweder zu Gier führen kann (wenn sie über den Weg der Isolation ausgedrückt wird), oder aber zu bedürfnisorientierter Evangelisation beiträgt (wenn die Energie auf den Weg der Gemeinschaft umgeleitet wird).

genau umgekehrt. In christlichen Debatten wird das Thema eher vermieden, aber es handelt sich tatsächlich um eines der wichtigsten Themen, die in der Bibel behandelt werden.

Die religiöse Bedeutung von Gier

Warum macht die Bibel so viel Aufhebens um ein Thema wie Gier? Weil es in der gesamten Bibel darum geht, Gott zu dienen. *Er* soll unsere Entscheidungen bestimmen. Da Gier Geld zu unserem Gott macht, bestimmt *es* schließlich unsere Entscheidungen – erst ein kleines bisschen, dann ein bisschen mehr und am Ende vollständig. Es entwickelt sich zu einer dämonischen Macht. In einer kapitalistischen Gesellschaft, in der es als die selbstverständlichste Sache der Welt gilt, dass Geld unsere Entscheidungen bestimmt, ist die biblische Entweder-oder-Botschaft ziemlich unpopulär. Gleichwohl ist klar, dass wir keine Christen sein können, wenn wir dem Geld erlauben, unsere Entscheidungen zu bestimmen.

Jesus formuliert unzweideutig: „Niemand kann zwei Herren dienen: Entweder er wird den einen hassen und den anderen lieben, oder er wird an dem einen hängen und den anderen verachten. Ihr könnt nicht Gott dienen und dem Mammon" (Mt. 6,24). Wo unser Geld ist, da ist auch häufig unser Herz (vgl. Mt. 6,21).

Gier konzentriert sich auf die Vermehrung des eigenen Besitzes, ohne dass dies von einer kritischen Reflexion über den Sinn dieser Vermehrung begleitet würde. *Mehr* zu bekommen ist zum Selbstzweck geworden. Das Muster ist immer das gleiche: Erst besitzen wir Dinge und dann besitzen die Dinge uns. Für einen gierigen Menschen wird Besitz zu einem Ersatz für Gott.

Geld als Selbstzweck

Gier hat nicht das Geringste mit der Menge des Geldes zu tun, die ein Mensch hat. Es ist allein unsere *Einstellung* zum Geld, anhand derer sich die Trennlinie ziehen lässt. Wann immer die Anhäufung von Geld zum Selbstzweck wird – statt ein Mittel zu sein, das Anderen zugutekommt –, hat das Geld die Stelle Gottes eingenommen.

Es gibt einen wichtigen Unterschied zwischen Gier und Völlerei, auch wenn beide Sünden in vielerlei Hinsicht miteinander verwandt zu sein scheinen. Das hinter der Gier stehende Motiv ist nicht – wie bei Völlerei – der Genuss. Es ist nicht die Gegenwart. Gier ist ausschließlich auf die Zukunft ausgerichtet. Einige gierige Menschen mögen noch nicht einmal an Genuss interessiert sein (oder zum Genuss fähig). Sie sparen ihr Geld nicht, um sich dann etwas zu kaufen, an dem sie Freude haben. Sie sparen Geld als Selbstzweck. Das angesparte Geld an sich ist es, was ihnen eine enorme Befriedigung gibt.

Die beiden Spielarten der Gier

Das lateinische Wort *avaritia* umfasst die beiden deutschen Begriffe Gier und Geiz, die eng miteinander verwandt sind. In beiden Fällen ist es das Ziel, fortwährend mehr Besitz anzusammeln. Der Unterschied besteht in der Art, wie das geschieht:

- Gier ist auf das Erwerben von Gütern gerichtet; Geiz auf das Behalten.
- Gier ist bereit, Risiken einzugehen („Investieren"); Geiz zieht es vor, das, was man bereits hat, zu sichern („Sparen").
- Gier ist die Versuchung von Pionieren; Geiz ist die Versuchung von Sicherheitsmenschen.
- Gier geht (entwicklungsgeschichtlich gesehen) auf das Jagen zurück; Geiz auf das Sammeln.
- Gier lässt Menschen sich damit brüsten, wie viel Geld sie auszugeben in der Lage sind; Geiz zieht es vor, davon zu schwärmen, wie viel man mal wieder gespart hat.

Zerstörerische Auswirkungen

Es würde zu kurz greifen, Gier auf materiellen Besitz zu reduzieren. Da *avaritia* – in beiden eben beschriebenen Spielarten – durch die Unwilligkeit gekennzeichnet ist, mit Anderen zu teilen, kann sich nicht-materielle Gier sogar weitaus verheerender auswirken als ihr materialistisches Pendent: Dieses Wissen, das ich angehäuft habe, gehört mir, und ich werde es schützen. Diese geistlichen Erfahrungen, die ich gesammelt habe, gehören mir, und ich werde sie schützen. Diese Gruppe, die wir aufgebaut haben, ist nur für Gleichgesinnte, und wir werden sie schützen. Das ist die Struktur von Gier: Wir wollen mehr – was an und für sich noch kein Problem ist –, aber wir wollen es allein für uns.

Gier zerstört Gemeinschaft. Gierige Menschen ziehen es vor, allein zu sein. Sie wollen nicht mit Anderen teilen, ganz gleich, ob es sich um materielle oder nicht-materielle Güter handelt. Überall wittern sie Schmarotzer. Gierige Menschen können nicht lieben.

Gier ist die tiefste Wurzel der ökologischen Probleme, denen unsere Welt gegenübersteht. Sie zeigt sich in der Unfähigkeit – oder genauer: Unwilligkeit – das größere Ganze aus einer gemeinschaftlichen und langfristigen Perspektive zu betrachten. Immer geht es um mein Geld, meinen Profit und mein *Shareholder Value*. Ob wir die Regenwälder abholzen, die Ölvorräte ausbeuten oder die Ozonschicht zerstören, ist eigentlich zweitrangig, solange *Shareholder Value* und Bequemlichkeit (wie immer diese auch definiert werden mag, in aller Regel ja als Gedankenlosigkeit) gesteigert werden. Die Umweltverwüstung – und die Argumente, die sie unterstützen und auch in Zukunft

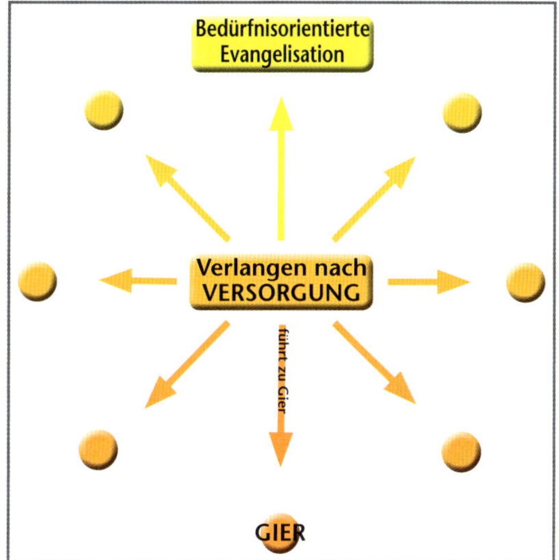

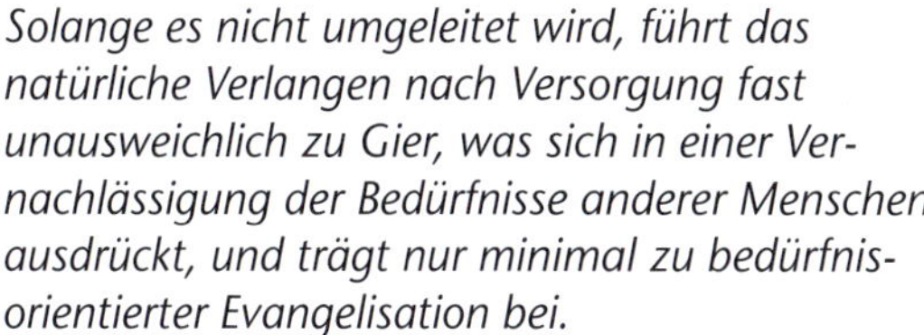
Solange es nicht umgeleitet wird, führt das natürliche Verlangen nach Versorgung fast unausweichlich zu Gier, was sich in einer Vernachlässigung der Bedürfnisse anderer Menschen ausdrückt, und trägt nur minimal zu bedürfnisorientierter Evangelisation bei.

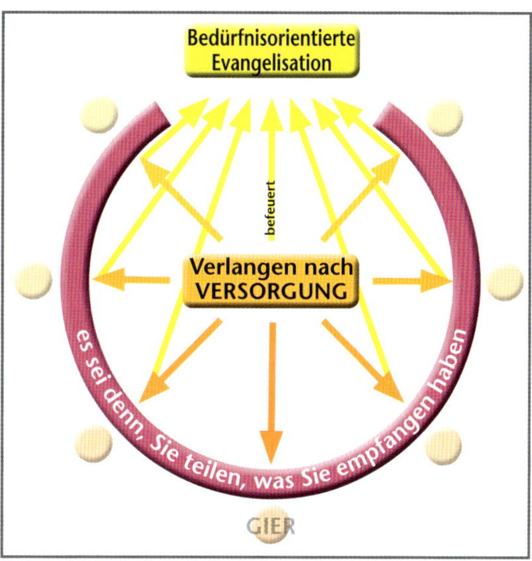

Das Konzept der Energieumwandlung, symbolisiert durch die Parabollinie. Die natürliche Energie fließt; der Schirm der Parabollinie allerdings leitet diese Energie in einer Weise um, dass sie vollumfänglich bedürfnisorientierter Evangelisation zugutekommt.

unterstützen werden – sind klassische Beispiele für die Auswirkungen von Gier. Aus guten Gründen bezeichnet Jakobus Gier als Haupthindernis für Frieden (Jak. 4,1–2).

Die treibende Energie: Versorgung

In allen sieben Bereichen müssen wir scharf unterscheiden zwischen der Sünde (in diesem Fall Gier) und der ihr zugrunde liegenden Energie (in diesem Fall Versorgung). Gier ist ein fehlgeleiteter Ausdruck des Verlangens nach Versorgung. Aber das Verlangen nach Versorgung selbst ist eine natürliche – gottgegebene – Energie.

Wenn wir hohe Energie im Bereich Versorgung haben, haben wir auch ein großes Potenzial, Anderen etwas zu geben – jedenfalls dann, wenn wir dem Weg der Gemeinschaft folgen. Gleichzeitig ist unsere Verwundbarkeit Gier – wenn wir dem Weg der Isolation folgen. Unser Problem ist nicht die Energie an sich. Das Verlangen nach Versorgung zielt darauf, ausreichende Ressourcen zu haben, um das Leben genießen und für Andere sorgen zu können. Die Frage besteht ausschließlich darin, wie wir unsere Ressourcen einsetzen.

Jeder von uns muss Vorkehrungen für seine Versorgung treffen. Nur auf der Grundlage einer funktionierenden Versorgung sind wir auch in der Lage zu geben. Wenn wir von der Unterstützung Anderer abhängig sind (weil wir es versäumt haben, uns um unsere Versorgung zu kümmern), werden wir auch nur wenig zu geben in der Lage sein. Jeder, dem es ein Anliegen ist zu geben, sollte einen klaren Versorgungsplan haben.

Das Gegenmittel: Bedürfnisorientierte Evangelisation

Wie alle Energien sucht auch das Verlangen nach Versorgung nach einer Ausdrucksmöglichkeit und wird sie ganz sicher finden. Wie wir gesehen haben, ist eine mögliche Ausdrucksform die Gier – der Weg der Isolation. Die Alternative ist bedürfnisorientierte Evangelisation – der Weg der Gemeinschaft. Das ist es, worum wir uns in unseren Kleingruppen bemühen.

Bei bedürfnisorientierter Evangelisation geht es darum, das, was wir selbst empfangen haben, zu teilen, so dass andere Menschen durch uns Gottes Liebe erfahren können. Bedürfnisorientierte Evangelisation ist keineswegs darauf beschränkt, das Evangelium mit Worten weiterzugeben, obwohl dies ohne Zweifel dazugehört. Es geht vielmehr darum, das, was wir haben (Erfahrungen, Gaben, Wissen, Zeit, Geld) mit den Bedürfnissen anderer Menschen in Verbindung zu bringen – ganz besonders mit denen, die Gottes Liebe noch nicht begegnet sind.

Energieumwandlung in der Bibel: Multiplikation durch Teilen

λη· 36 ἀπόλυσον αὐτούς ἵνα ἀπελθόντες εἰς
τοὺς κύκλῳ ἀγροὺς καὶ κώμας ἀγοράσωσιν
ἑαυτοῖς τί φάγωσιν. 37 ὁ δὲ ἀποκριθεὶς εἶπεν
αὐτοῖς· δότε αὐτοῖς ὑμεῖς φαγεῖν. καὶ λέγου-
σιν αὐτῷ· ἀπελθόντες ἀγοράσωμεν δηναρί-
ων διακοσίων ἄρτους καὶ δώσομεν αὐτοῖς

Speisung der Fünftausend
Markus 6,32–44

Diese außerordentlich lebendig erzählte Geschichte macht deutlich, wie ernst Jesus das Bedürfnis nach Versorgung nahm. Er predigte nicht nur über geistliche Dinge, sondern ging auch auf die körperlichen Bedürfnisse der Menschen ein, die ihm zuhörten. Als die Jünger ihn aufforderten, die Menge in die umliegenden Dörfer zu schicken, um Essen zu kaufen, antwortete er: „**Gebt ihr ihnen zu essen**" (Vers 37). Anders ausgedrückt: Während die Frage war: „Wo *bekommen* wir etwas?", war Jesu Antwort: „Ihr *gebt* ihnen etwas." Dieser Text spricht das wichtigste Motiv an, das sich hinter dem Bedürfnis der Versorgung verbirgt – nicht genug zu haben. Es ist deshalb völlig verständlich, dass die Jünger sinngemäß antworteten: „Das würde rund acht Monate Arbeitslohn kosten."

Die eigentliche Pointe dieser Geschichte besteht nicht in dem unerklärlichen Wunder, das Jesus vollbringt – die Speisung einer Menge von 5.000 Menschen mit Hilfe von lediglich fünf Broten und zwei Fischen. Die eigentliche Pointe ist vielmehr, dass die Jünger alles gaben, was sie hatten, und als sie das taten, Gott es multiplizierte.

Es ist also keineswegs so, dass wir *zuerst* dafür zu sorgen hätten, genug zu haben, um *dann* etwas von dem Überfluss weiterzugeben. Es ist genau umgekehrt. Wir investieren das, was wir haben – es mag viel oder auch lächerlich wenig sein –, und dies führt zu einem Multiplikationsprozess, an dessen Ende Überfluss steht. In dieser Geschichte waren es immerhin „zwölf Körbe" mit Resten von Brot und Fisch (Vers 43) – genug, um unzählige weitere Menschen zu versorgen.

Auf praktischer Ebene ist das, was sich hinter dem Begriff „bedürfnisorientierte Evangelisation" verbirgt, sehr viel weniger kompliziert, als es vielleicht erscheinen mag. Es bedeutet schlicht, sich die Frage zu stellen: Wie kann ich für einen Menschen, der Christus noch nicht kennt, zum Segen werden? Jedes Gruppenmitglied kann sich diese Frage stellen. Und mit Unterstützung der Gesamtgruppe wird jeder in der Lage sein, eine kreative Antwort zu finden.

Wenn wir teilen, was wir empfangen haben, werden wir selber reicher. Zahlreiche Studien haben deutlich gemacht, dass die glücklichsten Menschen diejenigen sind, die anderen Menschen helfen, anstatt auf sich selbst konzentriert zu sein. Gier macht unglücklich, Teilen macht glücklich. Hier handelt es sich um derartig einfache Gesetzmäßigkeiten, dass wir möglicherweise davor zurückschrecken, sie zu lehren – aus Sorge, unsere Worte könnten allzu simplistisch klingen.

Geben und Empfangen sind die beiden grundlegenden Bewegungen des Lebens. Jeder von uns ist auf den fortwährenden Rhythmus von Einatmen und Ausatmen angewiesen. Die Weigerung einzuatmen (Versorgung) hätte fatale Konsequenzen; aber die Weigerung auszuatmen (bedürfnisorientierte Evangelisation) wäre nicht minder fatal. Ein Mensch, der seine Lungen mit Luft füllt, ohne wieder auszuatmen, wird genauso sicher sterben wie jemand, der seine Lungen gar nicht mit Luft füllt.

Die Beteiligung an Evangelisation – das Weitergeben der Guten Nachricht mit Worten und Taten – ist für Christen keine Option, sondern ein Mandat. Es ist zugleich ein Lebensstil, der uns zur Reife führt. Es wäre völlig irreführend, persönliche Reife als Voraussetzung zur Evangelisation zu betrachten. Das Gegenteil ist richtig. Möchten Sie auf dem Weg zur Reife einen gewaltigen Schritt nach vorne kommen? Dann teilen Sie mit Anderen, was Sie selbst empfangen haben.

Dorothys Geistliche-Energie-Test

Christian: Ich habe gehört, dass du eine ziemlich erfolgreiche Geschäftsfrau bist, Dorothy.

Dorothy: So würden es die meisten Leute wohl sehen, ja.

Christian: Und haben sie recht?

Dorothy: Ich denke schon. Im Laufe der letzten Jahre habe ich eine Menge Geld verdient, und ich habe auch eine Menge Geld gespendet. *(Sie lächelt.)* Vielleicht ist das ja der Grund, warum viele christliche Organisationen, einschließlich meiner Gemeinde, mich so sehr lieben. Es ist schon eine etwas sonderbare Art von Liebe.

Christian: Ich habe den Eindruck, dass du dich nicht allzu wohl mit der Tatsache fühlst, dass du der stärkste Unterstützer deiner Gemeinde bist.

Dorothy: Ja, da ist etwas dran. Ich muss ungeheuer hart für jeden einzelnen Dollar arbeiten. Es ist ein ziemliches Opfer. Wenn man dann sieht, wie manche Gruppen das Geld verschwenden, kriegt man ein mulmiges Gefühl in der Magengegend.

Christian: Das Geld verschwenden?

Dorothy: Nun, nicht wirklich verschwenden. Aber in der Wirtschaft würden wir sagen, dass sie ständig in Kategorien von Subventionen denken. Sie haben sich daran gewöhnt, automatisch Geld zu erhalten und lediglich verteilen zu dürfen. Und manchmal habe ich den Eindruck, dass mit jeder Spende die Situation nur noch schlimmer wird.

Christian: In der Wirtschaft mögt ihr Subventionen nicht, richtig?

Dorothy: Es ist nicht die Frage, ob wir das mögen oder nicht. Die Auswirkungen von langfristigen Subventionen sind fast überall verhängnisvoll. Viele der größten Probleme der Welt sind das Ergebnis permanenter Subventionen. Subventionen führen zu einer verhängnisvollen Geisteshaltung auf Seiten derer, die das Geld erhalten – und häufig auch auf Seiten derer, die es geben.

Christian: Aber in deiner Firma gebt ihr kontinuierlich Geld an Andere weiter, oder?

Dorothy: Natürlich machen wir das. Es wäre einfach schlecht im Sinne des Geschäfts, wollte ich mein Geld auf der Bank horten. Ich möchte es vielmehr benutzen, damit es in der Welt zu Veränderungen kommt.

Christian: Wenn du Subventionen so kritisch siehst, wie würdest du dann deine Weise, beruflich Geld auszugeben, bezeichnen?

Dorothy: Wir nennen es Investition. Ich investiere Geld – was immer mit beträchtlichen Risiken verbunden ist –, um dann Aussicht auf einen noch höheren Ertrag zu haben. Für mich als Christ ist nicht wichtig, ob ich diesen Ertrag persönlich erhalte. Aber ich möchte ihn schon sehen – irgendwie, irgendwo.

Christian: Vielleicht ist ja dein Subventions-Denken im Blick auf christliche Projekte falsch. Warum siehst du nicht deine Beiträge für deine Gemeinde und andere christliche Organisationen als Investition?

Dorothy: Du meinst, eine Investition, die zu Erträgen führt?

Christian: Absolut. Und ich denke nicht nur an eine Investition deines Geldes, sondern auch deiner Kompetenz. Du, Dorothy, kannst deiner Gemeinde und anderen christlichen Organisationen dabei helfen, das Konzept der Investition zu verstehen. Vielleicht ist es genau das, was sie brauchen – mehr noch als dein Geld.

Dorothy: Das wäre eine vollständig andere Rolle für mich.

Christian: Schon anders, ja. Aber vielleicht hilfreich. Deine Gemeinde könnte von deiner Energie in diesem Bereich profitieren, anstatt dich als jemanden zu erleben, die sich aufopfert, während sie ihre wahren Stärken zurückhält.

Keine Selbstbestrafung

Was ich mit Dorothy besprochen habe – Geben als Investition ins Reich Gottes –, ist für jeden Christen ein wichtiges Thema. Es gibt eine weitverbreitete Sicht, derzufolge Geben – und insbesondere finanzielles Geben – eine selbst auferlegte Form von Bestrafung ist. Da das Ganze dann aber als „Leiden für den Herrn" interpretiert wird, sieht man überhaupt kein Problem in diesem sonderbaren Verhalten. Ja, nach dieser Auffassung *soll* Geben ausdrücklich ein Element des Leidens beinhalten. Bisweilen wird das sogar ausdrücklich so gesagt. Sehr viel häufiger ist dies aber unsere uneingestandene Voraussetzung, wenn wir geben.

Bei dieser Sicht ist es von vornherein ausgeschlossen, Geben als eine Investition zu verstehen. Sich nach den Resultaten unseres Gebens erkundigen? Falsche Frage. Sich nach möglichen negativen Nebenwirkungen erkundigen? Falsche Frage. Sich nach Beweisen für durch unser Geben ausgelöste Multiplikationsprozesse erkundigen? Falsche Frage.

Es gibt sicherlich Situationen, in denen wir geben, ohne auch nur eine dieser Fragen zu stellen. Das ist völlig in Ordnung, solange es die Ausnahme bleibt. Es ist jedoch äußerst fragwürdig, wenn diese Art von fraglosem Geben zur Regel wird. Wir sollten diese Fragen stellen, und wir sollten nicht eher Ruhe geben, bis wir überzeugende Antworten erhalten haben. Das gehört dazu, wenn Gott uns damit beauftragt hat, „treue Haushalter" zu sein. Und Menschen mit hoher Energie im Bereich Versorgung sind ganz besonders gut in der Lage, sowohl diese Fragen zu stellen, als auch kreative Antworten darauf zu entwickeln.

Zurückgeben durch Weitergeben

Im Laufe der letzten Jahre habe ich zahlreiche Menschen – z.B. Studenten oder Personen mit finanziellen Problemen – gecoacht, ohne dafür Geld zu nehmen. Das war für mich ein ziemliches Opfer an Zeit und Geld, zumal es genau in einer Phase stattfand, in der wir unsere Schulden beträchtlich erhöhen mussten. Jedes Mal, wenn ich einem Coachee sagte, dass ich für mein Coaching kein Geld nehmen würde, hörte ich: „Ich bin dir so dankbar, dass du es kostenlos machst."

Wann immer ich das hörte, sagte ich: „Das ist ein gewaltiges Missverständnis. Ich mache es nicht kostenlos. Du weißt, was ich normalerweise berechne, und ich erwarte von dir, dass du das auf den Cent genau bezahlst. Aber *nicht jetzt,* sondern sobald du die Frucht des Coachingprozesses erleben wirst. Und *nicht an mich,* sondern an zwei andere Personen deiner Wahl. Und *nicht unbedingt in Form von Geld,* sondern durch die Zeit, die du in diese Menschen investierst."

An dieser Stelle reagierten meine Gesprächspartner meist mit Worten wie diesen: „Dennoch, es ist sehr großzügig von dir."

Meine Standard-Entgegnung war dann: „Ich würde das wirklich nicht großzügig nennen. Es ist sogar ausgesprochen fordernd. Ich hoffe, du hast mich richtig gehört. Ich erwarte von dir, dass du das Doppelte dessen, was du von mir erhalten hast, zurückgibst, indem du in zwei andere Menschen all das investierst, was du durch unseren Coachingprozess empfangen hast. Ich würde sagen, das ist ziemlich teuer. Ich werde zwar nicht kontrollieren, ob du das tust oder nicht, aber ich möchte es überdeutlich machen, dass ich es von dir erwarte. Es ist ein entscheidender Teil unseres Coachingabkommens. Du gibst zurück, was du empfangen hast – indem du es mit Anderen teilst."

Mehr im Internet

Auf 3colorsofcommunity.org finden Sie Antworten auf folgende Fragen:

- *Ist nicht „Gier", wie sie in diesem Kapitel beschrieben wird, die Triebfeder des Kapitalismus?*
- *Warum kann es nicht gelingen, Gier damit zu bezwingen, dass man sich auf die gegensätzliche Tugend (freiwillige Armut) konzentriert?*

Es gibt keinen Ort, an dem man die Gesetzmäßigkeiten von Geben und Empfangen besser erfahren kann als in einer Kleingruppe. Wir geben, wir teilen, wir investieren uns in andere Menschen – und als Ergebnis empfangen wir. Diese Gesetzmäßigkeit wird insbesondere dann offensichtlich, wenn die Gruppe als Ganze über ihre eigenen Gruppeninteressen hinausschaut und ihren Blick auf die Bedürfnisse von Menschen außerhalb der Gruppe richtet, insbesondere auf Menschen, die Christus noch nicht begegnet sind. Wir geben das Beste, was wir haben, an Andere weiter – das Evangelium von Jesus Christus – und unsere Gruppe wird wachsen.

Die Wut besiegen

Ist Empörung über Gewalt, Verbrechen, Terror und auch über die Menschen, die solche Untaten begehen, nicht Zeichen für einen intakten moralischen Kompass? Ich saß Pastor Heinrich Albertz gegenüber, dem ehemaligen Regierenden Bürgermeister von Berlin, und konnte sowohl in seinen Augen als auch in seiner Stimme Betroffenheit spüren, als wir über diese Frage sprachen. Er berichtete mir über die vielleicht 40 kritischsten Stunden seines Lebens, die er gemeinsam mit der Elite deutscher Terroristen an Bord eines Flugzeugs verbrachte.

Wie er dort hin gelangte? Ein berühmter deutscher Politiker war von Terroristen entführt worden. Im Austausch für den Politiker forderten die Kidnapper die Freilassung zahlreicher prominenter Terroristen aus der Haft und baten Heinrich Albertz – gleichsam als Garant und Geisel in Personalunion – die freigepressten Terroristen auf dem Flug von Deutschland nach Aden zu begleiten.

„Abscheu erreicht gar nichts"

Spürte er Abscheu, als er mit den Terroristen zusammen war? „Nein, also überhaupt nicht", sagte er. „Die jungen Leute, mit denen ich es da zu tun hatte, haben sich mir gegenüber so verhalten, wie ich mir wünschte, dass sich meine eigenen Kinder verhalten würden." Aber könnte es nicht eine gesunde Reaktion sein, Abscheu zu spüren und auszudrücken, wenn man diesen Menschen direkt gegenübersteht? Heinrich Albertz zuckte mit den Achseln. „Was heißt schon Abscheu? Mit Abscheu ist doch gar nichts getan. Sie hilft uns überhaupt nicht aus dem Teufelskreis der Gewalt heraus."

Als ich unser Gespräch in einem Magazin veröffentlichte, wurde ich mit ungeheuer starken Reaktionen konfrontiert. Heinrich Albertz wurde als „Sympathisant" verdächtigt und sogar als „halber Terrorist". Ich habe noch nie einen Menschen getroffen, der persönlich so viel getan hat, den terroristischen Teufelskreis der Gewalt zu durchbrechen, wie Heinrich Albertz. Er war bereit, mit seinem Leben dafür zu bezahlen. Wie konnte ausgerechnet er verdächtigt werden, selber ein „halber Terrorist" zu sein?

Das wurde ihm einfach deshalb vorgeworfen, weil er nicht bereit war, sich an den eingespielten Ritualen moralischer Entrüstung zu beteiligen, die für viele Menschen eine Voraussetzung sind, um als Mensch von moralischem Rang anerkannt zu werden. Stattdessen formulierte er Sätze wie diesen: „Ganz wenige Menschen sind Verbrecher und alle Verbrecher sind Menschen. Ich habe die Terroristen als Menschen behandelt, nicht mehr und nicht weniger." Terroristen als Menschen behandeln – in den Augen seiner Kritiker hatte er damit eindeutig eine rote Linie überschritten.

Die Falle der moralischen Entrüstung

Viele Christen gefallen sich darin, ihre eigene Moralität dadurch unter Beweis zu stellen, dass sie ihre Abscheu gegen alle möglichen Formen von Unmoral ausdrücken. „Abscheulich, diese Terroristen!" „Unbegreiflich, diese Mütter, die ihre Kinder im Mutterleib umbringen!" „Ungeheuerlich, diese Neonazi-Skinheads!" „Nicht zu glauben, wie die Stasi-Leute unser Land tyrannisiert haben!" „Skandalös, dieser unzüchtige Lebenswandel der jungen Leute!" Wir

Gerechtigkeit ist eine von Gott gegebene Energie, die entweder zu Wut führen kann (wenn sie über den Weg der Isolation ausgedrückt wird), oder aber zu liebevollen Beziehungen beiträgt (wenn die Energie auf den Weg der Gemeinschaft umgeleitet wird).

sagen das und fühlen uns damit über all diese Menschen moralisch erhaben. Wir sind die Guten, sie die Bösen. Unsere Abscheu gegen ihre Untaten ist der unzweideutige Beweis dafür.

Während wir uns lautstark entrüsten, sitzen wir vielleicht vor dem Fernsehapparat mit einer Tüte Kartoffelchips in der Hand. Noch nie war es so einfach, eine Person von moralischem Rang zu werden – man muss nur seine Abscheu gegen das Böse ausdrücken. Menschen wie Heinrich Albertz, die buchstäblich ihr Leben einsetzten, um das Böse zu überwinden, gehören nicht zu diesem Club. Ihre Bekundung von Abscheu war nicht deutlich oder nicht laut genug – und das ist es schließlich, was zählt.

Diese Art moralischer Entrüstung ist ein Ausdruck von Wut – und zwar ein verständlicher Ausdruck von Wut. Aber es ist eine Form von Wut, die nichts erreicht. Sie führt lediglich dazu, dass wir uns im Blick auf uns selber gut fühlen, während die Welt so bleibt, wie sie ist.

Die beiden Seiten der Wut

Jeder, der sich darauf einlässt, Wut bzw. Zorn näher unter die Lupe zu nehmen, wird schnell feststellen, dass es sich hier um eine äußerst komplexe Thematik handelt. Selbst in der Bibel finden wir verschiedene Perspektiven, die auf den ersten Blick nur schwer miteinander in Einklang zu bringen sind. Schauen Sie sich nur die folgenden Bibelverse an:

- In einigen Fällen wird Zorn als Ausdruck von Sünde rundweg zurückgewiesen: „Wer mit seinem Bruder zürnt, der ist des Gerichts schuldig" (Mt. 5,22).
- In anderen Fällen wird die Realität des Zorns vorausgesetzt – als Gefühl, das wir verspüren. Es wird nicht als Sünde betrachtet: „Zürnet ihr, so sündiget nicht" (Ps. 4,5).
- Viele Stellen der Bibel sprechen vom Zorn Gottes – was auch nicht im Entferntesten mit Sünde in Verbindung gebracht wird: „Denn Gottes Zorn wird vom Himmel her offenbart über alles gottlose Wesen und alle Ungerechtigkeit der Menschen, die die Wahrheit durch Ungerechtigkeit niederhalten" (Röm. 1,18).

- Ein Vers spricht sogar ausdrücklich von Jesu Zorn, als er dem „verstockten Herz" der Pharisäer begegnete: „Er sah sie ringsum an mit Zorn" (Mk. 3,5).

Aufgrund dieses biblischen Befundes ist es nicht verwunderlich, dass die christliche Tradition im Blick auf Wut gespalten ist. Thomas von Aquin sah Wut als einen natürlichen Ausdruck menschlicher Leidenschaft, der keineswegs von Natur aus böse ist, auch wenn er in ungeordnete Bahnen geraten kann. Auf der anderen Seite machten Denker wie Johannes Cassianus geltend, dass Wut nur extrem selten – wenn überhaupt – zu rechtfertigen sei. Die gesamte Kirchengeschichte hindurch fanden beide Argumentationsreihen eine Fülle von Anhängern:

- Diejenigen, die der Argumentationslinie des Thomas von Aquin folgen, konzentrieren sich auf die **positiven Aspekte der Wut**. Manche Menschen, die andernfalls zu schüchtern oder ängstlich wären, um für ihre eigenen Rechte oder die Rechte anderer Menschen aufzustehen, benötigen den Anstoß, der sich aus dem Gefühl der Wut ergibt, um die notwendige Kraft zur Reform aufzubringen. Martin Luther schrieb: „Ich arbeite nie besser als durch Zorn inspiriert. Wenn ich zornig bin, kann ich besser schreiben, beten, predigen, da mein Geist schneller arbeitet, mein Verstand geschärft ist und alle weltlichen Sorgen und Versuchungen dahingefahren sind." Wenn sie sich gegen das Böse richtet oder für Gerechtigkeit einsetzt, wird Wut als legitim gesehen.
- Diejenigen, die der Argumentation von Johannes Cassianus folgen, weisen auf die **zerstörerischen Folgen der Wut** hin, insbesondere im Blick auf Gemeinschaft. Wut lebt von einem Feind, und wenn sie keinen findet, dann schafft sie sich eben ein Feindbild. Wut hat eine unauflösliche Nähe zur Selbstgerechtigkeit. Wir sind im Recht, die Anderen liegen falsch. Wir sind gerecht, die Anderen ungerecht. Wir sind die Opfer, die Anderen die Unterdrücker. Die größte Gefahr der Wut besteht darin, dass sie gar nicht an Versöhnung interessiert ist, sondern an Rache. In unserer Fixierung auf unseren Feind stehen wir in der Gefahr, genauso wie er zu werden, indem wir zunehmend die Mentalität unserer Unterdrücker übernehmen.

Reaktion auf Demütigung

Eines der Probleme bei diesen verschiedenen Auffassungen von Wut ist semantischer Art. Wenn wir eine klare Unterscheidung machen zwischen dem Kampf für Gerechtigkeit auf der einen Seite (also der Energie) und gewalttätigen Ausdrucksweisen von Wut auf der anderen Seite (also der Sünde), dann würden mir vermutlich Vertreter beider eben erwähnter Argumentationslinien zustimmen. Da aber der Begriff „Wut" in unserer Sprache sowohl für die Energie als auch für die Sünde verwendet werden kann, ist es nur verständlich, dass wir sowohl positive als auch negative Bewertungen von Wut finden, die sich allerdings auf unterschiedliche Realitäten beziehen.

In den meisten Fällen ist Wut eine Reaktion auf erfahrene Ungerechtigkeit und Demütigung. Menschen haben uns – oder diejenigen, die uns wichtig sind – ungerecht behandelt. Folglich ist es unser Anliegen, Gerechtigkeit wiederherzustellen, und wir verfolgen dieses Ziel mit Leidenschaft. Das ist der Grund, warum die Bibel über Gottes Zorn reden kann. Der Gott der Bibel

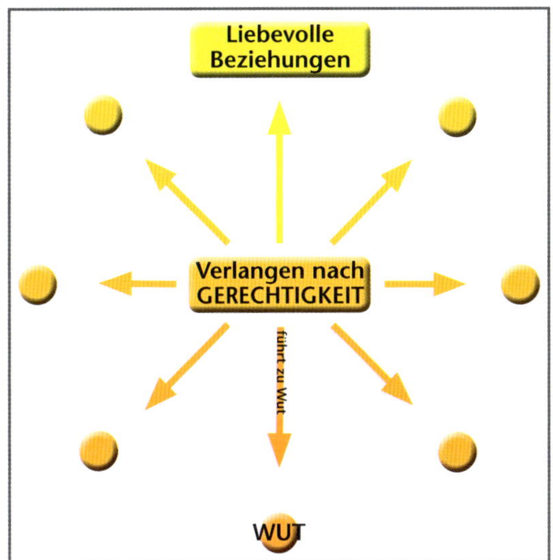

Solange es nicht umgeleitet wird, führt das natürliche Verlangen nach Gerechtigkeit fast unausweichlich zu Wut, was sich in unterschiedlichen Formen von Gewalt ausdrückt, und trägt nur minimal zu liebevollen Beziehungen bei.

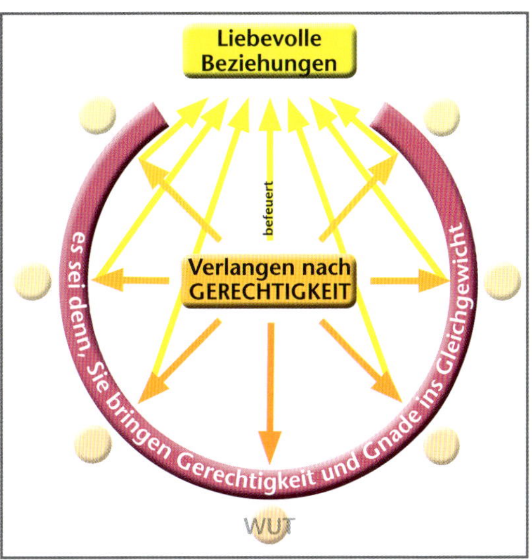

Das Konzept der Energieumwandlung, symbolisiert durch die Parabollinie. Die natürliche Energie fließt; der Schirm der Parabollinie allerdings leitet diese Energie in einer Weise um, dass sie vollumfänglich liebevollen Beziehungen zugutekommt.

ist kein unterkühlter, leidenschaftloser und distanzierter Bürokrat, sondern jemand, dem Gerechtigkeit ein leidenschaftliches Anliegen ist.

Die treibende Energie: Gerechtigkeit

Wenn Ihre Energie im Bereich Gerechtigkeit hoch ist, sind Sie mit Sicherheit stärker versucht als Andere, diese Energie auf gewaltsame Weise auszudrücken. Allerdings ist die Energie selbst etwas, für das Sie Gott preisen können. Gott selbst hat ja eine hohe Energie für Gerechtigkeit.

Das Gegenmittel für Wut kann niemals in der Aufforderung bestehen: „Beruhige dich!“ Ein solcher Versuch stünde in der Gefahr, zusammen mit dem Gefühl der Wut auch den leidenschaftlichen Einsatz für Gerechtigkeit auszulöschen, den wir so dringend brauchen. Um es exakter zu formulieren, diese Energie würde nicht ausgelöscht, sondern unterdrückt. Psychologisch gesehen endet ein solcher Versuch häufig in einer Depression. In vielen Fällen – vielleicht sogar den meisten? – ist eine Depression nichts Anderes als unausgedrückte Wut.

Menschen, deren Feuer für Gerechtigkeit gelöscht wurde, indem man sie auf den Weg der Verdrängung einschwor, neigen nicht nur zu Depressionen, sondern auch dazu, ungerechte Systeme unverändert zu lassen. Martin Luther King hat zu Recht betont: „Wer das Böse ohne Widerspruch hinnimmt, arbeitet in Wirklichkeit mit ihm zusammen.“

Das Gegenmittel: Liebevolle Beziehungen

Gerechtigkeit ist ein zentraler – wirklich unverzichtbarer – Teil der christlichen Botschaft, aber eben auch nicht das Ganze. Wie wir in Jesu Leben sehen können, muss das Streben nach Gerechtigkeit ins Gleichgewicht gebracht werden mit einem Streben nach Gnade. Beide Aspekte – Gerechtigkeit und Gnade – können bisweilen in Spannung zueinander stehen, aber sie stehen niemals in Spannung zur Liebe. Gerechtigkeit und Gnade drücken vielmehr unterschiedliche Aspekte von Gottes Liebe aus.

Wenn wir an liebevollen Beziehungen arbeiten, ist unser Ziel nicht, Menschen mit hoher Energie im Bereich Gerechtigkeit dazu zu bringen, „sich zu beruhigen". Es geht nicht darum, immer nur sanft, mild und lächelnd zu agieren. Die Arbeit an liebevollen Beziehungen bedeutet vielmehr, unser leidenschaftliches Streben nach Gerechtigkeit in konstruktiver Weise *auszudrücken*, indem wir es gleichzeitig mit Gnade durchtränken.

Vergebung als Schlüssel

Jesus lehrte uns, dass ein typischer Ausdruck christlicher Liebe die Feindesliebe ist: „Wenn ihr liebt, die euch lieben, was werdet ihr für Lohn haben? Tun nicht dasselbe auch die Zöllner? Und wenn ihr nur zu euren Brüdern

Energieumwandlung in der Bibel: Eifer für Gottes Sache

τοὺς κερματιστὰς καθημένους, 15 καὶ ποιή-
σας φραγέλλιον ἐκ σχοινίων πάντας ἐξέβαλεν
ἐκ τοῦ ἱεροῦ τά τε πρόβατα καὶ τοὺς βόας, καὶ
τῶν κολλυβιστῶν ἐξέχεεν τὰ κέρματα καὶ τὰς
τραπέζας ἀνέτρεψεν, 16 καὶ τοῖς τὰς περι-

Tempelreinigung Johannes 2,13–17

Dieser Text spricht nicht von Jesu „Wut", wie manche Ausleger es zu unterstellen scheinen. Er spricht vielmehr über Jesu „Eifer" für Gottes Haus (Vers 17). Das, was Jesus im Tempel sah – Menschen, die Rinder, Schafe sowie Taube verkauften und andere, die Geld wechselten – ließ ihn zur Tat schreiten: **„Und er machte eine Geißel aus Stricken und trieb sie alle zum Tempel hinaus samt den Schafen und Rindern und schüttete den Wechslern das Geld aus und stieß die Tische um"** (Vers 15).

Was motivierte ihn zu dieser dramatischen Aktion? Grundsätzlich war gegen den Handel im Tempel nichts einzuwenden, da er den Pilgern ermöglichte, genau das zu tun, wozu sie gekommen waren: ihre ausländischen Währungen umzutauschen und die Tiere zu erwerben, die sie für das Opfer benötigten. Allerdings war es gängige Praxis geworden, dass die Händler viel zu hohe Preise verlangten, so dass insbesondere die ärmeren Pilger, die zum Passah nach Jerusalem kamen, unter diesem Wucher im Namen der Religion zu leiden hatten.

Da konnte Jesus unmöglich schweigen oder allein mit ermahnenden Worten reagieren. Deshalb nahm er die Geißel zur Hand und sorgte dafür, dass es zur Wiederherstellung von Gerechtigkeit kam. Diese Aktion war ganz offensichtlich Ausdruck seiner Gerechtigkeit und Wahrheit, die das gesamte Leben Jesu hindurch durch seine Hingabe an Gnade flankiert wurde. In einigen Situationen überwog die Seite der Gnade; in anderen (wie hier) hatte er gute Gründe, den Fokus auf Gerechtigkeit und Wahrheit zu legen.

freundlich seid, was tut ihr Besonderes? Tun nicht dasselbe auch die Heiden?" (Mt. 5,46–47).

Ohne jeden Zweifel drückt die Liebe zu unseren Feinden das Eigentliche christlicher Liebe aus. Dies schließt die Bereitschaft und Fähigkeit zur Vergebung mit ein – was das Wesen der Gnade ist. Aber Gnade ist weitaus mehr als nur ein passives Hinnehmen. Wie Martin Luther King immer wieder lehrte, hat nur Liebe das Potenzial, Feinde in Freunde zu verwandeln. „Dunkelheit kann nicht die Dunkelheit vertreiben", predigte her. „Nur das Licht kann das. Hass kann nicht Hass vertreiben. Nur die Liebe kann das."

Als seine Kritiker ihm vorwarfen, ein „Extremist" zu sein, antwortete er: „War nicht Jesus ein Extremist der Liebe? War nicht Amos ein Extremist der Gerechtigkeit? Die Frage ist also nicht, ob wir Extremisten sein wollen oder nicht, sondern welche Art von Extremisten wir sein wollen. Werden wir Extremisten des Hasses oder der Liebe sein? Werden wir Extremisten der Aufrechterhaltung von Ungerechtigkeit sein oder Extremisten für die Ausweitung von Gerechtigkeit?"

Alyssas Geistliche-Energie-Test

Ich traf Alyssa vor etlichen Jahren auf einer Konferenz. Damals erzählte sie mir von ihren traumatischen Erfahrungen, die sie in einem Flüchtlingscamp mit Überlebenden eines Massakers in einem überwiegend christlichen Dort in Indonesien gemacht hatte. Während sie selbst zur Zeit des Massakers nicht im Dorf war – sie hatte Jahre zuvor ihre Heimat verlassen, um in einem anderen Land zu studieren – war nahezu ihre gesamte Familie daheim. Zwei ihrer Verwandten wurden ermordet, der Rest fand Zuflucht im Flüchtlingscamp.

Drei Wochen lang arbeitete sie in dem Camp und hörte die Berichte derer, die das Massaker überlebt hatten. Was mir Alyssa erzählte, gehört zu den dramatischsten Berichten über Gewalt, die meine Ohren jemals gehört haben, und als Deutscher, der beträchtliche Zeit damit verbracht hat, die Verbrechen der Nazizeit zu studieren, haben meine Ohren eine Menge gehört.

Als ich den Geistliche-Energie-Test entwickelte, fragte ich Alyssa, ob sie bereit sei, den Test durchzuführen, und bot ihr ein Auswertungsgespräch mit mir an. Ihre höchste Energie war Gerechtigkeit.

Christian: Alyssa, ich weiß, dass du das Gefühl der Wut kennst.

Alyssa: O ja, das stimmt.

Christian: Was machte dich ganz besonders wütend, als du im Flüchtlingscamp gearbeitet hast?

Alyssa: Die Art, wie meine Familie und Freunde niedergemetzelt wurden – nur deshalb, weil sie Christen waren. Der Sadismus, der sich während dieser Taten offenbarte. Die Tatsache, dass ich von meinem Vater und Bruder noch nicht einmal Abschied nehmen konnte. Die Tatsache, dass die Mörder niemals gefasst wurden. Die Tatsache, dass die Welt nicht sehr interessiert schien an dem, was in diesem für viele so entlegenen Teil der Welt geschah. Vielleicht war es meine eigene Ohnmacht, was mich am meisten wütend machte.

Mehr im Internet

Auf 3colorsofcommunity.org finden Sie Antworten auf folgende Fragen:

- *Woran liegt es, dass sich die meisten christlichen Bücher über Liebe vor allem (wenn nicht gar ausschließlich) auf die „weichen Aspekte" von Liebe konzentrieren, anstatt im gleichen Maße Gerechtigkeit und Wahrheit einzubeziehen?*
- *Warum kann es nicht gelingen, Wut damit zu bezwingen, dass man sich auf die gegensätzliche Tugend (Milde) konzentriert?*

Christian: Du scheinst immer noch wütend zu sein.

Alyssa: Jedes Mal, wenn ich daran denke, was mit meiner Familie und dem gesamten Dort geschehen ist, werde ich wütend. Sogar sehr.

Christian: Auch jetzt?

Alyssa: Ja. Es ist so eine schreiende Ungerechtigkeit.

Christian: Was würde Gerechtigkeit wiederherstellen?

Alyssa: Wenn die Mörder ihre gerechte Strafe empfingen.

Christian: Aber das würde deine Freunde und Familie nicht wieder lebendig machen.

Alyssa: Aber es wäre ein Zeichen, dass die Gerechtigkeit siegt.

Christian: Hast du Gefühle der Rache erlebt?

Alyssa: Ich hatte starke Gefühle in diese Richtung, als ich von dem Massaker hörte. Aber das hat sich im Laufe der Zeit geändert.

Christian: Was hat dich dazu gebracht, dich wieder zu beruhigen?

Alyssa: Mich zu beruhigen? Ich habe mich nicht beruhigt. Ich glaube nicht, dass ich mich jemals beruhigen werde.

Christian: Was hat sich dann verändert?

Alyssa: Ich habe meine ganze Wut im Gebet ausgedrückt. Sehr deutlich. Und sehr emotional. Ich habe meine Wut nicht vor Gott zurückgehalten, auch nicht meine Wut auf Gott. Die Psalmen waren mir dabei eine große Hilfe, besonders Psalm 137.

Christian: Der davon redet, dass Gott Rache übt.

Alyssa: Genau. Und das half mir, mit meiner eigenen Wut fertig zu werden. Gott wird für Gerechtigkeit sorgen, zu seiner Zeit. Er wird Rache üben. Sowohl meiner Familie als auch den Mördern wird Gerechtigkeit widerfahren. Rache ist Gottes Sache, nicht meine. Aber ich kann meiner Wut Ausdruck verleihen – in meinen persönlichen Gebeten, und auch gemeinsam mit anderen Christen in der Gemeinde.

Gottes Zorn – ein veraltetes Konzept?

Für viele Menschen stellt die biblische Redeweise vom „Zorn Gottes" *das* größte Hindernis dar, sich auf einen Glauben an Gott einzulassen. In den meisten Fällen kommen sie zu einer der beiden folgenden Schlussfolgerungen: Entweder lehnen sie den christlichen Glauben rundweg ab („Ich kann nicht an einen Gott glauben, der Rache übt"), oder sie interpretieren die biblischen Aussagen derartig um, dass sie sich nicht mehr auf unsere Zeit beziehen („Diese Aussagen spiegeln eine andere Zeit wider, in der Menschen sich Gott als zornig vorstellten, aber so ist Gott natürlich nicht"). Ich verstehe zwar beide Reaktionen sehr gut, aber ich stimme ihnen dennoch nicht zu.

Gott zeigt seinen Zorn – das ist lediglich eine andere Art zu sagen: Er ist leidenschaftlich an Gerechtigkeit interessiert. Gott ist es, der Rache übt – das ist lediglich eine Andere Art zu sagen: Er wird definitiv Gerechtigkeit wiederherstellen. Und dies ist der entscheidende Punkt, den Menschen wie Alyssa gewiss besser verstehen können als ein Philosphieprofessor, der – hinter dicken Büchern vergraben – sich mit der intellektuellen Anstößigkeit beschäftigt, die das so anthropomorph erscheinende Reden vom „Zorn Gottes" dem modernen Mensch bereiten mag.

Paulus schreibt im Römerbrief: „Rächt euch nicht selbst, meine Lieben, sondern gebt Raum dem Zorn Gottes; denn es steht geschrieben ‚Die Rache ist mein; ich will vergelten, spricht der Herr'" (Röm. 12,19). Um es in psychologischer Sprache auszudrücken: Der Glaube an einen Gott, der die Gerechtigkeit wiederherstellen wird, ist ungeheuer therapeutisch. Der Glaube an einen Gott, der Rache übt, wird – richtig verstanden – keineswegs dazu führen, dass Menschen sich auf Gewalt einlassen. Sondern vielmehr dazu, dass sie sich der Gewalt enthalten können. Rache ist Gottes Angelegenheit, nicht unsere.

Christliche Gemeinschaft sollte ein Ort sein, an dem wir nicht nur liebliche, süßliche, sanfte und poetische Gebete formulieren, sondern an dem wir unsere tiefste Wut im Gebet ausdrücken können. Häufig werden die Psalmen als „Schule des Gebets" bezeichnet. Wenn das richtig ist, sollten wir sie auch als Modell für unsere eigenen Gebete nehmen. Der Zorn Gottes und die Berufung darauf im Gebet – das ist nichts, dessen wir uns schämen müssten. Es ist vielmehr ein wichtiger Bestandteil des christlichen Glaubens. Sogar ein Element, das immense Kraft zur Heilung in sich trägt.

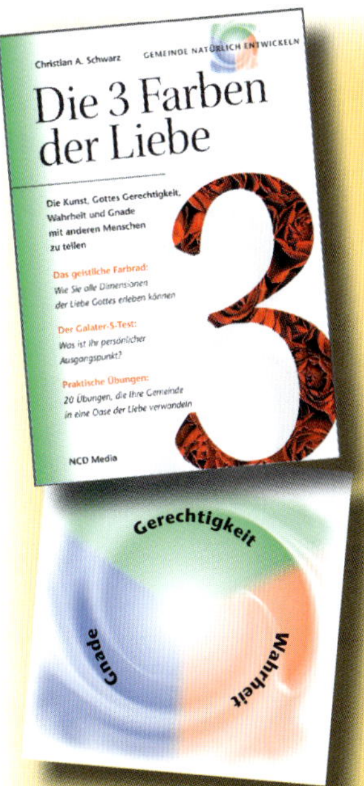

Die 3 Farben der Liebe

• ***Wie „Die 3 Farben der Liebe" eingesetzt werden kann, um liebevolle Beziehungen zu entwickeln:*** Verglichen mit vielen anderen Beiträgen zum Thema stellt dieses Buch ein konsequent biblisches und deshalb überraschend anderes Verständnis dessen vor, worum es bei christlicher Liebe geht. Anstatt Liebe ausschließlich auf ihre „sanften Aspekte" zu reduzieren, bemüht sich dieses Buch darum, die drei Dimensionen Gerechtigkeit, Wahrheit und Gnade zu kombinieren. In seinem Zentrum steht der *Galater-5-Test*, der jedem Gruppenmitglied dabei hilft, im Blick auf die „Frucht des Geistes" die eigenen Wachstumsbereiche ausfindig zu machen.

• ***Wie Ihre Kleingruppe von „Die 3 Farben der Liebe" profitieren kann:*** Auf Grundlage des Galater-5-Tests stellt das Buch eine Fülle von praktischen Übungen vor, die sich idealerweise im Kontext einer Kleingruppe durchführen lassen. Die Kombination von biblischen Impulsen, persönlichen Testergebnissen, Experimenten außerhalb der Gruppe und interaktiven Gruppengesprächen hilft jeder Kleingruppe dabei, im Bereich von liebevollen Beziehungen Wachstum zu erleben. Das Buch eignet sich insbesondere für Gruppen mit hoher Energie in Gerechtigkeit. Es wird von einem Handbuch begleitet, das den Gruppenleitern dabei hilft, einen solchen Prozess zu planen, durchzuführen und auszuwerten.

www.3colorsoflove.org

Die Trägheit besiegen

Gewöhnliche Trägheit strebt danach, auf gewöhnliche Weise unterhalten zu werden – und geistliche Trägheit will auf geistliche Weise unterhalten werden. Die Qualität des Unterhaltungsprogramms mag imposant sein, aber es handelt sich immer noch um Unterhaltung. Und genau das Unterhaltungsprogramm, das man entwickelte, um auf Tendenzen von Trägheit zu *reagieren,* wird zunehmend zur *Ursache* für wachsende Trägheit – ein klassisches Beispiel für eine Negativspirale.

Am Ende führt das Ganze zu ständig wachsenden Unterhaltungsansprüchen auf Seiten des verwöhnten Publikums, denen – auf Seiten der Mitarbeiter – mit immer mehr Investitionen in christliche Unterhaltungsprogramme begegnet wird (siehe Seite 35). Die dramatischsten Fälle von Burnout, denen ich begegnet bin, stammen von christlichen Leitern, die mit dieser wachsenden Spirale ständig steigender Unterhaltungsansprüche nicht mehr fertig geworden sind.

Die Massstäbe herunterfahren?

Viele christliche Leiter durchschauen die innere Logik dieser Negativspirale nicht. Ich erlebe das immer wieder, wenn ich Seminare zu *Die 3 Farben Deiner Spiritualität* durchführe. Diese Seminare basieren auf der Voraussetzung, dass Training im geistlichen Bereich genau wie körperliches Training funktioniert. Wenn unsere körperlichen Muskeln erst einmal genügend gestärkt worden sind (was durchaus ein schmerzhafter Prozess sein kann), sind wir auch in der Lage, schwerere Gewichte zu stemmen. Sobald dieser Zustand erreicht ist, können wir die Gewichte ein wenig erhöhen, um unsere Muskeln noch mehr zu stärken – eine ständig fortschreitende Spirale wachsender Kraft. So funktioniert Training in allen Bereichen – auch im geistlichen Leben.

Allerdings gibt es unzählige Christen, die derartige Prozesse um jeden Preis verhindern wollen. Der folgende Dialog ist durchaus typisch für zahlreiche Gespräche, die ich in den letzten Jahren mit christlichen Leitern im Blick auf dieses Thema geführt habe.

Leiter: Dein Material in *Die 3 Farben Deiner Spiritualität* ist wirklich hervorragend. Aber unsere Leute sind noch nicht so weit. Es ist zu schwer für sie.

Christian: Wenn Menschen in der Lage wären, schwere Gewichte zu stemmen, brauchten sie kein Training, das ihnen dabei hilft, dahin zu gelangen. *Die 3 Farben Deiner Spiritualität* ist ein Trainingsprogramm, das Menschen darauf vorbereitet, Gewichte zu stemmen, die sie derzeit noch nicht zu stemmen in der Lage sind.

Leiter: Im Bereich von Spiritualität brauchen wir etwas Anderes. Etwas Leichteres.

Christian: In *Die 3 Farben Deiner Spiritualität* beginnen wir ja mit leichten Gewichten, nur geringfügig außerhalb der Wohlfühlzone der meisten Menschen. Ein Trainingseffekt tritt nur dann ein, wenn die Gewichte etwas schwerer sind als das, was wir derzeit bewältigen können. Sobald wir in der Lage sind, die relativ leichten Gewichte zu stemmen, fügen wir etwas mehr Gewicht hinzu.

Erneuerung

Erneuerung ist eine von Gott gegebene Energie, die entweder zu Trägheit führen kann (wenn sie über den Weg der Isolation ausgedrückt wird), oder aber zu leidenschaftlicher Spiritualität beiträgt (wenn die Energie auf den Weg der Gemeinschaft umgeleitet wird).

Leiter: Ich muss ganz ehrlich sagen, dass im Bereich von Spiritualität dieser ganze Gedanke des Gewichthebens ziemlich fremd in meinen Ohren klingt.

Christian: Du verstehst hoffentlich, dass dies ein Bild ist, das einen Weg zur Reife beschreiben soll.

Leiter: Ja sicher, ich verstehe schon, was du damit ausdrücken willst, und ich selber habe auch von deinen Büchern profitiert. Aber als Gemeinde sind wir einfach noch nicht so weit.

Christian: Was ist dann deine Strategie, *dahin zu kommen*, dass ihr in absehbarer Zeit so weit seid? Wie planst du, deine Leute zu befähigen, zunehmend schwerere Gewichte zu stemmen? Oder ist das gar nicht dein Ziel?

Leiter: Doch, das ist schon unser Ziel.

Christian: Schön. Was macht ihr dann ganz konkret, damit es auch tatsächlich zu diesem fortwährenden Muskelwachstum kommt?

Leiter: Das Einzige, was ich sicher weiß, ist, dass wir definitiv etwas sehr viel Leichteres brauchen als das, was du im Sinn hast.

Christian: Was du sagst, klingt auf mich so, als wolltest du, dass Menschen schwerere Gewichte stemmen, ohne ihnen dabei zu helfen, den dafür nötigen Trainingsprozess zu durchlaufen.

Leiter: Ich möchte ganz bestimmt einem Training nicht im Wege stehen, aber ich möchte verhindern, dass die Gewichte so schwer sind, dass sich die Menschen nicht wohl damit fühlen.

Christian: Training beinhaltet nun einmal unausweichlich, die eigene Wohlfühlzone zu verlassen und etwas zu tun, das kurzfristig Schmerzen bereitet, aber uns langfristig stärker macht. Wenn ihr versucht, diesen Prozess zu vermeiden, dann werden wir auch in zehn Jahren noch exakt die gleiche Diskussion haben, und ihr werdet nicht den geringsten Fortschritt gemacht haben. Du darfst doch nicht erwarten, dass Menschen einen bestimmten wünschenswerten Punkt erreichen, wenn du genau diejenigen Maßnahmen, die sie dahin bringen würden, durch dein eigenes Verhalten untergräbst.

Trägheit als Flucht vor Gott

Christliche Leiter mögen sich über Trägheit beschweren. Aber was sie meist nicht verstehen, ist, dass sie mit der Schaffung der eben beschriebenen Negativspirale genau die Trägheit *hervorbringen*, über die sie sich so sehr beschweren. Ich finde es bemerkenswert, dass in jedem einzelnen Fall, in dem ich selber mit einer Gruppe anhand von *Die 3 Farben Deiner Spiritualität* gearbeitet habe (bisweilen mit vorausgegangenen Warnungen: „Das ist viel zu schwer für unsere Leute"), es wunderbar funktioniert hat. In aller Regel höre ich von den Teilnehmern, dass es herausfordernd war – es *soll* ja auch herausfordernd sein –, aber ich habe noch *nicht ein einziges Mal* gehört, dass es zu viel gewesen sei. Anders ausgedrückt: Die Menschen sind in der Lage, sehr viel schwerere Gewichte zu stemmen, als viele ihrer wohlmeinenden Leiter vermuten würden.

Was ist Trägheit? Der lateinische Begriff ist *acedia*, und es würde an der Sache vorbeigehen, dieses Wort einfach mit „Faulheit" zu übersetzen. In diesem Fall wäre die Abhilfe ja schnell gefunden: „Raff dich auf! Werde aktiver!" Aber *acedia* ist ein wenig komplexer. Es bedeutet, vor Gottes Berufung davonzulaufen. Es bedeutet, die Gaben zu missachten, die Gott uns gegeben hat. Es bedeutet, die Form von Verantwortung zu verweigern, die Gott uns zumuten möchte. Es bedeutet, für den Rest des Lebens auf dem selben niedrigen Niveau zu verharren, auf dem wir uns heute befinden, selbst wenn Gott uns auf ein höheres, befriedigenderes, für uns passenderes – und ganz sicher auch: geistlicheres – Niveau führen möchte.

Die hyperaktive Variante

Es wäre irreführend, *acedia* als die Abwesenheit von Aktivität zu verstehen. Tatsächlich ist es so, dass Hyperaktivität durchaus ein Hinweis auf *acedia* sein kann. Wie oft habe ich schon gehört, dass Gemeindemitglieder nicht „fähig" seien (wie sehr wir dieses Wort doch mögen, um den sehr viel passenderen Begriff „willens" zu vermeiden), sich auf ein paar wenige Prioritäten zu konzentrieren, die ein Gemeindeentwicklungsprozess erfordert. Warum sind sie dazu nicht „fähig"? Sie sind „zu sehr beschäftigt". Tatsache ist, dass sie es in unzähligen Fällen *vorziehen*, beschäftigt zu sein (was sie relativ wenig kostet), als ihre Betriebsamkeit in Frage zu stellen und rigoros ihre Prioritäten zu überprüfen (was sie ziemlich viel kosten würde). Diese Art von Betriebsamkeit ist eine typische Ausdrucksform von *acedia*.

Die Ablenkung, die viele Menschen in der Gemeinde suchen, kann durchaus wertvolle Tätigkeiten umfassen: Man putzt die Kirche, besucht die Kranken, schreibt Artikel für den Gemeindebrief oder sitzt mit anderen Christen bis spät in die Nacht in der Kleingruppe zusammen. Solange niemand den Zweck und die Effektivität ihrer Betriebsamkeit hinterfragt, können Menschen, die zu *acedia* neigen, zufrieden sein. Sie hätten gar nichts dagegen, ihrem bereits jetzt schon ziemlich vollen Wochenprogramm noch die eine oder andere Stunde hinzuzufügen. Aber sie hätten sehr wohl etwas dagegen, wenn sie aufgefordert würden, ihr Programm drastisch zu *reduzieren*, um sich mit 100 Prozent ihrer Energie auf die zwei oder drei wichtigsten Aufgabenfelder zu konzentrieren.

Häufig ist Trägheit mit Müdigkeit verbunden (ein Symptom dafür ist das große Gähnen). Diese Müdigkeit ist aber nicht notwendigerweise die Folge

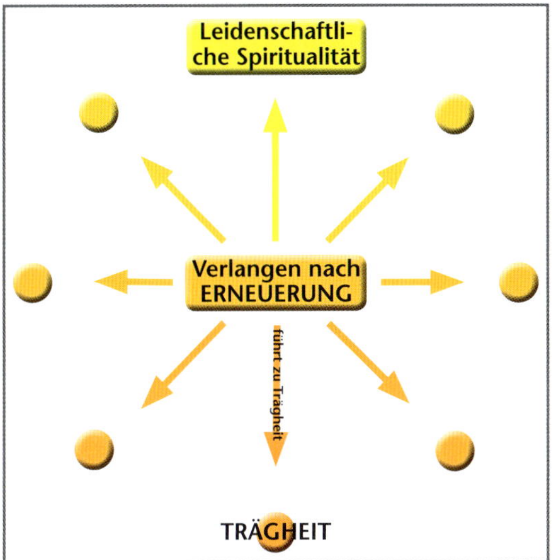

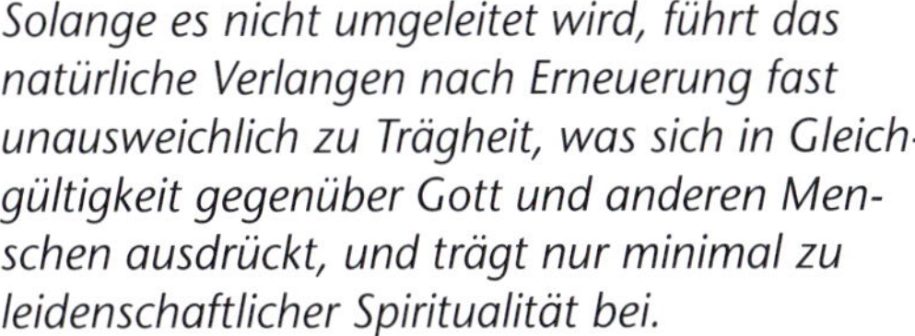
Solange es nicht umgeleitet wird, führt das natürliche Verlangen nach Erneuerung fast unausweichlich zu Trägheit, was sich in Gleichgültigkeit gegenüber Gott und anderen Menschen ausdrückt, und trägt nur minimal zu leidenschaftlicher Spiritualität bei.

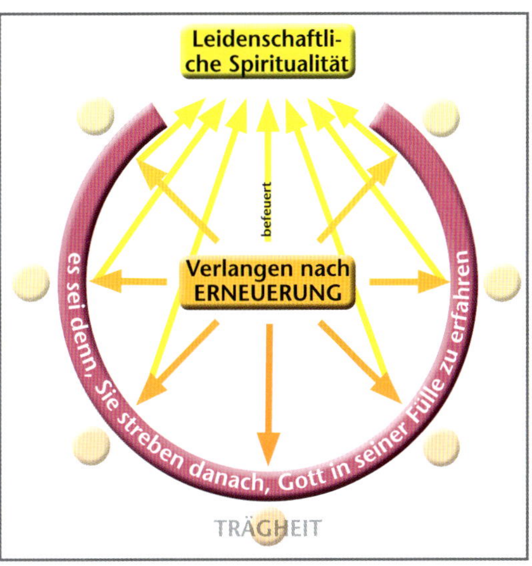

Das Konzept der Energieumwandlung, symbolisiert durch die Parabollinie. Die natürliche Energie fließt; der Schirm der Parabollinie allerdings leitet diese Energie in einer Weise um, dass sie vollumfänglich leidenschaftlicher Spiritualität zugutekommt.

von Überarbeitung, sondern geht vielmehr auf einen Mangel an Sinn und Leidenschaft zurück. In dieser Form von Müdigkeit ist immer ein Element von Langeweile enthalten. Ich habe einige von Fjodor Dostojevskis Werken gelesen, die mir eine Menge bedeuten. Aber ich würde diesen großen Autor vermutlich auch dann noch bewundern, wenn sein gesamtes Werk nur aus dem folgenden, äußerst nachdenkenswerten Satz bestünde: „Langeweile ist, wo Gott nicht ist." Scharf beobachtet, Fjodor Michailowitsch!

Die Auswirkungen von Trägheit auf die Gemeinschaft sind nachgerade katastrophal. Obwohl Menschen viel Zeit miteinander verbringen mögen, weigern sie sich beharrlich, ihre Kommunikation miteinander in die Tiefe zu führen. Alles wird auf einem – bewusst – relativ oberflächlichen Niveau gehalten. Geselligkeit? Ja. Jüngerschaft? Um Gottes willen!

Menschen, die zu Trägheit neigen, haben Schwierigkeiten, auch dann noch am Ball zu bleiben, nachdem ein bestimmter Höhepunkt erreicht worden ist. Ständig „brauchen" sie (wie sie es formulieren würden, obwohl das passendere Wort „wollen" wäre) den nächsten geistlich bewegenden oder emotional stimulierenden Höhepunkt. Alles, was in der Gemeinde geschieht, muss positive Gefühle hervorbringen, alles muss „erbaulich" sein (in einem auf den reinen Gefühlsanteil dieses Wortes beschränkten Verständnis). Gemeinde als „Fitness-Center" (einschließlich Disziplin, Ausdauer und Schweiß)? Völlig undenkbar!

Die treibende Energie: Erneuerung

Wie wir bereits gesehen haben (Seite 14) besteht der christliche Glaube aus zwei Polen – *vita activa* und *vita contemplativa.* Leidenschaftliche Spiritualität steht im Zentrum der *vita contemplativa.* Wir sind auf Phasen der Ruhe genauso angewiesen wie auf Phasen intensiver Aktivität. Gesunder Glaube ist durch das Wechselspiel von Einatmen *(vita contemplativa)* und Ausatmen *(vita activa)* gekennzeichnet.

Deshalb bedeutet ein hoher Wert für „Erneuerung" in keinster Weise, dass Sie träge seien. Die Sehnsucht nach Erneuerung ist gottgegeben. Wenn diese Energie in leidenschaftliche Spiritualität fließen kann (über den Weg der Gemeinschaft), anstatt sich als Trägheit auszudrücken (eine Folge des Weges der Isolation), dann können Menschen, die im Bereich „Erneuerung" ein hohes Energieniveau haben, für den Aufbau christlicher Gemeinschaft von ungeheurem Wert sein.

Um noch einmal auf unser Bild vom Fitness-Center zurückzukommen: Wer regelmäßig Krafttraining betreibt, weiß, dass unsere Muskeln nicht aufgebaut werden, *während* wir das Training absolvieren. Der Muskelaufbau geschieht vielmehr in den Ruhezeiten *zwischen* den Trainingseinheiten. Ruhe ist kein Luxus, sondern eine Notwendigkeit.

Energieumwandlung in der Bibel: Ruhe durch das sanfte Joch

πατέρα τις ἐπιγινώσκει εἰ μὴ ὁ υἱὸς καὶ ᾧ ἐὰν
βούληται ὁ υἱὸς ἀποκαλύψαι. 28 Δεῦτε πρός
με πάντες οἱ κοπιῶντες καὶ πεφορτισμένοι
καγὼ, ἀναπαύσω ὑμᾶς. 29 ἄρατε τὸν ζυγόν
μου ἐφ' ὑμᾶς καὶ μάθετε ἀπ' ἐμοῦ, ὅτι πραΰς
εἰμι καὶ ταπεινὸς τῇ καρδίᾳ καὶ εὑρήσετε ἀνά-

Erquickung für die Beladenen
Matthäus 11,28–30

Die Botschaft dieses Textes richtet sich ausdrücklich an eine ganz bestimmte Zielgruppe – Menschen, die „mühselig und beladen" sind. Zu ihnen sagt Jesus: „**Kommt her zu mir, alle, die ihr mühselig und beladen seid; ich will euch erquicken**" (Vers 28). Hier werden Menschen angesprochen, die hart gearbeitet haben und folglich erschöpft sind. „Ruhe zu finden" macht nur nach Zeiten intensiver Anstrengung und Anspannung Sinn. Menschen, die dieser Ruhe dringend bedürfen, werden eingeladen, sie in der Hingabe an Jesus zu finden.

Jesus fährt fort: „Nehmt auf euch mein Joch und lernt von mir; denn ich bin sanftmütig und von Herzen demütig; so werdet ihr Ruhe finden für eure Seelen. Denn mein Joch ist sanft, und meine Last ist leicht" (Verse 29–30). Was ist das Wesen eines „Jochs"? Erstens kommt ein Joch im Kontext harter Arbeit zum Einsatz und wurde dazu geschaffen, diese Arbeit besser ausführen zu können. Wozu würde es führen, wenn ein Tier den Karren ohne Joch zöge? Das wäre sowohl uneffektiv als auch äußerst schmerzhaft. Zweitens betont Jesus, sein Joch sei „sanft" (wie es in den bekanntesten Übersetzungen heißt). Der griechische Begriff lautet *chrestos*, was sich auch mit „passend" übersetzen lässt.

Zu Jesu Zeit wurde jedes Joch handgefertigt und dabei genau an die einzelnen Tiere angepasst, um unnötigen Schmerz zu vermeiden, der durch eine falsche Passform entstehen würde. Alles, was Jesus fordert, ist genau an unsere jeweiligen Fähigkeiten und Bedürfnisse angepasst. Sein Joch hilft uns dabei, im Einklang mit unseren gottgegebenen Fähigkeiten zu leben.

Thomas von Aquin sagte einmal, für den Sabbat sei erforderlich, dass „die Seele allein in Gott Ruhe findet". Die Ruhe, die Thomas hier meint, bedeutet weder Zerstreuung noch Ablenkung noch Unterhaltung. Es handelt sich vielmehr um etwas äußerst Konzentriertes. Es ist eine feierliche Ruhe, kein Müßiggang.

DAS GEGENMITTEL: LEIDENSCHAFTLICHE SPIRITUALITÄT

Dante definierte Trägheit als das Versagen, Gott von ganzem Herzen, mit ganzer Seele und ganzem Verstand zu lieben. Seine Definition trifft den Kern. Das ist der Grund, warum wir die Liebe zu Gott – mit unserem Verstand, unserer Seele und unserem Herzen – ins Zentrum unserer Arbeitsmaterialien zu leidenschaftlicher Spiritualität gestellt haben.

Der entscheidende Ausdruck ist „leidenschaftlich". Das beinhaltet, unseren Glauben *intensiv* auszudrücken – einschließlich Lachen, Leiden, Freude und Schmerz. Es ist das genaue Gegenteil von „Unterhaltung". Leidenschaftliche Spiritualität bedeutet Beteiligung, Mitgestaltung und Jüngerschaft. Wir sind nicht länger Zuschauer in einer Show namens „Kirche"; vielmehr *sind* wir die Kirche.

Wie entwickeln wir diese Leidenschaft? Sowohl Evagrius als auch Johannes Cassianus sahen das Heilmittel für Trägheit im Lernen von mutiger Ausdauer, Geduld und Beharrlichkeit. In der Tat: Genau darum geht es bei leidenschaftlicher Spiritualität. Dies sind zweifellos drei Anti-Unterhaltungs- und Anti-Konsumenten-Werte. Da das Wesen von Jüngerschaft darin besteht, sich von einer Konsumentenhaltung radikal zu verabschieden (siehe Seite 35), ist es genau das, was wir alle lernen müssen. Und wo könnten wir es besser lernen als innerhalb einer christlichen Kleingruppe?

Leider hat eine zunehmende Zahl von Gemeinden damit begonnen, „Spiritualität" im Sinne von permanenter *acedia* zu verstehen: Keine Anforderungen. Einfach entspannen. Kein Infragestellen. Kein Schweiß. Angenehme Gefühle. Keine Verunsicherungen. Und selbst diejenigen unter uns, die sich ernsthaft danach sehnen, über solcherart Aufwärmübungen hinauszuwachsen, werden ermahnt: „Nein, nein, es ist nicht *dein* Wachstum, auf das es ankommt. Du musst dich vielmehr an diejenigen anpassen, die all das, was dir möglicherweise zum Wachstum hilft, nicht verstehen, und die auch nicht bereit sind, Mühe zu investieren, damit sie es schließlich verstehen." Offen gesagt: Wenn ich Satan wäre, würde ich exakt diese Strategie empfehlen. Es würde sicherstellen, dass jedweder Wachstumsprozess im Keim erstickt würde. Alle Christen würden lebenslang buchstäblich auf Kindergartenniveau stagnieren.

MEHR IM INTERNET

Auf 3colorsofcommunity.org finden Sie Antworten auf folgende Fragen:

- *Ist es realistisch, von jedem Christen die Art von Wachstum zu erwarten, die in diesem Kapitel beschrieben wird? Warum oder warum nicht?*
- *Warum kann es nicht gelingen, Trägheit damit zu bezwingen, dass man sich auf die gegensätzliche Tugend (Eifer) konzentriert?*

RYANS GEISTLICHE-ENERGIE-TEST

Ryan war ein unglaublich begabter Mann, voller Ideen und Kreativität. Aber wenn es darum ging, in der praktischen Umsetzung seiner Ideen Beständigkeit zu zeigen, konnte man buchstäblich dabei zusehen, wie ihn seine Energie verließ. Um dieses immer wiederkehrende Muster in seinem Leben anzugehen, bat er mich um Coaching, und im Laufe unseres Coaching-Prozesses machte er beträchtliche Fortschritte.

Als wir uns die Ergebnisse seines Geistliche-Energie-Tests anschauten, waren wir nicht überrascht, dass im Bereich „Erneuerung" seine höchste Energie lag.

Ryan: Das bin ich, gar keine Frage.

Christian: Du musst es mir etwas näher erläutern.

Ryan: Es ist sicher richtig, dass Erneuerung für mich ein höherer Wert ist als für Andere. Das erklärt vermutlich auch, warum ich Schwierigkeiten habe, wann immer es ums Durchhalten geht.

Christian: Ja, Erneuerung ist eine ungeheuer kraftvolle Energie, und sie stammt direkt von Gott. Die Frage ist, wie du sie benutzt. Ich konnte diese Energie im Laufe unseres gesamten Coaching-Prozesses wahrnehmen, und wann immer du sie zielgerichtet eingesetzt hast, konnten wir Durchbrüche sehen.

Ryan: Was meinst du damit?

Christian: Du hast wirklich verstanden, dass es in deiner Beziehung zu Gott nicht um Leistung geht, um Forderungen, um Druck. Es geht vielmehr um dich – in der Gegenwart Gottes. Ich habe eine ganze Reihe von Coachees. Aber niemand anderes hat diese Tatsache besser verstanden als du.

Ryan: Wirklich? Das ist ermutigend.

Christian: Das ist wirklich ermutigend. Deine Beziehung zu Gott ist eine wahres Kraftzentrum. Wenn du dich in jedem Bereich deines Lebens Gott öffnest, wird jeder Bereich mit dieser Kraft durchdrungen.

Ryan: Um ehrlich zu sein, bisweilen habe ich genau das erlebt.

Christian: Kannst du dich an Situationen erinnern, in denen dieses Gefühl ganz besonders stark war?

Ryan: Ja, an viele.

Christian: Kannst du einen gemeinsamen Nenner sehen?

Ryan: Hmm. Der gemeinsame Nenner war vermutlich der, dass ich konzentriert war. Dass ich Religion nicht als Unterhaltungsprogramm verstand, sondern wirklich und ganz authentisch begierig war, Gott zu begegnen.

Christian: Was waren die Ergebnisse dieser „authentischen Begegnungen mit Gott", wie du sie nennst?

Ryan: Kraft, wirkliche echte Kraft. Kraft, die in mich floss – und die auch wieder aus mir herausfloss.

Christian: Leidenschaft?

Ryan: Ja, Leidenschaft, das ist das passende Wort. Eine brennende Liebe zu Gott und eine brennende Liebe zu anderen Menschen.

Christian: Also kennst du beides: Zeiten von starker Leidenschaft, und Zeiten, in denen du eher matt und uninteressiert bist.

Ryan: Ganz genau.

Christian: Nicht nur eine Stimme, die da aus Ryan spricht, sondern eine Vielzahl unterschiedlicher Stimmen.

Ryan: Ja, genau so erlebe ich es.

Ein fortwährender Veränderungsprozess

In einer christlichen Kleingruppe kann nahezu alles akzeptiert werden im Sinne des Ausgangspunkts der Teilnehmer. Aber eines sollte niemals akzeptiert werden – Stillstand. Beständiges Wachstum sollte erwartet, vorgelebt und unterstützt werden. Diese Erwartung sollte die gesamte Atmosphäre der Gruppe prägen. Sollten einige der Teilnehmer Phasen der Stagnation erleben – und das wird ganz sicher geschehen –, dann sollte alles in der Gruppe darauf ausgerichtet sein, diesen Zustand so schnell wie möglich zu überwinden.

Mit anderen Worten: Wir sollten Unreife – die sich z.B. im Bedürfnis nach Unterhaltung ausdrückt – als Ausgangspunkt akzeptieren. Aber dieses Akzeptieren des Ausgangspunkts hat ein klares strategisches Ziel: Es ist die notwendige Voraussetzung für das Arbeiten an Veränderung. Wenn es nach mehreren Monaten nicht zu dieser Veränderung gekommen ist – oder, noch schlimmer, das Unterhaltungsbedürfnis weiter gewachsen sein sollte –, ist das ein untrüglicher Hinweis darauf, dass etwas fundamental falsch gelaufen ist.

Anne Lamott beschreibt das, worum es hier geht, in wunderbar-präzisen Worten: „Das Geheimnis ist, dass Gott uns *genau* so, wie wir sind, liebt ... *und* dass er uns zu sehr liebt, um uns so zu lassen, wie wir sind." Eine Gruppe, die danach strebt, die zu erreichenden Standards ständig herunter- statt heraufzusetzen, verletzt dieses fundamentale geistliche Gesetz. Sie versagt damit vor der Aufgabe, anderen Menschen gegenüber das Wesen von Gottes Liebe zum Ausdruck zu bringen.

Die 3 Farben Deiner Spiritualität

• ***Wie „Die 3 Farben Deiner Spiritualität" eingesetzt werden kann, um leidenschaftliche Spiritualität zu entwickeln:*** Der Geistliche-Stile-Test, der in diesem Buch enthalten ist, hilft jedem Gruppenmitglied dabei, die eigene und höchst individuelle „Antenne für Gott" ausfindig zu machen. Die Entdeckung dieses persönlichen Verbindungspunktes mit Gott vermag eine Leidenschaft für Christus freizusetzen, die viele Christen noch nie zuvor erlebt haben. Dieses Buch integriert die drei biblischen Schwerpunkte Wort, Geist und Welt in das Leben jedes Gruppenmitglieds und der Gruppe als Ganzer. Es unterscheidet Level-A-Lernen (das Herausfinden des eigenen geistlichen Stils) und Level-B-Lernen (das Bemühen, Gott auf bisher ungewohnte Arten zu begegnen).

• ***Wie Ihre Kleingruppe von „Die 3 Farben Deiner Spiritualität" profitieren kann:*** Die meisten Gruppen werden die überraschende Erfahrung machen, dass die Mehrheit der in diesem Buch vorgestellten neun geistlichen Stilen auch in der eigenen Gruppe vertreten sind. Das ist insbesondere ein vielversprechender Ausgangspunkt für Gruppen, die hohe Energie für Erneuerung haben und eine tiefere Ebene von Spiritualität erreichen möchten. Ein Leiter-Handbuch hilft dem Leitungsteam dabei, mit Hilfe von *Die 3 Farben Deiner Spiritualität* einen Gruppenprozess durchzuführen, der lebensverändernde Auswirkungen hat. *www.3colorsofyourspirituality.org*

DIE WOLLUST BESIEGEN

Viele christliche Leiter können eine ungeheure Kreativität an den Tag legen, wenn sie über Predigtideen, Liedauswahl und sogar Theatereinlagen für den Gottesdienst nachdenken – gesprochene Worte, gesungene Worte und dargestellte Worte. Aber in dem Moment, wo es um Kategorien geht wie „körperliche Ausdrucksformen von Anbetung", „Verschmelzung von Vergangenheit, Gegenwart und Zukunft" oder „Öffnen eines Fensters zum Himmel", haben sie nicht die geringste Vorstellung, wovon überhaupt die Rede ist.

DIE GRENZEN EINES „ALLEIN DAS WORT"-ANSATZES

Das hat mit den einseitigen Entwicklungen in der Kirchengeschichte zu tun, von denen auf Seite 23 die Rede war. Die Stärken und die vernachlässigten Bereiche stellen in jeder Strömung der Christenheit zwei Seiten der selben Medaille dar. Wenn ein Mensch in einer Tradition groß geworden ist, in der allein „Worte" zählen, können wir nicht erwarten, dass er die Fähigkeit entwickelt hat, den christlichen Glauben mit nicht-verbalen Mitteln auszudrücken bzw. diese Ausdrucksmittel wertzuschätzen.

In diesem Kapitel geht es um *Intimität*, die sich entweder in ihrer entstellten Form als *Wollust* zeigen kann – oder aber, in ihrer höchsten und reinsten Form als *inspirierende Anbetung* (natürlich gibt es darüber hinaus weitere konstruktive Ausdrucksformen von Intimität, aber sie stehen nicht im Zentrum des Aufbaus christlicher Gemeinschaft).

Diejenigen unter uns, die ausschließlich mit der wort-orientierten Variante von Anbetung vertraut sind, mögen Schwierigkeiten haben, den gemeinsamen Nenner dieser drei Elemente (Intimität, Wollust, Anbetung) zu verstehen. Und manche von uns würden überhaupt keine realistische Möglichkeit sehen, etwas Anderes als Predigten, Lieder und möglicherweise Theatersketche in die Gottesdienste zu integrieren. Die Tatsache, dass wir in diesem Kontext jedoch nicht vom Gottesdienst als öffentliche Veranstaltung reden, sondern von Anbetung in Kleingruppen, bietet auch Christen, die in dieser Tradition leben, wunderbare Möglichkeiten, die ausfindig gemachten Energien in (möglicherweise) neue Formen von Anbetung einfließen zu lassen. Auf der Ebene der Kleingruppe herrscht in aller Regel eine größere Freiheit.

NEUE REFORMATION – ODER KORREKTUR DER URSPRÜNGLICHEN REFORMATION?

Vor einiger Zeit nahm ich an einem Treffen christlicher Leiter aus allen fünf Kontinenten teil. Als Veranstaltungsort hatte man sich bewusst für Wittenberg entschieden – die Stadt, in der die Reformation des 16. Jahrhunderts begann. Auch das Datum – der 31. Oktober, also „Reformationstag" – war sorgfältig ausgesucht worden. Die teilnehmenden Leiter besprachen nämlich nichts Geringeres als eine „neue Reformation".

Viele der Vorschläge, die auf diesem Treffen präsentiert wurden, zielten darauf, die Kirche aus einer bloßen „Schule" in einen Ort zu verwandeln, an dem wir Gott mit allen fünf Sinnen erleben können. „Unser Verstand wurde getauft", formulierte einer der Teilnehmer. „Aber unsere Leidenschaften blie-

Intimität ist eine von Gott gegebene Energie, die entweder zu Wollust führen kann (wenn sie über den Weg der Isolation ausgedrückt wird), oder aber zu inspirierender Anbetung beiträgt (wenn die Energie auf den Weg der Gemeinschaft umgeleitet wird).

ben Heiden. Das ist der Grund, warum so viele Christen sich mit körperlichen Ausdrucksformen so schwertun."

Ich stimmte dieser Analyse im Großen und Ganzen zu – jedenfalls im Blick auf die Hauptströmungen des Protestantismus –, aber mein eigener Beitrag zu diesem Treffen war weitaus weniger ambitioniert. Statt für eine neue Reformation zu plädieren, sagte ich: „Ich teile die Auffassung, dass viele unserer Gemeinden unerfahren darin sind, die göttliche Realität körperlich – oder mit anderen äußeren Mitteln – auszudrücken. Aber wir müssen klar sehen, dass dies ein direkter *Effekt* der Reformation ist, die vor einem halben Jahrtausend von dieser Stadt ausging. Bei allem Wertvollen, das die Reformation ans Tageslicht gebracht hat – eine neue Wertschätzung von Gottes Wort, von Gottes Gnade und dem Priestertum aller Gläubigen –, in einigen Bereichen haben die Reformatoren definitiv das Kind mit dem Bade ausgeschüttet." Vermutlich hatte es mit der Tatsache zu tun, dass ich Deutscher bin – und außerdem noch Lutheraner –, dass viele Teilnehmer überrascht von meiner selbstkritischen (meiner Meinung nach: ausgewogenen) Bewertung der historischen Reformation waren.

Ich fuhr fort: „Der einseitige Blick auf den Verstand, der für viele Strömungen des Protestantismus kennzeichnend ist, ist ein direktes Ergebnis der Reformation des 16. Jahrhunderts. Wenn wir schon die Metapher der Reformation für unsere heutige Arbeit benutzen wollen, dann müssten wir sagen: Was wir heute brauchen, ist nicht eine *neue* Reformation, sondern vielmehr die *Revision* einiger äußerst kontraproduktiven Nebeneffekte der ursprünglichen Reformation."

Das selbstsüchtige Wesen der Wollust

Für einige Leser mag dies eine etwas verwirrende Einführung zu einem Kapitel sein, in dem wir die Sünde der Wollust näher unter die Lupe nehmen wollen. Ich bin allerdings überzeugt, dass wir verstehen sollten, in welcher Weise Wollust, Intimität und inspirierende Anbetung zusammenhängen. Wenn wir diese Verbindung nicht sehen, könnten wir geneigt sein, der Versuchung der Wollust mit dem Aufruf zur Keuschheit zu begegnen: „Mach das bloß nicht!" Die Herausforderung besteht jedoch darin, die hinter Wollust stehende Energie ausfindig zu machen – Intimität – und ein Umfeld zu schaffen, in dem diese Energie frei und konstruktiv ausgedrückt werden kann.

Wollust ist egozentrisch. Sie sucht das eigene körperliche Vergnügen ohne Bindung an bzw. Sorge für Andere. In letzter Analyse handelt es sich um Selbstverherrlichung, um eine Anbetung des eigenen Ichs. Wollust macht eine andere Person zu einem Instrument, um das zu bekommen, was man selber will. Sie ist ein Ersatz für eine echte Beziehung zu einem anderen Menschen.

Deswegen führt Wollust – obwohl sie ursprünglich von einem Verlangen nach Intimität in Bewegung gesetzt worden war – nicht zu wirklicher Intimität. Sie zerstört Intimität geradezu. Wollust ist ein Solitärspiel. Wir haben die *sexuelle Begegnung* – schon rein sprachlich – zum reinen *Sex* verkürzt. Zu einer Begegnung, die diesen Namen verdient, muss es bei einer von Wollust bestimmten Form von Sex gar nicht mehr kommen.

Eine Sünde gegen das Fleisch

Das Problem der Wollust besteht nicht etwa darin, dass der Körper überbewertet würde. Das genaue Gegenteil trifft eher zu. Wollust ist eine Ab- und Entwertung des Körpers, eine Erniedrigung des Fleisches – dem des anderen Menschen und auch dem eigenen. Aus diesem Grund sollte man bei Wollust nicht von der „Sünde *des* Fleisches", sondern von der „Sünde *gegen* das Fleisch" reden, um es in den Worten des Psychologen Heiko Ernst auszudrücken.

Aus christlicher Sicht ist der menschliche Körper keineswegs irrelevant. Es ist der Ort, an dem Gott wohnt („ein Tempel des Heiligen Geistes"). Der Mensch – einschließlich seines Körpers – ist als Ebenbild Gottes geschaffen. Diese extrem *hohe* (nicht niedrige!) Bewertung des menschlichen Körpers erlaubt es uns nicht, unseren eigenen Körper oder den Körper eines anderen Menschen als bloßes Instrument zu betrachten.

Wenn wir einen näheren Blick auf Wollust werfen, werden wir schnell sehen, dass das Verlagen nach Intimität nur scheinbar auf jemand Anderen gerichtet ist. Tatsächlich dient diese(r) Andere lediglich als Platzhalter, auf den die Gelüste unserer Seele projiziert werden. Bei Wollust geht es nicht um den Anderen, sondern immer um mich selbst.

Die treibende Energie: Intimität

Kein Mittel gegen Wollust wird funktionieren, solange es die Energie, die hinter Wollust steht – das Verlangen nach Intimität – nicht anspricht. Diese Energie darf weder ignoriert noch unterdrückt werden. Es handelt sich hier um eine Energie, auf die wir beim Bau von Gemeinschaft dringend angewiesen sind. Wenn Ihre Energie in Intimität hoch ist, dann wissen Sie, dass Sie etwas unglaublich Wertvolles zu Ihrer Kleingruppe beitragen können. Die Anderen sind darauf angewiesen, dass Sie Ihre Energie in die Gruppe einbringen.

Intimität – jedenfalls in ihrer höchsten Form – strebt nach einem Zustand frei von der Sorge um das eigene Vergnügen. Es ist ein Zustand, in dem wir uns buchstäblich selbst vergessen. Nur wenn es dazu kommt, können wir – wenn auch nur für einige beglückende Augenblicke – die Ekstase erleben, in der die Entfremdung aufhört und durch ein Gefühl der Zugehörigkeit ersetzt wird. Wir entdecken, dass wir nicht allein sind. Wir nehmen jene geheimnisvollen Schwingungen wahr, die uns mit der Seele des Anderen verbinden. Die Hingabe öffnet eine Tür aus dem eigenen Selbst heraus.

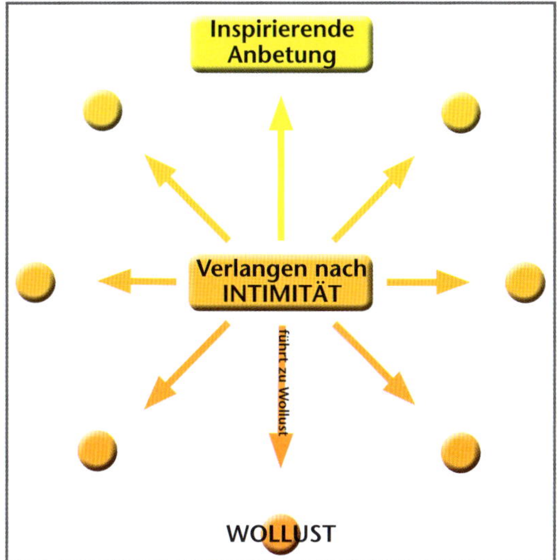

Solange es nicht umgeleitet wird, führt das natürliche Verlangen nach Intimität fast unausweichlich zu Wollust, was sich in einer zwanghaften Fixierung auf die eigenen Gefühle zeigt, und trägt nur minimal zu leidenschaftlicher Anbetung bei.

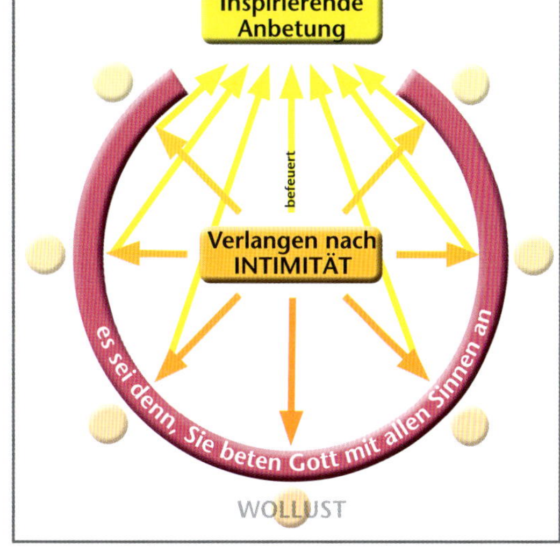

Das Konzept der Energieumwandlung, symbolisiert durch die Parabollinie. Die natürliche Energie fließt; der Schirm der Parabollinie allerdings leitet diese Energie in einer Weise um, dass sie vollumfänglich inspirierender Anbetung zugutekommt.

Ich bin mir natürlich bewusst, dass Intimität zusätzlich zu dem Ausdruck, den sie in der Anbetung findet, auch noch anderer Ausdrucksweisen bedarf – unter engen Freunden, in der Ehe, in der Sexualität. Aber in diesem Buch geht es um den Bau christlicher Gemeinschaft. Deshalb möchte ich das Augenmerk bewusst auf eine Ausdrucksweise von Intimität legen, die jede Kleingruppe bieten kann, ja sogar bieten sollte: Intimität mit Gott und mit anderen Christen in der Anbetung.

Das Gegenmittel: Inspirierende Anbetung

Es ist gewiss kein Zufall, dass das Neue Testament Hochzeits-Metaphern benutzt, um unsere Beziehung zu Jesus Christ zu beschreiben – Christus als der Bräutigam und die Gemeinde als die Braut (Mt. 9,15). Es ist bezeichnend, dass Jesu irdischer Dienst dem Johannesevangelium zufolge auf einer Hochzeit beginnt (Joh. 2,1–11) und dass das Ende der Geschichte als ein Hochzeitsmahl beschrieben wird (Offb. 19,7–9). Der Neue Bund ist ein Hochzeitsbund, und die gesamte Geschichte hat den Zweck, dass die Braut sich bereit macht (Offb. 19,7).

Diejenigen, die dazu neigen, Gemeinde in Analogie zu einer Schule zu verstehen, sollten nie vergessen, dass einer der zentralen Werte jeder Schule – Erkenntnis – mit dem gleichen Wort beschrieben wird, das im Hebräischen auch für Geschlechtsverkehr benutzt wird. Gott zu „erkennen“, das ist ganz sicher nicht das Gleiche wie die Art von Erkenntnis, die ein Professor erwirbt, während er in seiner Bibliothek hinter dicken Büchern vergraben ist. Die Erkenntnis Gottes zeigt sich in einer Begegnung, die die körperliche Dimension und unsere Gefühle genauso einschließt wie den Verstand.

Diese biblische Sprache beschreibt die Dimension, um die es in der Anbetung geht. Wir haben bereits gesehen, dass Wollust im Tiefsten nichts Anderes als fehlgeleitete Anbetung ist. In der Wollust beten wir uns selbst an. Es ist der Weg der Isolation. Nur in dem Maße, wie wir uns auf den Weg der Gemeinschaft einlassen, können wir erwarten, der Gefangenschaft der Selbstzentrierung zu entrinnen.

William Willimon stellt in seinem großartigen Buch *Sinning Like a Christian* (Sündigen wie ein Christ) eine Verbindung zwischen unserer zunehmenden Betonung sexueller Lust und der abnehmenden geistlichen Erfahrung her: „Ich frage mich, ob in unserer Kultur deshalb so viel sexuelle Leidenschaft und so wenig Sehnsucht nach Gott herrscht, weil Sex zu unserem letzten Mittel der Selbst-Transzendenz geworden ist. Sexuelle Leidenschaft ist unsere letzte Möglichkeit, uns selbst zu vergessen, von etwas Größerem als uns selbst gefangen genommen zu werden, unserer letzte Möglichkeit, so etwas wie ‚Mysterium' zu erfahren, das einzige uns noch verbliebene Sakrament. Es ist deshalb keine Übertreibung zu sagen, dass meine Auf-

Energieumwandlung in der Bibel: Sinnlichkeit auf Jesus lenken

μίσασα ἀλάβαστρον μύρου 38 καὶ στᾶσα
ὀπίσω παρὰ τοὺς πόδας αὐτοῦ κλαίουσα τοῖς
δάκρυσιν ἤρξατο βρέχειν τοὺς πόδας αὐτοῦ
καὶ ταῖς θριξὶν τῆς κεφαλῆς αὐτῆς ἐξέμασσεν
καὶ κατεφίλει τοὺς πόδας αὐτοῦ καὶ ἤλειφεν
τῷ μύρῳ. 39 ἰδὼν δὲ ὁ Φαρισαῖος ὁ καλέ-

Salbung durch eine Sünderin
Lukas 7,36–39

Diese Geschichte ist insbesondere aufschlussreich für Christen, denen es schwerfällt, eine Verbindung zwischen dem Verlangen nach Intimität (was eine Verwundbarkeit für Wollust einschließt) und einem besonderen Potenzial für Anbetung zu sehen. Jesus war zum Essen im Haus eines Pharisäers eingeladen. Eine „Sünderin" (in diesem Zusammenhang ist dies eine Umschreibung für eine Prostituierte) kam auf ihn zu. In Vers 38 lesen wir: **„Und sie trat von hinten zu seinen Füßen, weinte und fing an, seine Füße mit Tränen zu benetzen und mit den Haaren ihres Hauptes zu trocknen, und küsste seine Füße und salbte sie mit Salböl."**

Um wirklich zu verstehen, worum es in der Geschichte geht, müssen wir den geschichtlichen Hintergrund beachten: Erstens bedeutete das Eindringen einer Prostituierten in eine Versammlung religiöser Männer an sich schon einen Skandal. Zweitens wurde es als äußerst anstößig – wenn nicht gar obszön – angesehen, wenn eine jüdische Frau in der Öffentlichkeit die Haare offen trug.

Die Tatsache, dass diese Frau in der Gegenwart Anderer ihre Haare öffnete, zeigt, wie stark ihre Ausrichtung auf Jesus sie alles um sie herum vergessen ließ. *Dies* ist die Haltung wahrer Anbetung – nicht darum besorgt zu sein, wie Andere über uns denken mögen. Was für ein Gegensatz zu den Pharisäern! Sie begegneten Jesus in einer Haltung vornehmer Zurückhaltung. Ihr Verhalten war ohne Zweifel „korrekt". Aber es war das „unkorrekte" Verhalten der Frau, das deutlich macht, wie tief sie verstanden hatte, was Anbetung im Tiefsten bedeutet.

gabe als Prediger darin besteht, Nachfolge Jesu so interessant zu machen wie einen Orgasmus."

Ich stimme Bischof Willimon in jedem Wort zu, aber würde diese Herausforderung nicht auf die Aufgabe des Predigens reduziert sehen wollen. Während eine Predigt dieses Ziel in Worten beschreiben kann, wird sie uns – für sich allein genommen – noch nicht an dieses Ziel bringen. Aber *Anbetung* bringt uns dahin. Wahre Anbetung schließt immer einen Moment geistlicher Ekstase mit ein.

Durch Anbetung werden wir wie das, was wir anbeten. Deswegen sollten wir Sorge dafür tragen, dass wir uns das Objekt unserer Anbetung sorgfältig aussuchen. Wenn wir etwas anbeten, das kleiner ist als wir selbst, wird uns das selbst kleiner machen. Wenn wir etwas – oder besser: jemanden – anbeten, der größer als wir sind, wird uns das selbst größer und reicher machen. Indem wir Gott anbeten, stellen wir das Abbild Gottes in uns wieder her.

Konsumentenhaltung im Gottesdienst

Jede Form von „Gottesdienst", die uns eine Konsumentenhaltung nahelegt, ist unangemessen. Dies unterstützt die Illusion, dass wir (die „Kunden") der Mittelpunkt des Universums seien. Aber das sind wir nicht. Die Gefahr eines auf „Konsumenten" ausgerichteten Gottesdienstes ist, dass wir Gott zu einem Mittel machen, um das zu bekommen, was wir wollen. Aber das ist das genaue Gegenteil dessen, worum es im Gottesdienst geht – es ist buchstäblich eine Todsünde.

Es ist unmöglich, anzubeten, wenn unsere Erwartung darin besteht, unterhalten zu werden. Statt der Kirche als anspruchsvoller Kunde zu begegnen, führt uns Anbetung in eine Haltung der Unterwerfung und der Hingabe. Gottesdienst ist kein Zuschauersport. Er ist vielmehr der tiefste, intimste Ausdruck des christlichen Glaubens auf gemeinschaftlicher Ebene. Deshalb ist die Frage „Welchen Eindruck macht unsere Anbetung wohl auf Andere?" unangemessen. Es ist genau die Frage, die wir in der Anbetung *nicht* stellen sollten.

Wir müssen aufpassen, dass wir nicht einer McDonaldisierung der Gottesdiensterfahrung Vorschub leisten. Anbetung – und Gottesdienst überhaupt – muss nicht unmittelbar zugänglich für Nichtchristen sein. Wenn einige Menschen Schwierigkeiten haben, einen Zugang zu bestimmten Formen des Gottesdienstes zu finden, weil sie ihnen anfänglich fremdartig erscheinen – kein Problem. Dann ist es unsere Aufgabe, uns in diese Menschen zu investieren, um ihnen dabei zu helfen, das, was sie derzeit noch nicht verstehen, zunehmend schätzen zu lernen, indem wir ihnen Hintergründe und Bedeutung erklären. Es kann einige Zeit dauern, bis Menschen das verarbeitet und sich schließlich zu eigen gemacht haben. Aber das gilt für alle Dinge von wirklicher Bedeutung. Am Anfang mögen sie uns nicht ansprechen. Aber nach einiger Zeit der Beschäftigung lernen wir ihre Bedeutung zu erfassen. Und das, was so lange „stumm" für uns war, beginnt plötzlich zu „sprechen".

Rachels Geistliche-Energie-Test

Ich begegnete Rachel, Pastorin einer wachsenden Landgemeinde, auf einem Seminar, bei dem die meisten Teilnehmer den Geistliche-Energie-Test gemacht hatten. Ich fragte sie, ob sie bereit sei, mit mir über ihre Ergebnisse in einem öffentlichen Interview zu reden. „Das wäre mir eine wahre Freude", sagte sie.

Christian: Ich sehe, dass deine höchste Energie Intimität ist. Kannst du dich mit diesem Ergebnis identifizieren?

Rachel: Absolut.

Christian: Wie zeigt sich das in deinem Leben?

Rachel: Es ist nicht nur so, dass ich selbst ein starkes Bedürfnis nach Intimität habe, sondern ich habe auch ein großes Verlangen, dass andere Menschen ebenfalls intime und vertrauensvolle Beziehungen zueinander aufbauen. Beziehungen zueinander – und auch zu Gott.

Christian: Ich vermute mal, die Gottesdienste eurer Gemeinde sind von dieser Energie geprägt, richtig?

Rachel: Natürlich sind sie das. Ist es nicht das, worum es im Gottesdienst geht – Gott wirklich intim begegnen, sein Angesicht suchen? Und auch: intime Beziehungen zu unseren Brüdern und Schwestern aufzubauen?

Christian: Manch einer mag vielleicht befürchten, dass all dies *zu* intim wird.

Rachel: Ja, das ist es, was ich manchmal höre. Zu viel Intimität. Aber ich möchte lieber zu viel als zu wenig erlauben. Aber natürlich besteht eine Gefahr, es zu übertreiben.

Christian: Es zu übertreiben? Was meinst du damit?

Rachel: Oh, eine ganze Reihe Dinge. Von der Frage besessen sein, ob die Anderen dich wirklich lieben. Die rationale Seite der Anbetung vernachlässigen. Von Gefühlen der Nähe abhängig werden ...

Christian: Und Wollust?

Rachel: Hmm, in einem wirklich intimen Gottesdienst sehe ich das nicht als Gefahr. Ganz im Gegenteil. Aber ich denke schon, dass Menschen wie ich, die ein so starkes Bedürfnis nach Intimität haben, im Bereich von Wollust eher verwundbar sind als andere. Aber Tatsache ist, dass Wollust wahre Intimität zerstört. Wollust ist ein Egotrip, während in einer intimen Anbetungserfahrung unsere Aufmerksamkeit überhaupt nicht auf uns selbst gerichtet ist.

Christian: Anders ausgedrückt: Mit deiner hohen Energie in Intimität nimmst du verschiedene Stimmen in dir wahr – einige, die dich in eine enge Beziehung zu Gott ziehen, und andere, die sehr viel zwiespältiger erscheinen.

Rachel: Das ist absolut richtig. Ist das nicht das Gleiche, was Paulus in Römer 7 beschreibt, als er von den unterschiedlichen Kräften spricht, die in uns kämpfen?

Christian: Vermutlich ist es genau das. Sowohl geistliche als auch weniger geistliche Stimmen in der gleichen Person. Paulus kämpfte damit. Ich kämpfe damit. Rachel kämpft damit.

Rachel: Das stimmt. Und doch: Jeder von uns kann in diesem Bereich Fortschritte machen.

Anbetung in der Kleingruppe

Anbetung in der Kleingruppe ist nicht als Ersatz für den Gottesdienst mit der gesamten Gemeinde gedacht. Vielmehr sollte sie sich auf etwas konzentrieren, das auf der Ebene der Gesamtgemeinde in vielen Fällen sehr viel schwieriger zu erreichen ist – die Herstellung von Intimität mit Gott und mit anderen Christen.

Der Sinn von Anbetung besteht nicht darin, zu unterhalten. Der Schlüssel zu wahrer Anbetung ist vielmehr, damit aufzuhören, auf unsere eigenen Gefühle zu blicken („Hat es mir gefallen? Hat es mich angesprochen? Habe ich profitiert?"), und stattdessen vollkommen davon in Anspruch genommen zu werden, Gottes Angesicht zu suchen. In der Anbetung bewegen wir uns jenseits von Zeit und Raum, wir schmecken die Ewigkeit, wir erleben buchstäblich ein Stück Himmel. Deshalb ist es von größter Wichtigkeit, dass wir uns selbst mit allem, was wir sind, in die Anbetung einbringen, und nicht nur mit unserem Verstand.

Alle Lust will Ewigkeit

Trotz all meiner Erklärungen vermute ich, dass es einigen Lesern immer noch etwas ungelenk erscheint, die Sünde der *Wollust* und das Gemeinschaftsmerkmal *inspirierende Anbetung* in ein und demselben Kapitel zu behandeln. Vielleicht können wir an dieser Stelle von einem der größten Werke religiöser Kunst lernen, die jemals geschaffen wurden – Gustav Mahlers Dritte Symphonie. Der fünfte Satz dieser Symphonie spricht von der „himmlischen Freud". Mahler wählt bewusst eine äußerst fromme Sprache, um dieser Idee Ausdruck zu verleihen:

Liebe nur Gott in alle Zeit!
So wirst du erlangen die himmlische Freud.
Die himmlische Freud ist eine selige Stadt,
die himmlische Freud, die kein Ende mehr hat!
Die himmlische Freude war Petro bereit',
durch Jesum und allen zur Seligkeit.

Im vierten Satz jedoch – bevor dieser Moment der „himmlischen Freud" erreicht ist – versucht Mahler zwischen der gegenwärtigen Realität des Hörers und der ewigen Wirklichkeit eine Brücke zu schlagen. Er wählte dazu Worte des atheistischen Philosophen Friedrich Nietzsche, der – was mir höchst bedeutsam erscheint – eine Verbindung zwischen Lust und dem Streben nach Ewigkeit sieht:

O Mensch! Gib Acht!
Was spricht die tiefe Mitternacht?
„Ich schlief, ich schlief –,
aus tiefem Traum bin ich erwacht: –
Die Welt ist tief,
und tiefer als der Tag gedacht.
Tief ist ihr Weh –,
Lust – tiefer noch als Herzeleid:
Weh spricht: Vergeh!
Doch alle Lust will Ewigkeit –,
will tiefe, tiefe Ewigkeit!"

Es könnte sein, dass eine atheistische Sicht – die sich nicht damit herumzuschlagen hat, die eigenen Einsichten mit den Empfindlichkeiten eines durch vielerlei Merkwürdigkeiten geprägten christlichen Publikums abzugleichen – von Vorteil ist, um die Beziehung zwischen Lust und Ewigkeit in derartig grandiosen Worten auszudrücken.

Mehr im Internet

Auf 3colorsofcommunity.org finden Sie Antworten auf folgende Fragen:

- *Sollten wir unsere Gottesdienste nicht zugänglicher für Außenstehende machen? Was spricht dafür, was dagegen?*
- *Warum kann es nicht gelingen, Wollust damit zu bezwingen, dass man sich auf die gegensätzliche Tugend (Keuschheit) konzentriert?*

3colorsofcommunity.org

Der Geistliche-Energie-Test

Was ist Ihr Schlüssel zu geistlicher Vollmacht?

Der Geistliche-Energie-Test wird Ihnen helfen, Ihre stärkste Energie ausfindig zu machen. Das Ausfüllen des Tests wird ungefähr 20–30 Minuten in Anspruch nehmen. Sie können den Test unabhängig davon durchführen, ob Sie momentan Mitglied einer Kleingruppe sind oder nicht.

Anstatt den auf den folgenden Seiten abgedruckten Test auszufüllen, können Sie den Test auch online als eTest durchführen. Mit dem Kauf dieses Buches haben Sie das Recht, einen eTest zu machen – und Sie erhalten außerdem einen zweiten eTest als Geschenk von uns. Auf Seite 105 finden Sie nähere Angaben zum eTest. Wenn Sie lieber den abgedruckten Fragebogen benutzen wollen, halten Sie sich bitte an die folgenden Schritte:

1. **Fragebogen ausfüllen:** Lesen Sie die folgenden 56 Aussagen und kreuzen Sie zu jeder Aussage die Antwort an, die am stärksten auf Sie zutrifft. Antworten Sie so spontan wie möglich und denken Sie dabei besonders an Ihre jüngsten Erfahrungen. Seien Sie ehrlich zu sich selbst. Nur so erhalten Sie hilfreiche Ergebnisse.
2. **Auswertungstabelle ausfüllen:** Sobald Sie alle Fragen beantwortet haben, folgen Sie bitte der Anleitung auf den Seiten 101–102. Ein Wert für jede der sieben Energien gibt an, wie stark sich die jeweilige Energie in Ihrem Leben zeigt.
3. **Ergebnisse interpretieren:** Die Seiten 103–106 werden Ihnen helfen, Ihre Ergebnisse zu interpretieren.
4. **Teil 3 lesen:** Sobald Sie diese Schritte durchgeführt haben, fahren Sie mit Teil 3 dieses Buches fort. Dort finden Sie praktische Vorschläge, wie Sie die Energien, die Sie ausfindig gemacht haben, am besten einsetzen können.

Wenn Sie den Geistlichen-Energie-Test als eTest online machen, wird Ihr Ergebnis in Form eines Balkendiagramms dargestellt – ähnlich dem rechts dargestellten Beispiel. Auf Seite 105 finden Sie eine Erklärung dieses Diagramms.

Die folgende Aussage trifft auf mich zu:

Nr.	gar nicht	nur schwach	weniger stark	stark	sehr stark	Aussage
1						Herausforderungen motivieren mich ungemein.
2						Es macht mir Mühe, einen Tag ohne leckeres Essen zu bewältigen.
3						Mir ist es sehr wichtig, dass mein eigener Beitrag etwas ist, das niemand anderer beisteuern könnte.
4						Mir ist es wichtig, sorgfältig für die Zukunft zu planen.
5						Es macht mich wütend, wenn ich sehe, dass Menschen unfair behandelt werden.
6						Mir ist es sehr wichtig, dass alles in der Gemeinde erbaulich ist.
7						Es macht mir Freude, enge und vertrauensvolle Beziehungen aufzubauen.
8						Mir ist bewusst, dass ich beträchtlichen Einfluss auf andere Menschen habe.
9						Viele meiner Lieblingsbeschäftigungen haben mit Essen zu tun.
10						Andere Menschen sagen, dass ich mich bemühe, anders zu sein.
11						Jedes Projekt, an dem ich mitarbeite, muss in irgendeiner Weise profitabel sein.
12						Es ist wichtig, dass Menschen für ihre Rechte kämpfen.
13						Ich nehme mir beträchtliche Zeit, um meine inneren Batterien wieder aufzuladen.
14						Ich werde häufig von leidenschaftlichen Gefühlen überwältigt.
	1	2	3	4	5	

Die folgende Aussage trifft auf mich zu:

Nr.	gar nicht	nur schwach	weniger stark	stark	sehr stark	Aussage
15						Ich bin von meinen Stärken überzeugt.
16						Mahlzeiten sind in der Regel der Höhepunkt in meinem Tagesablauf.
17						Mir ist es wichtig, dass ich mich von der Masse unterscheide.
18						Wirtschaftlicher Erfolg ist mir wichtig.
19						Mir ist es wichtig, gegen das Böse zu kämpfen.
20						Mir ist es ein Problem, dass etliche Gemeindemitglieder zu viele Dinge tun.
21						Mir fällt es oft schwer, meine intensiven Gefühle von Begeisterung im Zaum zu halten.
22						Ich bin dafür bekannt, dass ich hohe Ziele verfolge.
23						Regelmäßige Erfahrungen von Genuss sind ein wichtiger Bestandteil meines geistlichen Lebens.
24						Mir ist es wichtig, dass die Menschen, die mir nahestehen, in ihrer Besonderheit wahrgenommen werden.
25						Ich bin bereit, um der Zukunft willen einschneidende Maßnahmen zu ergreifen.
26						Ich trete aktiv dafür ein, dass Arme und Bedürftige fair behandelt werden.
27						Zusätzlich zu den Schlafenszeiten brauche ich jeden Tag Zeiten der kompletten Entspannung.
28						Es geschieht sehr häufig, dass ich mich nach einer innigen Beziehung sehne.
	1	2	3	4	5	

Die folgende Aussage trifft auf mich zu:

	gar nicht	nur schwach	weniger stark	stark	sehr stark	
29						Ich mag es, andere Menschen bis an ihre Grenzen zu führen.
30						Ich freue mich häufig auf großzügige Festessen.
31						Mir macht es Freude, zu entdecken, dass ich etwas weiß, was Andere nicht wissen.
32						Ich sorge dafür, dass die Mittel, die mir anvertraut sind, stets zum größtmöglichen Nutzen eingesetzt werden.
33						Ich erhebe häufig meine Stimme gegen Ungerechtigkeit.
34						Ich habe eine Abneigung dagegen, von Entscheidungen eingeengt zu werden.
35						Schöne Dinge üben eine starke Anziehungskraft auf mich aus.
36						Ich arbeite hart daran, mein volles Potenzial auszuschöpfen, so dass Andere davon profitieren.
37						Die Art, wie ich über Essen denke, sagt viel über mich aus.
38						Zu entdecken, dass ich etwas besser kann als Andere, ist eine wichtige Erfahrung für mich.
39						Ich bin bereit, große Risiken einzugehen, wenn die Aussicht besteht, noch mehr zu gewinnen.
40						Ich bin bereit, alles zu tun, um meine Solidarität gegenüber Menschen in Not auszudrücken.
41						Menschen in meiner Umgebung können unschwer meine Begrenzungen erkennen.
42						Oft werde ich von inspirierenden Erfahrungen so gefangen genommen, dass ich die Welt um mich herum vergesse.
	1	2	3	4	5	

Die folgende Aussage trifft auf mich zu:

Nr.	gar nicht	nur schwach	weniger stark	stark	sehr stark	Aussage
43						Ich kann Menschen überzeugen, meiner Leitung zu folgen.
44						Der Anblick von Nahrung hat eine starke Wirkung auf mich.
45						Ich teile gerne interessante Informationen mit anderen Menschen.
46						Ich bemühe mich fortwährend darum, meine Stärken auszubauen, um einen Vorsprung zu haben.
47						Ich bin dafür bekannt, gegen Unmoral zu Felde zu ziehen.
48						Ich verbringe viel Zeit mit Tagträumereien.
49						Mir macht es Freude, bedeutungsvolle Erfahrungen in meinen Gedanken innerlich zu wiederholen.
50						Ich bin dafür bekannt, notfalls harte Entscheidungen zu treffen.
51						Andere Menschen können deutlich sehen, dass die Art, wie ich esse, mein ganzes Leben bestimmt.
52						Ich bemühe mich aktiv darum, mich selber besser kennenzulernen.
53						Ich habe Freude daran, mein Wissen zu erweitern.
54						Das Schicksal von Menschen, die Ungerechtigkeit erleben, rührt mich in starker Weise an.
55						Ich schätze es sehr, wenn Andere mir zeigen, wie ich mein Leben verbessern kann.
56						Die Begegnung mit schönen Dingen vermittelt mir Kraft.
	1	2	3	4	5	

Wie Sie den Geistliche-Energie-Test auswerten

Wenn Sie alle Fragen beantwortet haben, können Sie jetzt mit der Auswertung beginnen. Das ist gar nicht so schwer, wenn Sie sich an die folgenden vier Schritte halten:

Schritt 1: Rohdaten zusammenstellen

Tragen Sie in die unten stehende Auswertungstabelle zu jeder Frage des Fragebogens die Zahlenwerte (1–5), die Ihrer jeweiligen Antwort entsprechen, ein. Sie finden die entsprechenden Zahlen am Fuße jeder Antwortspalte.

Nun addieren Sie bitte in jeder waagerechten Zeile die acht Zahlenwerte. Tragen Sie das Ergebnis in das Feld *Gesamt* ein. Auf diese Weise erhalten Sie für jede Energie einen „Rohwert".

								Gesamt	Energie
1	8	15	22	29	36	43	50		**Macht**
2	9	16	23	30	37	44	51		**Genuss**
3	10	17	24	31	38	45	52		**Identität**
4	11	18	25	32	39	46	53		**Versorgung**
5	12	19	26	33	40	47	54		**Gerechtigkeit**
6	13	20	27	34	41	48	55		**Erneuerung**
7	14	21	28	35	42	49	56		**Intimität**

Beachten Sie: Diese Werte stellen noch nicht das Ergebnis Ihres Geistliche-Energie-Tests dar. Um herauszufinden, welches Ihre stärkste Energie ist, müssen Sie die oben errechnen Rohdaten in die „Normierungstabelle" auf Seite 102 übertragen. Die wissenschaftliche Normierung wurde von unserem Institut auf der Grundlage von Testgruppen in 88 Denominationen und 38 Ländern entwickelt.

Um die Normierung zu erstellen, fahren Sie bitte auf der nächsten Seite fort.

Profil-Wert	**Macht**	**Genuss**	**Identität**	**Versorgung**	**Gerechtigkeit**	**Erneuerung**	**Intimität**
70	19	6	14	18	16	16	13
71				19	17		14
72	20	7	15				
73						17	
74			16	20	18		15
75	21	8					
76							
77			17		19	18	16
78	22	9		21			
79							
80		10	18		20		17
81	23			22		19	
82							
83		11	19		21		18
84	24					20	
85				23			
86		12	20		22		19
87	25						
88		13	21	24		21	
89					23		20
90	26						
91		14	22	25			
92					24	22	21
93	27						
94		15	23				
95				26	25	23	22
96	28	16					
97			24				
98					26		23
99	29	17		27		24	
100			25				24
101					27		
102	30	18	26	28			
103						25	25
104		19			28		
105	31		27				
106				29		26	26
107		20			29		
108	32		28				
109				30			27
110		21			30	27	
111	33		29				
112		22					28
113				31	31		
114	34		30			28	
115		23					29
116	35		31	32	32		
117						29	
118		24					30
119	36		32		33		
120		25		33			
121						30	31
122	37		33		34		
123		26		34			
124							32
125	38		34		35	31	
126		27		35			
127			35				33
128	39	28			36	32	
129							
130	40	40	40	40	40	40	40

Wie Sie den *Geistliche-Energie-Test* auswerten *(Fortsetzung)*

Schritt 2: Rohdaten in die Normierungstabelle übertragen

Nachdem Sie die Auswertungstabelle ausgefüllt haben (Schritt 1), übertragen Sie nun für jede Energie die Zahlen der Spalte *Gesamt* in die Normierungstabelle (links), indem Sie zu jeder Energie den Zahlenwert einkreisen, den Sie in der Auswertungstabelle errechnet haben. Wenn Sie zum Beispiel in der Auswertungstabelle für *Identität* den Wert 29 errechnet haben, sollten Sie in der Normierungstabelle in der Zeile für *Identität* die Zahl 29 einkreisen. Sollte der exakte Zahlenwert in der Tabelle nicht enthalten sein, dann kreisen Sie bitte den *nächsthöheren Wert* ein.

Schritt 3: Persönliche Ergebnisse betrachten

Die Normierungstabelle zeigt Ihnen nun, welche Energie den höchsten und welche den niedrigsten Profil-Wert hat (die *Profil-Werte* finden Sie in der schwarzen Zeile der Normierungstabelle). Schreiben Sie den Namen jeder Energie in die unten stehende Tabelle: An erster Stelle die Energie mit dem höchsten Wert, an zweiter Stelle die mit dem zweithöchsten Wert, usw. Schreiben Sie den Profil-Wert jeder Energie in die rechte Spalte.

Energie	**Profil-Wert**
1. ________________	________
2. ________________	________
3. ________________	________
4. ________________	________
5. ________________	________
6. ________________	________
7. ________________	________

Schritt 4: Ergebnisse interpretieren

Die Anleitungen auf den folgenden Seiten werden Ihnen helfen, Ihre Ergebnisse zu interpretieren.

Wie es weitergeht

Die Ergebnisse des Geistliche-Energie-Tests ermöglichen es Ihnen, Realitäten wahrzunehmen, die sonst unsichtbar wären – die Energien, die in Ihnen und andere Menschen lebendig sind. Nachdem diese Energien sichtbar gemacht worden sind, können Sie konstruktiv mit ihnen umgehen. Da jede dieser Energien sich unmittelbar auf eines der 7 Gemeinschaftsmerkmale bezieht, können wir es folgendermaßen formulieren: *Die Energien über den Weg der Gemeinschaft auszudrücken* ist gleichbedeutend mit: *eine gesunde Kleingruppe bauen.*

Ich bin überzeugt, dass jede Gruppe – ganz gleich, welchem Kleingruppenmodell sie auch anhängen mag – davon profitieren wird, dass sie diese Gesetzmäßigkeiten versteht und sie kontinuierlich in ihrem Alltag anwendet. Wer diesem Weg folgt, wird das erleben, was wir als „Von-selbst-Wachstum" bezeichnen: Gott hat bereits alles bereitgestellt, was wir benötigen. Unsere Aufgabe besteht lediglich darin, es freizusetzen. Wie das praktisch geschehen kann, darum geht es auf den restlichen Seiten dieses Buches.

Ihre grösste Verwundbarkeit = Ihr grösstes Potenzial

Für die meisten Christen ist die Entdeckung, dass der Bereich ihrer größten Verwundbarkeit zugleich der Bereich ihres größten Potenzials ist – und umgekehrt – sowohl erhellend als auch befreiend. Die praktischen Konsequenzen dieser Einsicht sind beträchtlich. In vielen Fällen werden sie zu einem Ansatz führen, der unserer Intuition genau entgegenläuft:

- Anna hat mit Gefühlen von Wollust zu kämpfen. Wer hätte gedacht, dass ausgerechnet sie großes Potenzial hat, das sie in inspirierende Anbetung einbringen kann?
- Jan ist für seine Probleme mit Völlerei bekannt. Wer hätte gedacht, dass ausgerechnet er großes Potenzial hat, das zu zweckmäßigen Strukturen beisteuern kann?
- Tobias hat schon häufig Neid gezeigt. Wer hätte gedacht, dass ausgerechnet er großes Potenzial hat, um zu gabenorientierter Mitarbeit beizutragen?
- Sabrinas stärkste Versuchung liegt im Bereich der Trägheit. Wer hätte gedacht, dass ausgerechnet sie großes Potenzial hat, um leidenschaftliche Spiritualität voranzubringen?
- Marcel wird von vielen Menschen als gierig angesehen. Wer hätte gedacht, dass ausgerechnet er großes Potenzial hat, um bedürfnisorientierte Evangelisation Wirklichkeit werden zu lassen?
- Nina hat eine starke Tendenz zum Stolz. Wer hätte gedacht, dass ausgerechnet sie großes Potenzial hat, um für bevollmächtigende Leitung zu sorgen?
- Melina wird schnell wütend. Wer hätte gedacht, dass ausgerechnet sie großes Potenzial hat, um liebevolle Beziehungen in der Gemeinde praktisch werden zu lassen?

Wenn wir Anna, Jan, Tobias, Sabrina, Marcel, Nina und Melina erlauben – oder besser: ermutigen, befähigen, vielleicht sogar drängen –, ihre Energien freizusetzen, wird dies zwei Auswirkungen haben:

- Es wird ihnen dabei helfen, mit ihren Verwundbarkeiten in der denkbar besten Weise umzugehen. Mit anderen Worten: Dies ist die bei Weitem effektivste Weise, gegen Sünde vorzugehen.
- Es wird der denkbar beste Beitrag für die Gemeinschaft sein. Mit anderen Worten: Jedes Gruppenmitglied wird von der Energie, die diese Menschen einbringen, profitieren.

Wir wissen aus unserer Forschung, dass viele Gemeindemitglieder Schwierigkeiten haben, sich in ihrer Kleingruppe „auszudrücken". Sie haben den Eindruck, dass ihre Gruppe dies nicht gerade fördert. Dies gehört zu den am häufigsten artikulierten Unzufriedenheiten mit der eigenen Kleingruppe. Wenn eine Gruppe kontinuierlich die Ergebnisse des Geistliche-Energie-Tests berücksichtigt, ändert sich die Situation dramatisch. Alle Mitglieder sind eingeladen, sich „auszudrücken" – und zwar nicht nur mit Worten, sondern mit ihrem ganzen Sein, was insbesondere die ausfindig gemachten Energien einschließt.

In einer solchen Gruppe können Sie – mit allen Sinnen – die Energie der Gerechtigkeit, der Intimität, der Macht, des Genusses, der Versorgung, der Erneuerung und der Identität spüren. Es wird nicht lediglich über diese Energien geredet – sie können vielmehr *erlebt* werden.

Wenn Sie den Geistliche-Energie-Tests auswerten, sollten Sie sich stets vor Augen halten, dass die Ergebnisse keinen Hinweis darauf geben, ob Sie eher dem Weg der Isolation folgen (der zur Sünde führt) oder dem Weg der Gemeinschaft (der zu den 7 Gemeinschaftsmerkmalen beiträgt). Heilige und höllische Muster, Laster und Tugenden, Sünder und Heilige – sie alle werden von genau den gleichen Energien genährt. Der Unterschied liegt ausschließlich in der Art, wie diese Energien ausgedrückt werden.

Immer mit der stärksten Energie beginnen

Werfen Sie einen Blick auf das Schaubild auf der rechten Seite. Wenn Sie sich entscheiden, den Geistliche-Energie-Test als eTest durchzuführen, werden Sie Ihre Ergebnisse in Form eines Balkendiagramms erhalten, der dem abgebildeten ähnlich ist. In diesem Beispiel können Sie auf den ersten Blick sehen, dass die stärkste Energie dieser Person im Bereich „Macht" liegt, und ihre geringste Energie im Bereich „Erneuerung".

An dieser Stelle muss ich eine ausdrückliche Warnung an diejenigen aussprechen, die bereits mit dem Gemeindeprofil gearbeitet haben. Sowohl der Geistliche-Energie-Test als auch das Gemeindeprofil (die jeweils vollkommen unterschiedliche Realitäten messen) präsentieren die Ergebnisse in beinahe identischer Form. Dies könnte einige von uns verleiten, das Verfahren, das für das Gemeindeprofil gilt – eine Konzentration auf den am *schwächsten* entwickelten Bereich – auch auf den Geistliche-Energie-Test anzuwenden. Das aber wäre äußerst kontraproduktiv. Wenn es um unsere gottgegebenen Energien geht, gilt der genau gegensätzliche Ansatz: Konzentrieren Sie sich auf die *stärkste* Energie – und kümmern Sie sich nicht um die Bereiche mit weniger Energie.

Die Ergebnisse des Geistliche-Energie-Tests bringt die Energien eines einzelnen Christen oder einer ganzen Gruppe zum Ausdruck. Während jede Energie gleichsam den „Kraftstoff" für das entsprechende Gemeinschaftsmerkmal darstellt, weist sie gleichzeitig auf eine besondere Verwundbarkeit hin (Neigung zu einer der 7 Todsünden), die im Auge behalten werden muss.

Vorteile des e-Tests

Wie bereits erwähnt, können Sie den Geistliche-Energie-Test entweder durch Ausfüllen des Fragebogens auf den Seiten 97–102 durchführen – oder aber als eTest. Vielleicht entscheiden Sie sich ja auch, zunächst einmal den Fragebogen im Buch auszufüllen, um später Ihre Antworten online einzugeben. Ihr persönlicher Zugangscode, den Sie auf dem beiliegenden Lesezeichen finden, ermöglicht Ihnen zwei kostenfreie eTests. Das Online-Verfahren hat für Sie eine Reihe von Vorteilen:

- Die Berechnung Ihrer Ergebnisse erfolgt automatisch, d.h. Sie müssen das nicht manuell über das Eintragen der Zahlenwerte in die Auswertungstabellen bewerkstelligen.
- Der eTest enthält immer die aktuellste Version der Normierung, die auf einer schnell wachsenden Zahl von Teilnehmern beruht.
- Er präsentiert Ihnen die Ergebnisse in grafischer Form.
- Die eTest-Version ist besonders dann von Vorteil, wenn Sie den Test mit einer ganzen Gruppe durchführen wollen, da Sie auf diese Weise komfortabel – zusätzlich zu den Ergebnissen der einzelnen Mitglieder – ein Gruppenergebnis abrufen können.
- Wenn Sie Wiederholungsprofile durchführen, ermöglicht die eTest-Version hilfreiche Optionen, die Entwicklung zwischen den einzelnen Tests darzustellen.

Wenn Sie den Geistliche-Energie-Test online durchführen wollen, besuchen Sie bitte ***www.3colorsofcommunity.org***. Dort finden Sie alle benötigten Anleitungen.

Der Nutzen eines Gruppenprofils

Es ist äußerst erhellend, sich nicht nur die Ergebnisse einzelner Gruppenmitglieder anzuschauen, sondern auch das Gesamtergebnis, das die Energieverteilung in der Gruppe als Ganzer zeigt. Diese Art von Information kann von unschätzbarem Wert sein, wenn Sie über die Aufgabe Ihrer Gruppe nachdenken. Passen die Gruppenziele zu den ausfindig gemachten Energien? Wie kann die Gesamtgruppe in bestmöglicher Weise von den ausfindig gemachten Energien Gebrauch machen?

Die faszinierende Erkenntnis ist, dass es keine „Standardgruppe" gibt. Jede Gruppe ist einzigartig und durch eine ganz besondere Verteilung der Energien geprägt. Es kann äußerst nützlich sein, Ihr persönliches Profil mit dem Gesamtprofil Ihrer Gruppe zu vergleichen. Zeigt die Gruppe als Ganze ähnliche Energien, oder ist das Energieprofil Ihrer Gruppe ein gänzlich anderes als Ihr eigenes? In Teil 3 werden wir noch einmal auf den Nutzen eines Gruppenprofils zurückkommen (siehe Seite 115).

Wie Sie den zweiten Gutschein nutzen können

Wie bereits erwähnt, ermöglichst Ihnen der Zugangscode auf dem beiliegenden Lesezeichen, zwei eTests durchzuführen – einen als Teil des gekauften Buches, den anderen als Geschenk von uns. Gutscheine für weitere eTests können zu jedem Zeitpunkt erworben werden. Großzügige Mengenrabatte sind erhältlich. Wie können Sie die beiden Gutscheine einsetzen? Hier sind einige Möglichkeiten:

- Vielleicht haben Sie zunächst einmal den abgedruckten Fragebogen ausgefüllt – und nun wollen Sie die Vorteile der eTest-Version nutzen. Sie können einfach Ihre Daten in die eTest-Version übertragen.
- Sie können den zweiten Gutschein für ein Wiederholungsprofil verwenden, das Sie in Zukunft erheben möchten, um herauszufinden, ob es mittlerweile irgendwelche Veränderungen gegeben hat.
- Vielleicht möchten Sie Ihren zweiten Gutschein (für den Sie ja selbst nichts bezahlt haben) an einen Freund weitergeben oder an eine Person, mit der Sie in einer Mentoringbeziehung stehen. Dies kann ein idealer Ausgangspunkt für ein Gespräch über die Ergebnisse sein.

Mehr im Internet

Auf 3colorsofcommunity.org finden Sie Antworten auf folgende Fragen:

- *Worin besteht der Unterschied zwischen den Prinzipien, die NCD lehrt, und den Arbeitshilfen, die NCD entwickelt hat?*
- *Wie können Menschen ganz konkret die ausfindig gemachten Energien auf der Ebene der Gesamtgemeinde zum Einsatz bringen?*

Der Einsatz auf der Ebene der Gesamtgemeinde

Für eine Gemeinde hat es einen ungeheuren Nutzen, die Energien aller Mitglieder zu erheben. Dieser Nutzen ist tatsächlich so stark, dass ihn in Zukunft einige Leiter als das wichtigste Ergebnis des Geistliche-Energie-Tests ansehen mögen. Jede Gemeinde, die anhand der natürlichen Gemeindeentwicklung arbeitet, beschäftigt sich fortwährend mit den acht Qualitätsmerkmalen gesunder Gemeinden, die nahezu identisch mit den 7 Gemeinschaftsmerkmalen sind (siehe Seiten 12–13).

Um in allen Bereichen, die vom Gemeindeprofil gemessen werden, Fortschritte zu erzielen, benötigen Sie Menschen, die hoch motiviert sind, ihre Energien in die jeweiligen Bereiche einzubringen. Der Geistliche-Energie-Test bringt ans Tageslicht, wer das größte Potenzial (die höchste Energie) für jedes der acht Qualitätsmerkmale hat. Diese Energie ist ein Schlüssel einerseits für langfristige Motivation, andererseits für geistliche Frucht.

Teil 3

Das Licht scheinen lassen – Lebensverändernde Gemeinschaft bauen

Der Trinitarische Kompass. Die drei Dimensionen der Gemeinschaft. Die 7 Todsünden. Ost- und westkirchliche Konzepte von Sünde. Die Unterscheidung zwischen natürlichen Energien und Sünden. Die Konzentration auf die sieben Gemeinschaftsmerkmale. Und schließlich: Ein Test, der Ihre derzeitige Tendenz zum Ausdruck bringt. Ist all diese Theorie wirklich nötig, damit eine Kleingruppe funktionieren kann? Das hängt ganz vom Zweck Ihrer Gruppe ab: Ist es ihr Ziel, christliche Gemeinschaft zu bauen, oder nicht? Wenn Sie die genannten Bausteine erst einmal implementiert haben, werden Sie es mit einer Gemeinschaft zu tun haben, die von geistlicher Unterhaltung zu Tode gelangweilt wird – und sich begierig nach Allem ausstreckt, was von „himmlischer Qualität" gekennzeichnet ist. Teil 3 dieses Buches zeigt, wie das Wirklichkeit werden kann.

Sünde als Abwesenheit des Lichts

Wenn wir davon reden, Gemeinschaft von „himmlischer Qualität" zu bauen, dann ist das nicht bloß als poetische Redewendung gemeint. In diesem Zusammenhang ist die Bedeutung des Wortes „himmlisch" durchaus wörtlich zu verstehen.

Zwei unterschiedliche Sphären

Die gesamte Bibel hindurch begegnen uns zwei verschiedene Sphären – Himmel und Hölle. Um sie zu beschreiben, werden eine ganze Reihe Metaphern benutzt. Wenn wir uns näher mit ihnen beschäftigen, müssen wir verstehen, dass das Ziel der einzelnen Metaphern darin besteht, die *Realität* von Himmel und Hölle auszudrücken. Mit anderen Worten: Himmel und Hölle selbst sind keine Metaphern, sondern Realitäten, die mit Hilfe von Metaphern – die naturgemäß vom Weltbild einer bestimmten Kultur und Zeit geprägt sind – beschrieben werden. Bei den Worten Himmel und Hölle handelt es sich um die beiden *ultimativen* Realitäten, die unser Leben bestimmen:

- In der Bibel wird die Realität des **Himmels** mit einer Fülle von Begriffen beschrieben, wie z.B. *oben, Leben* und *Licht.* Im Neuen Testament ist die am häufigsten vorkommende Beschreibung *Reich Gottes* (ein Begriff, den Markus und Lukas bevorzugen), der gleichbedeutend mit *Reich des Himmels* benutzt wird (ein Begriff, den Matthäus bevorzugt). Dies ist die Sphäre, die von Gottes Herrschaft gekennzeichnet ist und von Menschen, die im Einklang mit Gottes Willen leben. Wann immer wir Himmel erleben, sind wir nahe bei Gott.
- Die Begriffe, die die Bibel benutzt, um die Realität der **Hölle** zu beschreiben, sind ebenso vielfältig, z.B. *unten, Tod* und *Finsternis.* Es spielt keine Rolle, welches Weltbild benutzt wird, um diese Realität auszudrücken. Was immer auch die Metaphern sein mögen, die verwendet werden, Hölle wird stets geschildert als eine Realität der Gottesferne. Sie ist gekennzeichnet von Menschen, die nicht im Einklang mit Gottes Willen leben. Wann immer wir Hölle erleben, haben wir uns von Gott entfernt.

Die Unterscheidung zwischen *Weltbildern* (die immer vom Kontext einer bestimmten Zeit geprägt sind und sich von Generation zu Generation wandeln) und der *Realität,* die in den Kategorien eines bestimmten Weltbildes ausgedrückt wird (und die sich nicht wandelt) ist äußert wichtig. Wenn wir über Himmel und Hölle reden, ist es nicht mein Anliegen, dass Sie ein antikes oder mittelalterliches oder vor-modernes Weltbild übernehmen. Andererseits: Wenn Sie diese Realität gerne mit Hilfe des Weltbildes einer anderen Zeitepoche ausdrücken möchten, ist das kein Problem. Auf unsere sich wandelnden Weltbilder kommt es nicht an – auf die unwandelbare Realität von Himmel und Hölle dagegen schon.

Ein Fenster zum Himmel

Für beide genannten Sphären ist es kennzeichnend, dass sie sich sowohl auf eine zukünftige als auch auf eine gegenwärtige Wirklichkeit beziehen. In der Bibel wird das Reich Gottes als eine Realität beschrieben, die schon jetzt unter uns ist – und doch gleichzeitig erst noch kommt. Deshalb kann Jesus, der so viel vom zukünftigen Reich Gottes spricht, die Frage des Pharisäers: „Wann kommt das Reich Gottes?" mit den Worten beantworten: „Das Reich Gottes ist mitten unter euch" (Lk. 17,21).

Entsprechendes gilt für die Realität der Hölle. Sie kann erfahren werden in allem Leiden, das – direkt oder indirekt – eine Folge dessen ist, dass Menschen nicht im Einklang mit Gottes Willen leben. Wie zeigt sich die Realität der Hölle in unserer Mitte? In erster Linie durch Sünde. Und da sich hinter jeder einzelnen Sünde eine der sieben Hauptsünden verbirgt (siehe Seite 20), können wir die 7 Todsünden mit Fug und Recht auch als *Fenster zur Hölle* bezeichnen.

Und was sind dann die 7 Gemeinschaftsmerkmale? Ohne jede Übertreibung können wir sagen: Es sind *Fenster zum Himmel*. Wo immer diese Gemeinschaftsmerkmale gelebt werden, nimmt das Reich Gottes in unserer Mitte Gestalt an.

Das Bild von Licht und Finsternis

Eine überraschend zeitlose Metapher für die Beschreibung dieser Realitäten stellen die Begriffe *Licht* und *Finsternis* dar. Die beiden Worte drücken heute – trotz Quantenphysik und neuem physikalischem Weltbild – genau das Gleiche aus wie zur Zeit des Neuen Testaments. Unser aktuelles Weltbild hat nichts an unserem Grundverständnis geändert, worum es bei Licht und Finsternis geht. Unabhängig von ihrer jeweiligen Kultur erfassen Menschen ganz offensichtlich intuitiv, was mit diesen Begriffen gemeint ist.

Im Johannesevangelium wird Jesus beschrieben als „das wahre Licht, das alle Menschen erleuchtet, die in diese Welt kommen" (Joh. 1,9). Wir sollten beachten, dass er nicht nur *wie* Licht ist, sondern er *ist* das Licht. Dieses Licht soll die Finsternis vertreiben: „Ich bin das Licht der Welt. Wer mir nachfolgt, der wird nicht wandeln in der Finsternis, sondern wird das Licht des Lebens haben" (Joh. 8,12). Und die Beschreibung der Finsternis ist ebenso präzise: „Das ist aber das Gericht, dass das Licht in die Welt gekommen ist, und die Menschen liebten die Finsternis mehr als das Licht, denn ihre Werke waren böse" (Joh. 3,19).

Mehr im Internet

Auf 3colorsofcommunity.org finden Sie Antworten auf folgende Fragen:

- *Worin besteht der Unterschied zwischen einer Konzentration auf das „Licht" und der Philosophie des „positiven Denkens"?*
- *Die Bibel spricht zwar von Licht und Finsternis, aber nicht von den „Farben des Lichts". Ist der Drei-Farben-Kompass biblisch?*

Keine Mächte von gleichem Rang

Wenn wir mit den Kategorien von Licht und Finsternis arbeiten, ist es wichtig, sie nicht so zu verstehen, als stellten sie Mächte von gleicher Wertigkeit dar. Finsternis existiert nur dort, wo kein Licht ist. Deshalb kann man zwar „Licht auf etwas werfen", aber man kann nicht „Finsternis werfen". Finsternis ist ausschließlich definiert durch die Abwesenheit von Licht. Insofern hat Finsternis keine dem Licht vergleichbare „Macht". Diese Einsicht ist entscheidend, wenn es um die Bekämpfung von Sünde geht. Sünde ist nichts Anderes als die Abwesenheit von Licht. Sie ist die Abwesenheit der 7 Gemeinschaftsmerkmale. Je erfolgreicher wir bei der Umsetzung dieser Qualitäten sind, desto weniger Raum geben wir der Sünde. Wo Licht scheint, hat Finsternis keinen Platz. Sie verschwindet ganz „von selbst".

Wenn wir Jesus als das Licht verstehen, wird auch unsere menschliche Aufgabenbeschreibung klar. Unsere Aufgabe ist nicht, Licht zu produzieren, sondern schlicht die, das göttliche Licht in unserem Leben widerzuspiegeln. Bildlich ausgedrückt: Jesus ist die Sonne, wir sind der Mond. Der Mond produziert kein Licht, sondern reflektiert lediglich das Licht, das er von der Sonne empfängt.

Zwei verschiedene Farbschemata

Dieses Verständnis von Licht ist Grundlage des Drei-Farben-Paradigmas, das wir im gesamten Buch angewandt und dabei auf die verschiedensten Detailfragen bezogen haben. Ich habe die Erfahrung gemacht, dass viele Menschen es nicht wirklich verstehen, weil sie den grundlegenden Unterschied zwischen Objektfarben (wie sie benutzt werden, wenn mit Öl oder Buntstiften gearbeitet wird) und den Farben des Lichts nicht kennen. Ich habe die Unterschiede zwischen diesen beiden Farbschemata in den Schaubildern auf der rechten Seite dargestellt.

In der Schule haben die meisten von uns gelernt, wie Objektfarben funktionieren: Die Abwesenheit aller Farben ist eine weiße Leinwand, und die Mischung aller Farben resultiert in schwarz. Weil sich diese Gesetzmäßigkeiten uns so stark eingeprägt haben, mögen wir Schwierigkeiten haben zu verstehen, dass die Farben des Lichts genau umgekehrt funktionieren: Die Gegenwart aller Farben resultiert in weiß („pures Licht"), die Abwesenheit aller Farben in schwarz („Dunkelheit"). Das ist die Gesetzmäßigkeit des Trinitarischen Kompasses. Das „weiße Licht" ist Gott selbst. Wo Gott herrscht, hat Finsternis keinen Raum.

Finsternis in uns selbst

Auf den restlichen Seiten dieses Buches geht es um nichts Anderes als darum, zu zeigen, was es praktisch bedeutet, das „Licht scheinen zu lassen". Dieser Ausdruck ist nämlich durchaus keine poetisch gemeinte Metapher, die uns ein warmes Gefühl vermitteln soll. Er beschreibt vielmehr präzise die Strategie, die wir anwenden wollen:

- Erstens machen wir Bereiche der **Finsternis** ausfindig (in erster Linie Bereiche der Finsternis in uns selbst).
- Zweitens konzentrieren wir uns nicht auf die Finsternis, sondern darauf, das **Licht** scheinen zu lassen (indem wir unsere Aufmerksamkeit auf die 7 Gemeinschaftsmerkmale richten).

Genau dies ist die grundlegende Aufgabe jeder Kleingruppe. Was auch immer man darüber hinaus tun mag (und jede Kleingruppe wird natürlich auch noch viele andere Dinge tun), keine Gruppe sollte diese grundlegenden Belange vernachlässigen. Ob es sich um einen Chor handelt, einen Ausschuss, eine Bibelgruppe, einen Gebetskreis oder ein Arbeitsstab – *immer* besteht die Herausforderung darin, die Finsternis zu vertreiben, indem wir das Licht scheinen lassen. Nur indem wir diesem Weg folgen, werden wir die Oberflächlichkeit, die große Teile der heutigen Christenheit kennzeichnet, überwinden können. Nur wenn das geschieht, können wir damit rechnen, dass nicht lediglich die Symptome behandelt werden, sondern die Krankheit selbst geheilt wird.

Folgerungen für das Gebet

Wenn wir uns den 7 Todsünden in unserer Kleingruppe zuwenden, sollte unser Augenmerk nicht darauf gerichtet sein, „die Sünde loszuwerden" (die Finsternis), sondern die ausfindig gemachten Energien durch die entspre-

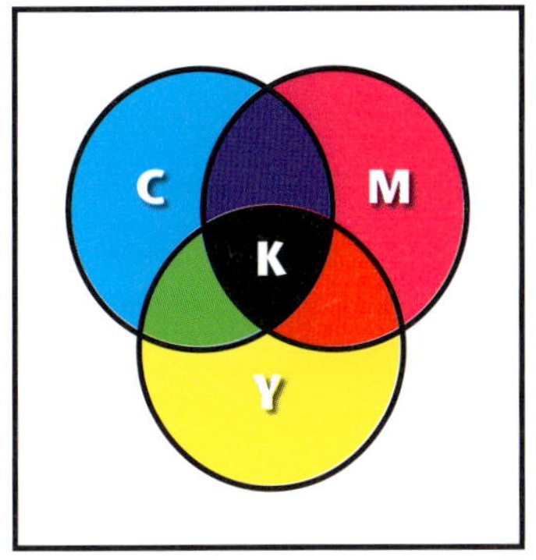

Objektfarben

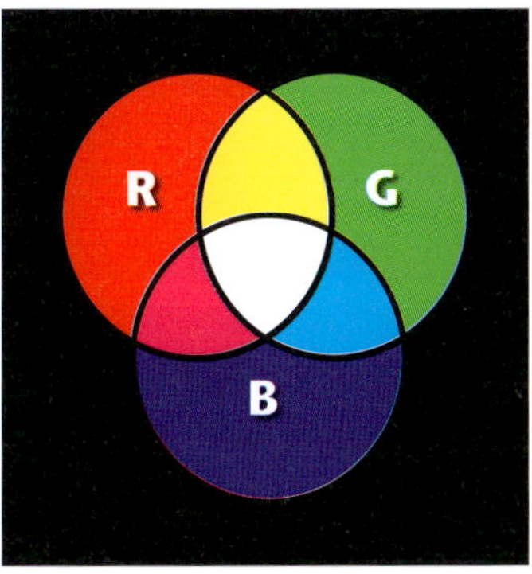

Die Farben des Lichts

Während die Mischung aller Objektfarben (Diagramm links) zur Farbe „Schwarz" führt und die Abwesenheit aller Farbe „Weiß" ist, funktionieren die Farben des Lichts (Diagramm rechts) genau umgekehrt: Die Präsenz aller Farben zeigt sich in der Farbe „Weiß", während die Abwesenheit aller Farben die Dunkelheit ist (Schwarz).

chenden Gemeinschaftsmerkmale auszudrücken (das Licht). Da Finsternis nichts Anderes ist als die Abwesenheit des Lichts, ist alles, was wir tun müssen, das Licht zu verbreiten.

Wann immer ich für Menschen bete (z.B. im Rahmen eines Coachingprozesses), habe ich es mir zum Prinzip gemacht, niemals dafür zu beten, dass sie irgendetwas loswerden, z.B. sündige Verhaltensmuster oder die Konsequenzen solchen Verhaltens. Ich frage sie stets, was an die Stelle der Dinge treten soll, die sie gerne vermeiden möchten. Mit anderen Worten, ich frage sie, wie sie die ausfindig gemachten Energien konstruktiv einzusetzen gedenken.

Erst nachdem sie sich in diesem Bereich konkrete Ziele gesetzt haben, fange ich damit an, für sie zu beten – für Disziplin, Weisheit und übernatürliche Kraft bei der Erreichung ihrer auf das Reich Gottes gerichteten Ziele. Auch im Gebet – und vielleicht sogar ganz besonders dort – geht es darum, weniger die Finsternis zu attackieren, als das Licht scheinen zu lassen.

Wirkungen des Lichts

Wir alle sind vertraut mit den unterschiedlichsten lebensspendenden Wirkungen von Licht. In unserem Zusammenhang sind die drei wichtigsten Wirkungen vermutlich die folgenden:

- Licht ist **hell**. Es offenbart Realitäten, die andernfalls verborgen blieben. Es ist erleuchtend. In manchen Fällen ist diese Wirkung des Lichts durchaus schmerzhaft. Kurzfristig gesehen führt sie nicht notwendigerweise zu guten Gefühlen (aber langfristig schon).
- Licht vermittelt **Energie**. In Gottes Schöpfung ist dies ein biologisches Gesetz. Einfach dadurch, dass man einen Organismus dem Licht aussetzt, wird er mit Energie aufgetankt und dadurch aktiviert. Das Gleiche gilt im geistlichen Bereich.
- Licht ist **warm**. So lange wir nahe am Licht sind, können wir seine Wärme spüren. Es ist angenehm. Und es ist nötig für das Überleben jedes lebenden Organismus.

Diese drei Wirkungen sollten jede christliche Kleingruppe kennzeichnen. Die Metapher des Lichts ist lediglich eine andere Weise, die Tatsache auszudrücken, dass ganzheitliche Kleingruppen uns auf dreierlei Weise ansprechen sollten: unsere Köpfe (die erleuchtende Wirkung), unsere Hände (die aktivierende Wirkung) und unsere Herzen (die wärmende Wirkung).

Die 7 Todsünden in einer Kleingruppe behandeln

Es wäre eine Illusion zu meinen, das Problem der Sünde würde sich automatisch verringern, wenn nur die Beziehungen der Mitglieder einer Gruppe intensiver würden. Zu einem solchen Missverständnis neigen insbesondere Menschen, die lediglich eine der drei Wirkungen des Lichts vor Augen haben – Wärme. Das „Licht", das wir ausbreiten sollen, hat aber nicht nur eine wärmende (blau), sondern auch eine erleuchtende (grün) und eine aktivierende Wirkung (rot).

Mehr als geistliche Unterhaltung

Bischof William Willimon, ein kenntnisreicher Vertreter – und vor allem auch Anwender – der natürlichen Gemeindeentwicklung, hat die Beobachtung gemacht, dass in dem Moment, wo eine Gemeinschaft eine gewisse Aufwärmphase hinter sich gelassen hat, „die meisten Christen sich tatsächlich wie in einer Familie verhalten – mit erbitterten Kämpfen untereinander, voller Groll und Neid und dem ganzen Rest. Deshalb sind die Sieben eine wunderbare Zusammenfassung dessen, wie echte ‚Familienwerte' aussehen. Es sind die Sünden, die am heftigsten gerade unter denen auftreten, die Jesu Gebot der Nächstenliebe Folge leisten, indem sie ihrem Nächsten nahekommen."

Ich wünschte mir, dass jeder, der sich mit dem Gedanken trägt, eine Kleingruppe zu beginnen, diese Worte im Ohr hätte. Möchten Sie die beschriebenen Kämpfe lieber vermeiden? Dann sollten Sie sich niemals in einer Kleingruppe engagieren. Oder Sie sollten – alternativ – ein Kleingruppenprogramm anbieten, das sich auf seichte geistliche Unterhaltung beschränkt. Dann können Sie am Ende eines „zutiefst bewegenden" Abends eine Feedback-Runde wie die folgende erwarten:

Dennis: Was für ein wundervoller Abend!

Sarah: Ja, und der Tisch war so nett dekoriert.

Dennis: O ja, und du hast die ganze Zeit gelächelt.

Julia: Ja sicher habe ich gelächelt. Und Sebastian wird auch noch lernen zu lächeln.

Sarah: Das wird er ganz bestimmt, und dann werden wir alle gemeinsam lächeln.

Julia: Wie anrührend!

Der Schmerz des Lichts

Nun ja, dieses fiktive Gespräch mag etwas übertrieben erscheinen. Ich wollte damit nur deutlich machen, wie unbefriedigend – und auch unattraktiv – ein derartig oberflächlicher Ansatz von Gemeinschaft ist. Sie können sicher sein, dass Sie im Anschluss an einen Abend, an dem Sie die Ergebnisse des Geistliche-Energie-Tests gemeinsam ausgewertet haben, keine solche Feedbackrunde erleben werden. Viel wahrscheinlicher ist, dass Sie zum Beispiel das Folgende hören:

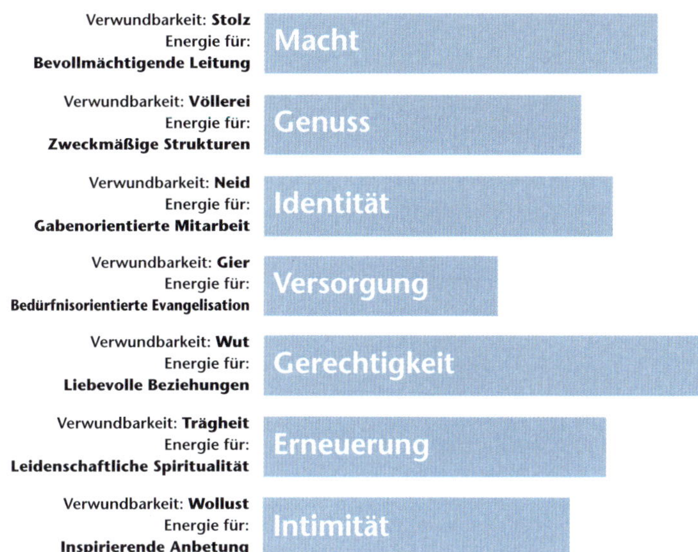

Diese Grafik (die genauso aussieht wie die Profile für einzelne Christen, wie wir sie bereits zuvor gesehen haben) stellt ein Gruppenprofil dar. Sie bringt zum Ausdruck, welche Energien die Gruppe als Ganze prägen. Da die höchste Energie dieser Gruppe Gerechtigkeit ist, sollte sie sich darauf konzentrieren, diese Energie durch liebevolle Beziehungen auszudrücken.

Dennis: Das war ganz schön heftig heute. Ich werde wohl einige Zeit für mich alleine brauchen, um das Ganze zu verdauen.

Julia: Nimm dir alle Zeit, die du brauchst. Wenn ich dir irgendwie eine Hilfe sein kann, lass es mich wissen. Manchmal tut es ja gut, diese Dinge im Austausch mit jemand Anderem zu verarbeiten. Ich werde dich auf jeden Fall nächsten Dienstag anrufen, um zu sehen, wie weit du dann bist.

Sarah: Ich fand toll, wie offen du über deine inneren Kämpfe mit Stolz geredet hast, Dennis. Ich hätte das gar nicht von dir erwartet. Aber deine Offenheit hat mich ermutigt, auch über den Bereich meiner Verwundbarkeit zu reden. Ich habe das vorher noch nie in der Öffentlichkeit getan.

Julia: Leute, der Austausch in unserer Gruppe geschieht nun wirklich nicht „in der Öffentlichkeit". Und vergesst nicht, dass dies erst der Anfang ist. Wir müssen noch viel, viel tiefer gehen.

Dennis: Ehrlich gesagt, Julia, ich bin mir nicht sicher, ob ich dazu bereit bin. Und ich hatte den deutlichen Eindruck, dass Sebastian nicht wirklich glücklich mit diesem Abend war. Seine ganze Körpersprache drückte ein gewisses Unbehagen aus.

Julia: Das ist mir auch aufgefallen. Es kann sein, dass wir einen wunden Punkt bei ihm berührt haben. Diese Prozesse sind gut und notwendig. Längst nicht alle wichtigen Entwicklungen sind auch von positiven Gefühlen begleitet. Wir würden weder Sebastian noch irgendjemand Anderem helfen, wenn wir uns für ein seichteres Programm entschieden.

Dennis: Vermutlich hast du recht. Aber es ist nicht einfach, ehrlich zu sich selbst zu sein.

Sarah: Das ist es ganz sicher nicht. Aber wir haben doch Fortschritte gemacht, oder?

Veränderungsprozesse anregen

Um das Wesen christlicher Gemeinschaft zu beschreiben, haben wir die drei Bilder Kopf, Hände und Herz gewählt. Jedes der 7 Gemeinschaftsmerkmale bezieht sich auf eine (wenn nicht zwei) dieser Dimensionen, und das Gleiche gilt auch für die 7 Todsünden (siehe Seiten 11–12). Da jeder Mensch, unabhängig davon, ob er Christ sein mag oder nicht, aus Kopf, Händen und Herz besteht, müssen wir dafür sorgen, dass wir in unseren Gruppen diese drei grundlegenden Dimensionen in einer Weise ansprechen, die die Menschen auch berührt. Ob sie darauf mit Verwirrung, mit Tränen oder mit unbändiger Freude reagieren, ist nicht wirklich entscheidend. Entscheidend ist vielmehr, dass sie spüren, wie die Verbindung zur Gruppe tiefe Prozesse in ihnen anregt – Prozesse des persönlichen Wachstums.

Im Neuen Testament werden wir aufgefordert: „Bekennt also einander eure Sünden" (Jak. 5,16). Wo sollten wir eine solche Gewohnheit besser entwickeln können als innerhalb einer Kleingruppe? Die Frage ist nicht, ob wir das tun wollen, sondern *wie* dies in der bestmöglichen Weise geschehen kann. Schauen wir uns einmal ein etwas übertriebenes Beispiel an:

Julia: Die Heilige Schrift trägt uns auf, dass wir uns gegenseitig unsere Sünden bekennen. Das ist es, was wir heute tun werden. Wir werden die Liste der 7 Todsünden durchgehen, und jeder wird die Sünde bekennen, die ihm am meisten Probleme macht. Fangen wir mit Wollust an. Sebastian, warum beginnst du nicht, indem du uns über deine Probleme in diesem Bereich berichtest?

Sebastian: Ich glaube nicht, dass dies die richtige Gruppe für mich ist.

„Lernen, wie man ein Sünder sein kann"

Was ich mit diesem fiktiven Beispiel deutlich machen möchte, ist dies: Es ist gar nicht so einfach, tiefgehende – und letztlich lebensverändernde – Kommunikation über unsere Sünden in Gang zu bringen. Das ist der Grund, warum wir in den letzten Jahren so viel Energie in die Entwicklung von Materialien investiert haben, die uns dabei helfen, diese zentrale Frage in konstruktiver Weise anzugehen. Schauen Sie sich einmal das folgende, absolut realistische Szenario an:

Julia: Im Laufe der letzten Wochen haben wir uns mit verschiedenen Energien beschäftigt, die in uns wirksam sind, und wir haben studiert, wie Jesus mit diesen Energien umgegangen ist, wenn er sie im Leben anderer Menschen sah. Als Vorbereitung auf den heutigen Abend hat jeder von uns den Geistliche-Energie-Test gemacht, um herauszufinden, was der Bereich unserer größten Energie ist. Ich bin schon richtig neugierig zu sehen, wo wir als ganze Gruppe

Eine Gruppe mit starken Kopf-Energien (grün)

Herz
Hände
Kopf

Eine Gruppe mit starken Hand-Energien (rot)

Herz
Hände
Kopf

Eine Gruppe mit starken Herz-Energien (blau)

stehen und ausfindig zu machen, wie wir in Zukunft unsere Energien gezielter einsetzen können, so dass andere von ihnen profitieren können. Sebastian, wie wäre es, wenn du damit beginnst, deine Ergebnisse mit uns zu teilen?

Sebastian: Nun, meine höchste Energie ist im Bereich Intimität. Ich muss sagen, dieses Ergebnis trifft zu. Ohne Frage, das bin ich.

Sarah: Ja, so haben wir dich erlebt, Sebastian. Diese Energie ist ein wunderbarer Beitrag zu unserer Gruppe als Ganzer. Ich hoffe, wir werden das in Zukunft noch stärker als bisher erleben.

Julia: Hat jemand irgendeine Idee, wie das praktisch vonstatten gehen könnte?

William Willimon fasst die Herausforderung, um die es hier geht, im folgenden Satz zusammen: „Wir sollten Gemeinde als einen Ort sehen, an dem wir lebenslang lernen, was es heißt, Sünder zu sein." Und er erklärt auch, was das praktisch bedeutet: „Die Nachfolge Jesu ist zu anspruchsvoll, um sie alleine bewältigen zu können. Wir brauchen Hilfe von unseren Freunden. Es reicht nicht, dass wir uns lediglich bessern wollen, sondern wir brauchen konkrete, systematische, methodische Schritte, die uns dabei helfen, auch wirklich besser zu werden. Wir müssen Teil einer Gruppe werden, die uns dabei unterstützt, besser zu werden, als wir es allein könnten." Das ist es genau, wozu eine Kleingruppe existiert!

Der Nutzen eines Gruppenprofils

Wenn jedes Mitglied Ihrer Kleingruppe den Geistliche-Energie-Test gemacht hat, können Sie ein Profil für Ihre Gruppe als Ganzer erhalten. Abgesehen von einem Balkendiagramm, das zum Ausdruck bringt, wie stark jede der sieben Energien in Ihrer Gruppe ist (siehe Schaubild auf Seite 113), wird ein solches Gruppenprofil auch Aufschluss darüber geben, wie es im Blick auf den Schwerpunkt Ihrer Gruppe aussieht: Handelt es sich um eine Gruppe mit starken Kopf-Energien (grün), Hand-Energien (rot) oder Herz-Energien (blau)? Schauen Sie sich einmal die sechs Diagramme unten auf dieser Doppelseite an, die die unterschiedlichen Möglichkeiten ausdrücken. Eine derartige Analyse ist für jede Gruppe äußerst aufschlussreich.

Wenn Sie diese beiden Diagramme zur Hand haben, können Sie diese auf drei verschiedenen Ebenen auswerten:

- **Das einzelne Gruppenmitglied:** Vergleichen Sie die Energieprofile der einzelnen Gruppenmitglieder miteinander. Vergleichen Sie auch Ihr eigenes Profil mit dem Profil der Gesamtgruppe. Auf dieser Grundlage können

Eine Gruppe mit starken Kopf-Hand-Energien (rot-grün)

Eine Gruppe mit starken Kopf-Herz-Energien (grün-blau)

Eine Gruppe mit starken Herz-Hand-Energien (blau-rot)

Sie fragen: Bin ich in dieser Gruppe von ähnlichen Energien umgeben? Bin ich mit meinem Profil in einer Minderheitenposition? Gibt es Dinge in der Gruppe, die sich dadurch erklären lassen? Auf welche Weise investiere ich derzeit meine persönlichen Energien in die Gruppe? Was konnte an dieser Stelle verbessert werden?

- **Ihre Gruppe als Ganze:** Sehr wahrscheinlich hat Ihre Gruppe einen ganz bestimmten Schwerpunkt. Schauen Sie sich die Drei-Farben-Auswertung an und stellen Sie die folgenden Fragen: Passt der Schwerpunkt der Gruppe zu der ausfindig gemachten Energieverteilung? Denken Sie daran, dass auf der Ebene der Gesamtgruppe die drei Farben sich nicht unbedingt im Gleichgewicht befinden müssen (siehe Seite 13). In einer Gebetsgruppe könnte ein stärker ausgeprägtes blaues Segment genau das sein, was Sie brauchen; in einem Evangelisationsteam könnte es ein stark entwickeltes rotes Segment sein; und in einer Bibelgruppe könnten hohe Werte in grün und rot exakt die benötigte Energie ausdrücken. Wenn allerdings der Schwerpunkt der Gruppe nicht zum Energieprofil passt, könnte es sinnvoll sein, den festgelegten Schwerpunkt zu hinterfragen. Gäbe es vielleicht effektivere Wege, die Energien der Gruppenmitglieder nutzbar zu machen?
- **Ihre gesamte Gemeinde:** Wenn alle Gruppen Ihrer Gemeinde ein Gruppenprofil erhoben haben, können Sie leicht gewisse Einseitigkeiten im Gruppenleben der Gemeinde erkennen. Vielleicht sind Ihre bestehenden Gruppen besonders attraktiv für Menschen mit einem ganz bestimmen Energiemix. Könnte Sie das auf Ideen für neue Gruppen bringen? Auch eine Gemeinde, die bisher noch keine – oder nur verschwindend wenige – Kleingruppen hat, kann die Testergebnisse der Gemeindemitglieder heranziehen, um zu entscheiden, welche Arten von Gruppen gestartet werden sollten. Das Ziel dieses Verfahrens wäre es, dass diese neuen Gruppen von Anfang an die Energien ihrer Mitglieder nutzen.

Mehr im Internet

Auf 3colorsofcommunity.org finden Sie Antworten auf folgende Fragen:

- *Was müssen wir genau tun, um ein Gruppenprofil zu erheben?*
- *Gibt es Gruppenarten, bei denen es unangemessen wäre, an den Energien – wie in diesem Kapitel vorgeschlagen – zu arbeiten?*

Formeller „Lehrplan" oder informeller Einsatz

Es ist möglich, für eine gewisse Zeit in einer Gruppe ausdrücklich und strategisch an den sieben Energien (einschließlich der jeweiligen Gemeinschaftsmerkmale und Sünden) zu arbeiten – vielleicht ja drei, sechs oder zwölf Einheiten. Auf *www.3colorsofcommunity.org* finden Sie Anleitungen für diesen Prozess. Eine weitere Möglichkeit besteht darin, dass Sie den Geistliche-Energie-Test benutzen, um die stärkste Energie Ihrer Gruppe ausfindig zu machen, und dann gleich damit beginnen, an der Freisetzung dieser Energie zu arbeiten, indem Sie sich auf ein ganz bestimmtes Gemeinschaftsmerkmal konzentrieren. NCD hat eine Reihe von Arbeitsmaterialien entwickelt, um Sie in diesem Prozess zu unterstützen *(www.ncd-tools.org).*

Aber möglicherweise lässt der Charakter Ihrer Gruppe einen derartigen Prozess nicht zu. Auch in diesem Fall besteht die Herausforderung, die Energien der Gruppenmitglieder so weit wie möglich zu nutzen. Vielleicht entscheiden Sie sich dafür, den Geistliche-Energie-Test anzubieten und die Gruppenmitglieder durch formelle oder informelle Treffen außerhalb der Gruppensitzungen bei der Auswertung zu unterstützen. Sollten Sie sich dafür entscheiden, wird Ihnen eine Methode zur Hilfe kommen, die wir als *Spiritual Change Talk* bezeichnen.

Spiritual Change Talk

Was können Sie tun, wenn Sie andere Menschen bevollmächtigen wollen, aber nur wenig Zeit haben? Um dieser Herausforderung gerecht zu werden, habe ich die Methode des *Spiritual Change Talk* entwickelt. Dies ist ein zentraler Bestandteil des Leiterschaftstrainings der natürlichen Gemeindeentwicklung.

Diese Methode der Bevollmächtigung steht im Zentrum meines Buches *Die 3 Farben der Leiterschaft. Spiritual Change Talk* kann sowohl formell (z.B. in einem offiziellen Coachingprozess) als auch informell angewandt werden – während man sich zu einer Tasse Kaffee trifft, einen Plausch mit einem Gruppenmitglied im Anschluss an eine Bibelstunde hat oder indem man eine SMS verschickt.

Die Kunst Fragen zu stellen

Was *Spiritual Change Talk* so interessant für die Arbeit in Kleingruppen macht, ist die Tatsache, dass die Methode darauf basiert, dass Fragen gestellt werden. Etwas vereinfacht ausgedrückt: Sie stellen Fragen – und lassen den Anderen reden. Auf diese Weise können Sie lediglich mit dem Stellen der richtigen Fragen einen Menschen in äußerst effektiver Weise durch einen persönlichen Veränderungsprozess führen. Am Ende des Prozesses werden Sie ganz konkrete Veränderungen wahrnehmen können. Ob diese Veränderungen dramatisch oder nahezu unsichtbar sind, ist nicht wirklich entscheidend. Entscheidend ist vielmehr, *dass* tatsächlich Veränderung stattgefunden hat, und zwar genau in dem Bereich, in dem sie am dringendsten nötig war. Und was war Ihr eigener Beitrag in diesem Prozess? Sie haben lediglich ein paar Fragen gestellt.

Die Kunst, Fragen zu stellen, ist ein unglaublich effektives Werkzeug. Der Zweck dieser Fragen ist nicht, selbst Informationen zu erhalten, sondern wachstumsförderliche Impulse auszusenden. Diese Technik lässt sich lernen, und sie ist gar nicht einmal sonderlich schwierig zu lernen. Die Kunst, Fragen zu stellen, ist die wichtigste Fähigkeit, die Leiter von Kleingruppen erwerben sollten. Sie brauchen keine Experten zu sein – weder in Theologie noch in Bibelkunde noch in Seelsorge noch in Kommunikation. Sie müssen schlicht in der Lage sein, die richtigen Fragen zu stellen – und sie zum richtigen Zeitpunkt zu stellen. Das ist es, wozu *Spiritual Change Talk* verhilft.

Spiritual Change Talk in der Kleingruppenarbeit

Im Zusammenhang von Kleingruppenarbeit in der Gemeinde sind die fünf wichtigsten Bereiche, in denen *Spiritual Change Talk* zum Einsatz kommen kann, die folgenden:

- Wenn Sie **eine Kleingruppe leiten**, sind Sie vermutlich ohnehin daran gewöhnt, Fragen zu stellen. Je mehr Sie die Prinzipien von *Spiritual Change Talk* verstehen, desto stärker werden Ihre Fragen zu Impulsen für Wachstumsprozesse werden, die sich in den Köpfen, Händen und Herzen der Mitglieder abspielen. Wenn Sie erst einmal ein wenig Erfahrung damit gesammelt haben, wird das Stellen solcher Fragen für Sie zur natürlichsten Sache der Welt.

- Ein Bereich, der in der Kleingruppenarbeit häufig vernachlässigt wird, ist die **Kommunikation zwischen Leiter und Teilnehmern außerhalb der Gruppentreffen** (sei es per Telefon, E-Mail, SMS oder bei persönlichen Besuchen). Besonders dann, wenn eine Gruppe sich mit derartig persönlichen Themen wie unseren Energien und den Gemeinschaftsmerkmalen beschäftigt, ist Kommunikation zwischen den Treffen von großer Bedeutung. Wenn *Spiritual Change Talk* in dieser – formellen oder informellen – Kommunikation eingesetzt wird, können erstaunliche Ergebnisse erzielt werden.
- Das Gleiche gilt für die **Kommunikation unter den Teilnehmern**. Wenn wir unsere Energien, Verwundbarkeiten und Potenziale gemeinsam erkunden, dann besteht das Ziel darin, uns gegenseitig in unseren Wachstumsprozessen zu unterstützen. Da *Spiritual Change Talk* keinerlei speziellen Trainings in Coaching, Seelsorge oder Kommunikation bedarf, können seine Grundlagen von jedem angewandt werden.
- Es kann sein, dass Gruppenmitglieder, die ihre Energien ausfindig gemacht haben, im Bereich des entsprechenden Gemeinschaftsmerkmals gezieltes Training haben möchten. Vielleicht ist es nicht möglich, dieses Training für alle sieben Energien innerhalb der Gruppentreffen selbst anzubieten. Für die meisten der Gemeinschaftsmerkmale gibt es jedoch NCD-Arbeitsbücher (die Reihe **Gemeinde natürlich entwickeln**). Anstatt die Gruppenmitglieder lediglich auf diese Bücher hinzuweisen, können Sie sie – indem Sie *Spiritual Change Talk* einsetzen – ganz konkret durch die Inhalte jedes Buches führen und ihnen vor allem dabei helfen, die jeweiligen Inhalte auch persönlich umzusetzen.
- Da *Spiritual Change Talk* im Kontext von Leiterentwicklung entstanden ist, stellt es eine ideale Methode für das **Training von Kleingruppenleitern** dar – insbesondere, wenn Sie in Ihrer Kleingruppenarbeit ohnehin On-the-Job-Training bevorzugen. Alles, was Sie für ein solches Training benötigen, finden Sie im Buch *Die 3 Farben der Leiterschaft.*

Übrigens: Die Auszüge aus den Auswertungsgesprächen zum Geistliche-Energie-Test in Teil 2 dieses Buches sind Beispiele für die praktische Anwendung von *Spiritual Change Talk.*

Sechs Frage-Kategorien

Werfen Sie einen Blick auf das Schaubild auf der rechten Seite. Diejenigen von uns, die bereits mit der natürlichen Gemeindeentwicklung vertraut sind, werden die sechs Phasen des NCD-Kreislaufs erkennen: Wahrnehmen, Testen, Verstehen, Planen, Tun und Erleben. Im Kontext von *Spiritual Change Talk* steht jede Phase des Kreislaufes in Verbindung zu einem Satz von Fragen, die darauf ausgerichtet sind, einen Menschen zur jeweils nächsten Phase im Kreislauf zu führen.

- **Visions-Fragen:** Innerhalb von *Spiritual Change Talk* gehen Sie die *Wahrnehmungs*-Phase nicht so an, dass Sie sich auf die gegenwärtige Realität konzentrieren (die höchstwahrscheinlich durch die Gewohnheit gekennzeichnet ist, die eigenen Energien über den Weg der Isolation auszudrücken). Indem Sie Visions-Fragen stellen, helfen Sie Ihrem Gesprächspartner, eine neue Form von Realität als realistische – und sogar attraktive! – Möglichkeit wahrzunehmen: Wie soll in zehn Jahren dein Leben aus-

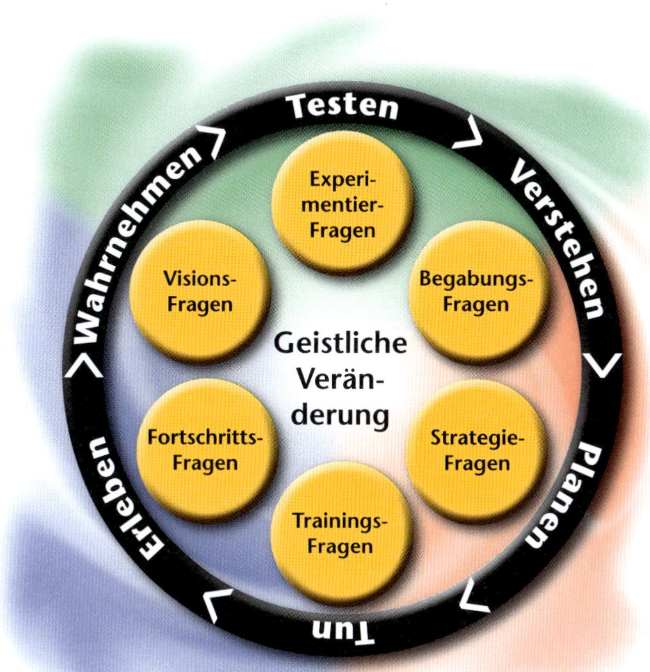

Jede der sechs Phasen des NCD-Kreislaufs steht in Verbindung mit einer Kategorie von Fragen, die dabei helfen, persönliche Wachstumsziele zu erreichen.

sehen? Auf welche Weise wirst du zu diesem Zeitpunkt deine Energien ausdrücken? Anschließend können Sie fragen: In welchen Situationen hast du bereits wahrgenommen, dass du genau das Verhalten an den Tag gelegt hast, das die Zukunft, über die wir gerade sprachen, kennzeichnen soll? Wie hat sich das angefühlt? Was kannst du tun, um schon jetzt mehr davon zu erleben?

- **Experimentier-Fragen:** Das Ziel der Experimentier-Fragen besteht darin, den Umfang vorhandener oder neu zu findender Möglichkeiten zu *testen*. Anstatt in Schwarz-Weiß-Kategorien zu denken („Sündigen" versus „Die Energien unterdrücken"), halten Sie gemeinsam mit Ihrem Gesprächspartner nach neuen und ungewohnten Wegen Ausschau, wie die identifizierten Energien ausgedrückt werden können: Was hast du bisher noch nie getan, das aber einen Versuch wert wäre, um neue Verhaltensmuster zu erkunden? Wie kannst du das trainieren? Wie können andere Gruppenmitglieder dich in diesem Bemühen unterstützen?
- **Begabungs-Fragen:** Begabungs-Fragen konzentrieren sich darauf, sowohl die Stärken als auch die Schwächen eines Menschen zu *verstehen*. Zu den Stärken gehören z.B. vorangegangene Erfahrungen, wie man es geschafft hat, die eigenen Energien konstruktiv auszudrücken. Fragen Sie Ihren Gesprächspartner: Was befähigen dich deine spezifischen Energien zu tun, das für andere Menschen nur sehr schwer wäre? Welche Gefahrenzonen musst du beachten, wenn du Wachstum erleben willst? Welche Schwächen bzw. Begrenzungen in deinem Leben musst du zu akzeptieren lernen (anstatt zu versuchen, sie zu überwinden)? Auf welche Weise könnten diese Schwächen kompensiert werden?

- **Strategie-Fragen:** Indem Sie Strategie-Fragen stellen, helfen Sie einem Menschen dabei, (a) den eigenen Ausgangspunkt herauszufinden und (b) den Zielpunkt zu beschreiben. Der Ausgangspunkt mag in einem äußerst unbefriedigenden Ausdruck der eigenen Energien bestehen; der Zielpunkt mag beschreiben, wie es konkret aussieht, wenn man dem Weg der Gemeinschaft folgt. Sie können Ihrem Gesprächspartner dabei helfen, konkrete *Pläne* zu entwickeln, wie er von (a) nach (b) gelangen kann: Welche kurz- und langfristigen Ziele hast du? Wie hart bist du bereit zu arbeiten, um diese Ziele zu erreichen? Nehmen wir einmal an, innerhalb der nächsten drei Monate könntest du nur ein einziges dieser Ziele erreichen – welches sollte es dann sein?
- **Trainings-Fragen:** Das Ziel der Trainings-Fragen ist, Ihrem Gesprächspartner dabei zu helfen, das, was die Bibel lehrt, auch wirklich zu *tun*: Welche Hilfsmittel könnten dich dabei unterstützen, die biblischen Prinzipien in deinem Leben anzuwenden? Welchen Rat würdest du einem Freund geben, der mit den gleichen Problemen zu kämpfen hat wie du? Was würdest du *mir* raten, wenn ich in deiner Situation wäre?
- **Fortschritts-Fragen:** Das Stellen von Fortschritts-Fragen hilft Ihrem Gesprächspartner dabei, ständig voranzuschreiten. Insbesondere besteht das Ziel dieser Art von Fragen darin, Anzeichen für kleine Verbesserungen aufzuspüren: Was hat sich seit unserem letzten Treffen verbessert? Welche *Erlebnisse* deuten darauf hin, dass du dich in die richtige Richtung bewegst? Was wirst du bis zu unserem nächsten Treffen getan haben, das dein Wachstum beschleunigt? In welchen Bereichen könntest du dir höhere Ziele setzen?

MEHR IM INTERNET

Auf 3colorsofcommunity.org finden Sie Antworten auf folgende Fragen:

- *Wie kann ich Training in Spiritual Change Talk bekommen?*
- *Wie kann ich mit Hilfe von Spiritual Change Talk jemanden durch ein Buch der Reihe „Gemeinde natürlich entwickeln" führen?*

SÜNDE – DAS BIN ICH

Ob Sie *Spiritual Change Talk* in Einzelgesprächen oder in einer Gruppe anwenden, es ist ratsam, sich an die folgenden Regeln zu halten:

- Wann immer es um *andere* Menschen geht, sollten Sie in erster Linie über deren **Energien und Potenziale** reden.
- Wann immer Sie die Notwendigkeit sehen, über **Sünde** zu sprechen, dann konzentrieren Sie sich auf Ihre *eigene* Sünde: „Mein Stolz, meine Trägheit, mein Neid ..."

Wenn es um Sünde geht, ist es wichtig, dass wir nicht vergessen: „Sünde – das bin ich" (siehe Seite 38). Je länger ich an diesem Buch arbeitete, desto stärker wurde mir klar, dass jede einzelne der 7 Todsünden mich selbst beschreibt – oder genauer: einen Teil von mir. In allen sieben Bereichen gibt es unterschiedliche Stimmen in mir, wobei einige von ihnen mich in die eine Richtung ziehen wollen, und die anderen mich in die entgegengesetzte Richtung zu ziehen versuchen.

Wenn es unser Anliegen ist, dass wir auf konstruktive Weise unsere Energien zum Ausdruck bringen – so, dass das Ganze auch wirklich funktioniert –, dann liegt ein Schlüssel darin, dass wir mit diesen inneren Stimmen umzugehen lernen. Da es sich hierbei um ein für den Umgang mit Sünde zentrales Konzept handelt, möchte ich in den folgenden drei Kapiteln ausführliche Anleitung geben, wie dies sowohl in Einzelgesprächen als auch in einer Gruppe ganz konkret geschehen kann.

Unsere inneren Stimmen ausfindig machen

Die Erkenntnis, dass aus niemandem von uns nur eine einzige Stimme spricht, hat weitreichende Konsequenzen. Sind Sie stolz oder bevollmächtigend, wütend oder liebevoll, träge oder leidenschaftlich, neidisch oder dankbar für die Gaben anderer Menschen? In jedem einzelnen Fall heißt die Antwort: sowohl als auch. Jeder von uns kann beide Stimmen in sich vernehmen; die Frage ist einzig und allein, welche dieser Stimmen sich am Ende durchsetzt (das Schaubild unten illustriert das Ganze anhand meiner eigenen Situation).

Es ist entscheidend, dass wir diese einander widersprechenden Stimmen in uns wahrnehmen, ihr Wesen verstehen und lernen, konstruktiv mit ihnen umzugehen. Die gute Nachricht ist, dass all dies tatsächlich gelernt werden kann, und eine christliche Kleingruppe ist der ideale Ort für derartige Lernprozesse. Nachdem ich bereits unzählige Auswertungsgespräche zum Geistliche-Energie-Test durchgeführt habe, bin ich überzeugt, dass ein angemessenes Verständnis unserer widerstreitenden inneren Stimmen unerlässlich ist, um mit der Realität von Sünde umzugehen zu lernen.

Nicht nur eine Stimme

Der Kommunikationswissenschaftler und Psychologe Friedemann Schulz von Thun hat das Konzept des *Inneren Teams* – eine Methode für die Handhabung der verschiedenen Stimmen, die in uns kämpfen – in das Zentrum seiner Kommunikationstheorie gestellt, die aus guten Gründen weite Verbreitung gefunden hat. Der dahinterstehende Grundgedanke ist jedoch wesentlich älter. Er geht auf keinen Anderen zurück als auf Evagrius von Pontus (345–399), also genau den Theologen, der die ursprüngliche Typologie entwickelte, die später als die *7 Todsünden* bekannt geworden ist.

Evagrius lehrte, dass geistlicher Fortschritt auf einer sorgfältigen Beobachtung unserer Gedanken beruhe, sobald diese in unserem Geist aufkommen. Für ihn waren spontane Gedanken keine Sünden, sondern Ausdruck unserer eigenen Verwundbarkeit, die erkannt, analysiert und im Gebet vor Christus gebracht werden sollte.

Das Schaubild rechts stellt meine beiden Stimmen im Bereich meiner höchsten Energie dar: Bin ich bevollmächtigend oder stolz? Dies ist keine Entweder-oder-Frage, sondern eine Sowohl-als-auch-Frage. Ich kann in mir sowohl eine stolze als auch eine bevollmächtigende Stimme wahrnehmen. Bei tieferem Nachdenken wird jeder die überraschende Entdeckung machen, dass es nicht nur zwei, sondern eine Fülle verschiedener Stimmen sind, die in uns miteinander streiten (siehe Schaubild auf Seite 125).

Er war überzeugt, dass wir dann, wenn wir unsere Verwundbarkeiten erkennen und sie der Gegenwart Christi aussetzen, Heilung erfahren und Strategien für einen konstruktiven Umgang mit ihnen lernen.

Gedanken, Gefühle und Handlungen

Dies wirft die Frage auf: Worin genau zeigt sich Sünde – lediglich in unseren Handlungen oder nicht auch bereits in unseren Gedanken und Gefühlen? Der Bibel zufolge kann es beides sein. Jesus betonte, dass durchaus nicht nur unsere äußeren Handlungen zählen, sondern auch unsere inneren Gedanken und Gefühle, die diese Handlungen hervorbringen (siehe Jesu Argumentation in Mt. 5,21–48). In Markus 7,21–23, drückt er diesen Gedanken überaus deutlich aus: „Von innen, aus dem Herzen der Menschen, kommen heraus böse Gedanken, Unzucht, Diebstahl, Mord, Ehebruch, Habgier, Bosheit, Arglist, Ausschweifung, Missgunst, Lästerung, Hochmut, Unvernunft. Alle diese bösen Dinge kommen von innen heraus und machen den Menschen unrein."

Martin Luther hat ein hilfreiches Kriterium formuliert, um zu unterscheiden, welche Gedanken und Gefühle als sündig betrachtet werden sollten, und welche nicht (auch wenn sie natürlich das Potenzial haben, sich zu sündigen Gedanken und Gefühlen zu entwickeln). Er sagte: „Du kannst nicht verhindern, dass die Vögel ... über deinen Kopf fliegen, aber du kannst verhindern, dass sie sich auf deinem Kopf ein Nest bauen." Eine sorgfältige Analyse unserer inneren Stimmen – einschließlich der zwiespältigen – schafft die beste Voraussetzung, um die „Vögel" daran zu hindern, dass sie sich auf unserem Kopf „ein Nest bauen".

Wenn wir alle neidischen (wollüstigen, trägen, wütenden etc.) Gedanken und Gefühle bereits als „sündig" interpretieren, werden wir Schwierigkeiten haben, diese Stimmen überhaupt zu beobachten. Denn einfach dadurch, dass wir Gedanken und Gefühle in uns „beobachten", werden wir sie unausweichlich nach-denken und nach-fühlen. Und wenn wir das um jeden Preis verhindern wollen – weil wir es als sündig ansehen –, bleibt uns nichts Anderes übrig, als sie zu unterdrücken. Sie werden natürlich immer noch da sein, aber wir haben keine Möglichkeit mehr, mit ihnen umzugehen. Das Ziel einer Analyse unserer inneren Stimmen, wie sie in diesem und den beiden folgenden Kapiteln beschrieben wird, ist es, mit diesen Stimmen in einer Weise umzugehen zu lernen, die uns hilft, unsere Energien auf konstruktive, gemeinschaftsfördernde Ziele zu richten. Es geht um nicht weniger als darum, „das Licht scheinen zu lassen" – diesmal tief in unser eigenes Selbst hinein.

Zwei Kräfte in uns

Der Apostel Paulus beschreibt seine eigene innere Erfahrung unterschiedlicher Stimmen – sowohl göttliche wie sündige – mit den Worten: „Wollen habe ich wohl, aber das Gute vollbringen kann ich nicht. Denn das Gute, das ich will, das tue ich nicht; sondern das Böse, das ich nicht will, das tue ich. Wenn ich aber tue, was ich nicht will, so tue nicht ich es, sondern die Sünde, die in mir wohnt" (Röm. 7,18–20).

Paulus' Worte machen deutlich, dass es sich bei unserem Selbst nicht um eine einzige, widerspruchsfreie Einheit handelt, sondern vielmehr um eine Mischung verschiedener Bestandteile, die in uns streiten. Wir neigen dazu, uns selbst für eine homogene Einheit zu halten, aber das sind wir nicht. Jeder von uns ist genauso fragmentiert, wie Paulus es war.

IDENTIFIKATION

*Diese Stimme ist Teil von **mir** ...*

*... aber nur ein **Teil** von mir.*

DISIDENTIFIKATION

Dieses Schaubild verdeutlicht die beiden grundlegenden Schritte der Identifikation (orange Box) und Disidentifikation (graue Box). Wir können akzeptieren, dass eine bestimmte Stimme in uns ist (Identifikation), aber diese innere Stimme prägt uns nicht notwendigerweise als Gesamtperson (Disidentifikation).

Das Eingeständnis, dass wir Menschen unterschiedliche Stimmen in uns haben, ist ein Schlüssel, um offen miteinander über unsere jeweiligen Verwundbarkeiten ins Gespräch zu kommen. Dennis *ist* nicht stolz, aber in ihm ist eine stolze Stimme, und sehr wahrscheinlich mehr als nur eine. Sarah *ist* nicht träge, aber sie kann Stimmen in sich entdecken, die eindeutig träge sind. Sebastian *ist* nicht wollüstig, aber er erlebt, wie wollüstige Gedanken und Gefühle in ihm streiten. Julia *ist* nicht gierig, aber sie hört fortwährend Stimmen in sich, die sie dazu verleiten, sich in einer gierigen Weise zu verhalten.

Identifikation und Disidentifikation

Werfen Sie einen Blick auf das oben stehende Schaubild. Es verdeutlicht die beiden Schritte der *Identifikation* („Diese Stimme ist Teil von *mir*") und *Disidentifikation* („Sie ist nur ein *Teil* von mir"). Sobald wir gelernt haben, diese beiden Schritte anzuwenden – und uns mühelos zwischen ihnen hin und her zu bewegen –, haben wir einen Schlüssel in der Hand, um Wahrheiten über uns selbst zum Ausdruck zu bringen, die wir niemals eingestehen konnten (und vielleicht noch nicht einmal wahrgenommen haben), solange wir uns als eine einzige, widerspruchsfreie, homogene Einheit betrachteten.

Wenn jemand zu mir sagen sollte: „Christian, du bist stolz", dann würde ich sofort anfangen, mich zu verteidigen. Ich hätte das Gefühl – und zwar das berechtigte Gefühl! –, dass die Charakterisierung meiner Gesamtperson als „stolz" mir nicht gerecht würde. Es gibt so viele aufrichtig demütige und dienende Gedanken und Gefühle in mir (von denen viele in bevollmächtigenden Handlungen resultieren), dass ich Schwierigkeiten hätte, die Gesamtcharakterisierung „Christian = stolz" zu akzeptieren.

Und gleichwohl gibt es in mir *stolze Stimmen*, und zwar eine ganze Menge. Aber in dem Moment, wo ich sie als „Stimmen in mir" verstehe, habe ich keine Schwierigkeiten mehr, sie anderen Menschen gegenüber offen einzugestehen. Schauen Sie sich das Diagramm auf Seite 125 an. In diesem Schaubild habe ich die verschiedenen inneren Stimmen eingetragen, die mir in den Sinn kommen, wenn ich an mein stärkstes Energiefeld denke – Macht. Einige dieser Stimmen sind ziemlich hässlich oder geradewegs lächerlich. Sie sind Teil von *mir* – aber nur ein *Teil* von mir. Andere Stimmen sind weitaus weniger hässlich, und einige sind sogar richtig sympathisch.

Wie Sie Ihr Inneres Team bilden

In den nächsten drei Kapiteln werde ich Ihnen alle Anleitungen geben, die Sie benötigen, um eine ähnliche Analyse im Blick auf Ihr eigenes Inneres Team durchzuführen und anderen Menschen dabei zu helfen, das ebenso zu tun:

- Dieses Kapitel (Seiten 121–126) stellt drei Schritte vor, die Ihnen helfen werden, die einzelnen Mitglieder Ihres Inneren Teams zu **identifizieren**. In dieser Phase werden Sie die einzelnen Stimmen in keiner Weise bewerten, da das einer unbefangenen Wahrnehmung Ihrer inneren Realitäten im Wege stünde.
- Das nächste Kapitel (Seiten 127–130) beschreibt drei weitere Schritte, die Ihnen helfen werden, jede der identifizierten inneren Stimmen zu **verstehen**. Insbesondere wird das die tiefsten Interessen jedes Teammitglieds ans Licht bringen, und zwar weit über die „Worte" hinaus, mit denen die Teammitglieder selbst ihre Anliegen beschreiben würden.
- Das darauf folgende Kapitel (Seiten 131–135) nennt drei Schritte, die insbesondere den „Teamleiter" (die große, graue Figur in der Grafik) betreffen. Ziel dieser Schritte ist es, eine **integrierte Entscheidung** zu treffen, die den berechtigten Interessen aller Mitglieder Ihres Inneren Teams Rechnung trägt.

Fangen wir damit an, Ihr Inneres Team kennenzulernen, indem wir folgende drei Schritte betrachten:

Schritt 1: Definieren Sie die Situation, mit der Sie sich beschäftigen möchten

Je nachdem, welchen Bereich Ihres Lebens Sie bearbeiten wollen, kann es sein, dass Sie unterschiedliche Teams in sich entdecken, auch wenn einige Teammitglieder in unterschiedlichen Kontexten auftreten mögen (Ihre „Stammspieler" sozusagen). Deshalb ist es wichtig, dass Sie die Situation, die Sie analysieren wollen, klar definieren.

Ich empfehle Ihnen, mit dem Bereich Ihrer stärksten Energie zu beginnen. Da meine stärkste Energie Macht ist, habe ich meine Situation mit Hilfe folgender Frage definiert: *Wenn ich mit Macht zu tun habe, welche inneren Stimmen kommen mir dann in den Sinn?* Um die Frage so umzuformulieren, dass sie Ihrer eigenen Situation entspricht, ersetzen Sie einfach das Wort „Macht" in meinem Beispiel mit dem Begriff, der Ihre stärkste Energie bezeichnet (also Genuss, Identität, Versorgung, Gerechtigkeit, Erneuerung oder Intimität).

Natürlich können Sie Ihre inneren Stimmen in allen sieben Bereichen analysieren und auf diese Weise eine Fülle von Einsichten über sich selbst gewinnen; jedoch macht es Sinn, zunächst einmal mit dem Bereich der stärksten Energie zu beginnen.

Schritt 2: Identifizieren Sie Ihre Team-Mitglieder und deren Botschaften

Nun wird es praktisch. In diesem Schritt werden Sie Ihre Teammitglieder ausfindig machen. Sie können das für sich allein tun; allerdings würde ich Ihnen empfehlen, diesen Schritt im Dialog mit einer anderen Person durchzuführen. Sie können sich dafür ein leeres Formblatt ähnlich dem auf der rechten Seite abgebildeten herunterladen (siehe *Mehr im Internet* auf Seite 126), in das Sie die Ergebnisse Ihrer Reflexionen eintragen.

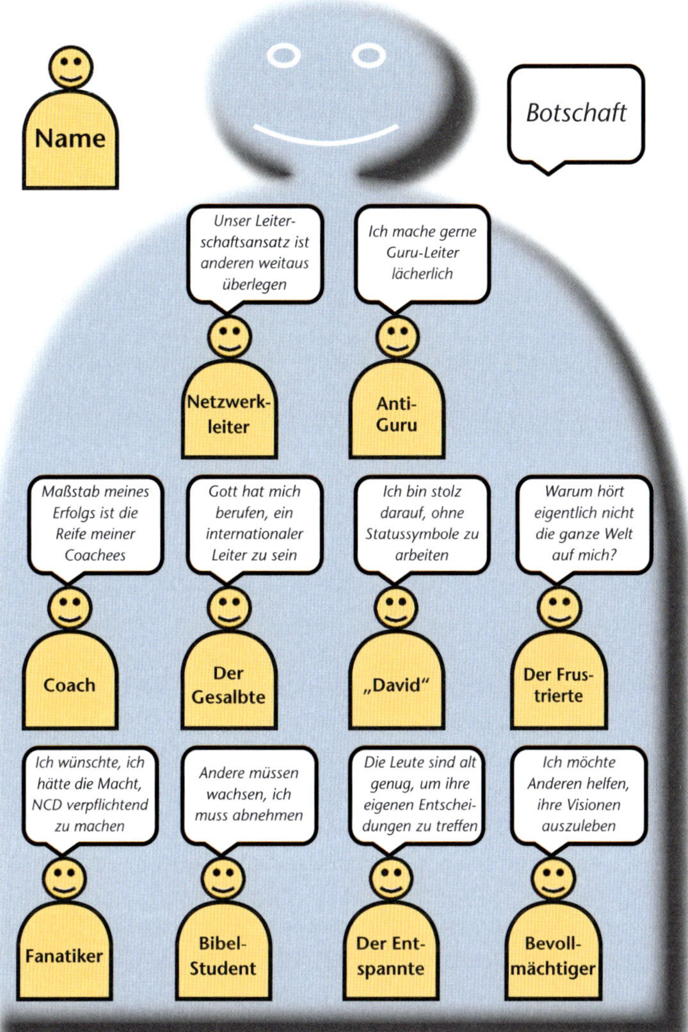

Eine grafische Darstellung meines eigenen Inneren Teams: Um diesen Überblick zu erstellen, fragte ich mich: „Wenn ich mit Macht zu tun habe, welche inneren Stimmen kommen mir dann in den Sinn?" Jeder, der seine stärkste Energie ausfindig gemacht hat, sollte eine ähnliche Analyse seiner inneren Stimmen durchführen, am besten im Gespräch mit einem anderen Gruppenmitglied.

Die meisten Menschen gehen davon aus, dass sie in sich selbst vielleicht zwei oder drei Stimmen identifizieren werden, aber ganz sicher nicht mehr. Allerdings habe ich, wann immer ich dieses Verfahren mit einer anderen Person anwandte, die Erfahrung gemacht, dass wir in jedem einzelnen Fall auf ein Minimum von zehn Stimmen kamen, und in manchen Fällen sogar auf beträchtlich mehr.

An dieser Stelle ist es absolut entscheidend, dass Sie sich darauf beschränken, die Stimmen, die Sie in sich wahrnehmen, herauszufinden, ohne sie auch nur im Geringsten zu bewerten. Versuchen Sie nicht zu erforschen, ob sie gut sind oder schlecht, angenehm oder hässlich, sündig oder heilig. Zu einem anderen Zeitpunkt des Prozesses werden wir uns diesen Fragen zuwenden, und zwar sehr ausführlich, aber nicht jetzt. Schreiben Sie die Stimmen einfach so auf, wie sie Ihnen in den Sinn kommen.

Im Schaubild oben können Sie sehen, dass ich jedem Mitglied meines Inneren Teams sowohl einen *Namen* als auch eine *Botschaft* zugeordnet habe. Zunächst einmal reicht es, wenn Sie für jedes Mitglied Ihres Inneren Teams eine dieser beiden Informationen eintragen. Anders ausgedrückt, wenn Sie bei einigen Teammitgliedern Schwierigkeiten haben, ihnen gleich im ersten Anlauf sowohl einen Namen als auch eine Botschaft zuzuordnen, dann schreiben Sie einfach nur die Botschaft auf (oder nur den Namen) und lassen Sie die andere Box zunächst einmal leer. Sie können die fehlenden Angaben dann zu einem späteren Zeitpunkt nachholen. Wenn Sie über Botschaft und Namen nachdenken, beachten Sie die folgenden Punkte:

- Die **Botschaft** sollte einen typischen Satz enthalten, den Sie vom jeweiligen Teammitglied hören können. Es ist allerdings auch möglich, dass einige dieser „Stimmen" sich stärker in Gefühlen (wie z.B. „Anspannung in meiner Brust", „plötzliche Traurigkeit" etc.) ausdrücken als in Worten. Wenn das der Fall sein sollte, schreiben Sie das jeweilige Gefühl in die „Botschaft"-Box. Sie können das dann zu einem späteren Zeitpunkt in eine verbale Botschaft übersetzen.
- Wenn Sie jedem Teammitglied einen **Namen** geben, stellen Sie sicher, dass es sich nicht um einen bewertenden Namen handelt, so wie ihn ein außenstehender Beobachter möglicherweise vergeben würde (wie z.B. „Die sündige Monika"). Bemühen Sie sich um einen Namen, den das jeweilige Teammitglied selbst wählen würde, um sich zu beschreiben.

Wenn Ihnen zuerst die Botschaft einer bestimmten Stimme in den Sinn kommt, dann fragen sie: „Wer ist das, der das sagt?" und denken Sie über einen beschreibenden Namen nach. Wenn Sie mit dem Namen begonnen haben, fragen Sie: „Was ist die Botschaft dieses Teammitglieds?" Nach geraumer Zeit werden Sie auf diese Weise jedes Mitglied Ihres Inneren Teams identifiziert haben.

Mehr im Internet

Auf 3colorsofcommunity.org finden Sie Antworten auf folgende Fragen:

- *Wo kann ich eine Zusammenfassung der Innere-Stimmen-Übung und ein Formblatt mit einem leeren Schaubild des Inneren Teams herunterladen?*
- *Worin besteht der Unterschied zwischen einem gesunden „Inneren Team" und einer „multiplen Persönlichkeit"?*

Schritt 3: Bringen Sie die Team-Mitglieder zum Reden

Jetzt sollten Sie jedes Teammitglied dazu einladen, zu „reden", d.h. seine Anliegen und Interessen auszudrücken. Um diesen Prozess in Gang zu setzen, schlüpfen Sie nacheinander in die Haut jedes Teammitglieds. Versuchen Sie, sich die Welt (wozu auch die anderen Teammitglieder gehören) aus dieser Perspektive anzuschauen. Reden Sie nicht aus der Position eines Außenstehenden *über* dieses Teammitglied („Er möchte sagen, dass ..."), sondern benutzen Sie ausschließlich die Ich-Form („Manchmal habe ich das Gefühl, ich könnte dem Teammitglied, das sich *Der Bibel-Mann* nennt, an die Gurgel gehen").

Während Schritte 1 und 2 idealerweise in Zweiergruppen bearbeitet werden sollten – wobei jeder der beiden dem Anderen durch Nachfragen hilft, dessen Inneres Team ausfindig zu machen –, kann Schritt 3 (zumindest bei einigen der Kleingruppenmitglieder) im Kontext der Gesamtgruppe erfolgen. Sie können das Ganze visuell verstärken, indem Sie den Namen und das Motto jedes Teammitglieds auf ein Schild schreiben, das Sie auf einen unterschiedlichen Stuhl legen. Wenn ein Gruppenmitglied bereit ist, die Botschaft eines bestimmten Mitglieds seines Inneren Teams zum Ausdruck zu bringen, sollte es sich auf den entsprechenden Stuhl setzen und mit den anderen Stühlen (die die restlichen Mitglieder seines Inneren Teams symbolisieren) interagieren. Die anderen Kleingruppenmitglieder können den Prozess unterstützen, indem sie dem Teammitglied, das gerade an der Reihe ist (= auf einem bestimmten Stuhl sitzt), Fragen stellen.

Die inneren Stimmen verstehen

Lassen Sie uns zusammenfassen, was wir bislang getan haben. Ihre Kleingruppe hat sich entschieden, die Qualität der Gemeinschaft dadurch zu steigern, dass jedes Gruppenmitglied seine jeweiligen Energien in die Gruppe einbringt. Um das zu erreichen, haben Sie die folgenden Maßnahmen ergriffen:

- Erstens haben alle Gruppenmitglieder den **Geistliche-Energie-Test** durchgeführt und auf diese Weise den Bereich ihrer stärksten Energie ausfindig gemacht. Das war vermutlich kein allzu schwieriger Schritt. Die meisten Menschen haben Spaß an einem solchen Test, und diejenigen, denen das nicht so geht, sollten nicht dazu gezwungen werden. Sie können einfach raten, was wohl ihre stärkste Energie ist, und gleichwohl am Prozess teilnehmen.
- Zweitens haben alle Gruppenmitglieder zumindest ein **Grundverständnis** für den Unterschied zwischen Energien einerseits – und andererseits der Möglichkeit, diese entweder über den Weg der Isolation oder den Weg der Gemeinschaft auszudrücken. Bei einigen Mitgliedern mag dieses Verständnis noch ziemlich oberflächlich sein, während andere bereits tiefer in den Prozess eingetaucht sind.
- Drittens haben alle Gruppenmitglieder im Bereich ihrer größten Energie ihre **inneren Stimmen analysiert**. Das war vermutlich etwas herausfordernder als die vorausgehenden Schritte, aber zu einem bestimmten Zeitpunkt wird jedes Gruppenmitglied das Formblatt für sein Inneres Team ausgefüllt vor sich liegen haben.

Vom Wahrnehmen zum Verstehen

Wenn Sie an diesem Punkt angelangt sind, sollten Sie sich der Tatsache bewusst sein, dass bereits etwas Bemerkenswertes geschehen ist. Sie haben nun – vielleicht zum ersten Mal – eine klare und detaillierte Beschreibung der inneren Ressourcen Ihrer Gruppe. Der schlichte Akt, bestimmten Realitäten, die andernfalls völlig unbeachtet blieben (z.B. „Energien", „innere Stimmen"), bestimmte Namen zuzuweisen, hilft dabei, diese Realitäten ans Tageslicht zu bringen, und ermöglicht Ihnen folglich, mit ihnen konstruktiv umzugehen. Zwar sind all dies zutiefst innere Prozesse, aber Sie werden nur in dem Maße mit ihnen umzugehen lernen, wie es Ihnen gelingt, sie zu „externalisieren" (also die inneren Realitäten durch äußere Symbole abzubilden).

Jetzt ist es an der Zeit, die gesammelten Daten auch zu nutzen, indem Sie aus dem, was Sie analysiert haben, praktische Konsequenzen ziehen. Die Energien müssen nicht nur beschrieben, sondern auch freigesetzt werden. Aber bevor das geschehen kann, sollten Sie sie wirklich verstanden haben. Es wäre z.B. ein Fehler, eine bestimmte – Ihnen wenig hilfreich erscheinende – innere Stimme loswerden zu wollen, bevor Sie nicht die tiefsten Anliegen und Interessen des entsprechenden Teammitglieds verstanden haben. Die folgenden drei Schritte tragen dazu bei, dass dieses Verständnis wächst:

Schritt 1: Teilen Sie die Team-Mitglieder in zwei Gruppen auf

Bis zu diesem Zeitpunkt haben wir uns peinlich darum bemüht, jedwede Bewertung der inneren Stimmen zu vermeiden. Eine verfrühte Bewertung kann nämlich zu einer verzerrten Wahrnehmung einiger Stimmen führen, einfach deshalb, weil sie nicht dem Idealbild entsprechen, das Sie von sich haben. Jetzt aber können wir mit dem Bewertungsprozess beginnen. Wie Paulus es in 1. Korinther 10,23 ausdrückt: „Alles ist erlaubt, aber nicht alles dient zum Guten. Alles ist erlaubt, aber nicht alles baut auf." Jetzt beginnen wir damit, zu fragen, was es genau ist, das *zum Guten dient* und *aufbaut*.

Das gesamte Buch hindurch haben wir eine Unterscheidung zwischen dem Weg der Isolation und dem Weg der Gemeinschaft gemacht. Von daher sollte es zu diesem Zeitpunkt nicht mehr allzu schwierig sein, jede der identifizierten Stimmen einem dieser beiden Wege zuzuordnen. Beachten Sie dabei bitte, dass es in diesem Prozess nicht darum geht, ob Ihnen eine bestimmte Stimme sympathisch oder unsympathisch ist, sondern ausschließlich, ob es sich dabei um einen Ausdruck des Wegs der Isolation oder des Wegs der Gemeinschaft handelt. Um diesen Unterschied zu verstehen, schauen Sie sich die Grafik auf der rechten Seite an. Im ersten Schritt (siehe Seite 125) habe ich bewusst alle Stimmen vollkommen unstrukturiert aufgelistet, einfach so, wie sie mir in den Sinn kamen. Nun habe ich damit begonnen, das Ganze zu strukturieren, indem ich jede Stimme entweder mit einem „Stolz-" oder einem „Bevollmächtigung-Schild" versehen habe.

Unter den Teammitgliedern mit dem „Stolz-Schild" befinden sich zwei, die ich recht sympathisch finde – die Stimmen, die ich als *Anti-Guru* und als *David* bezeichnet habe. Ich halte beide für ausgesprochen nette Gesellen, die meine Gefühle und Handlungen in starker Weise prägen, aber sie bringen eindeutig stolze Stimmen zum Ausdruck. Anderseits kann ich nicht sagen, dass ich die Stimme mit der Botschaft „Andere müssen wachsen, ich muss abnehmen" allzu sehr mag. Aber es ist eine wunderbar-bevollmächtigende Stimme, und ich kann sie deutlich in mir vernehmen.

Schritt 2: Bemühen Sie sich, das Wesen jeder Stimme zu verstehen

Als Ergebnis von Schritt 1 konnte ich *zwei* Seiten meines Inneren Teams ausfindig machen, die in vielen Bereichen gegeneinander streiten. Meine Herausforderung besteht darin, daraus *ein* Team zu formen. Allerdings wäre es verfrüht, damit jetzt schon zu beginnen. Zunächst müssen wir das Wesen jeder Stimme verstanden haben. Um an dieser Stelle weiterzukommen, nehmen Sie sich genügend Zeit, um die Hintergründe jeder einzelnen Stimme zu verstehen. Denken Sie an folgende Punkte:

- Einige Stimmen mögen den direkten Gegenpol der Position darstellen, die Sie offiziell vertreten. Ein Vegetarier kann z.B. die Stimme eines Fleischliebhabers in sich entdecken, ein Fundamentalist könnte eine liberale Stimme ausfindig machen, und ein Charismatiker mag auf eine anticharismatische Stimme stoßen.
- Einige Stimmen mögen laut daherkommen, während sich andere ganz leise artikulieren. Ihre Aufgabe besteht darin, besonders aufmerksam auf die leiseren zu hören.

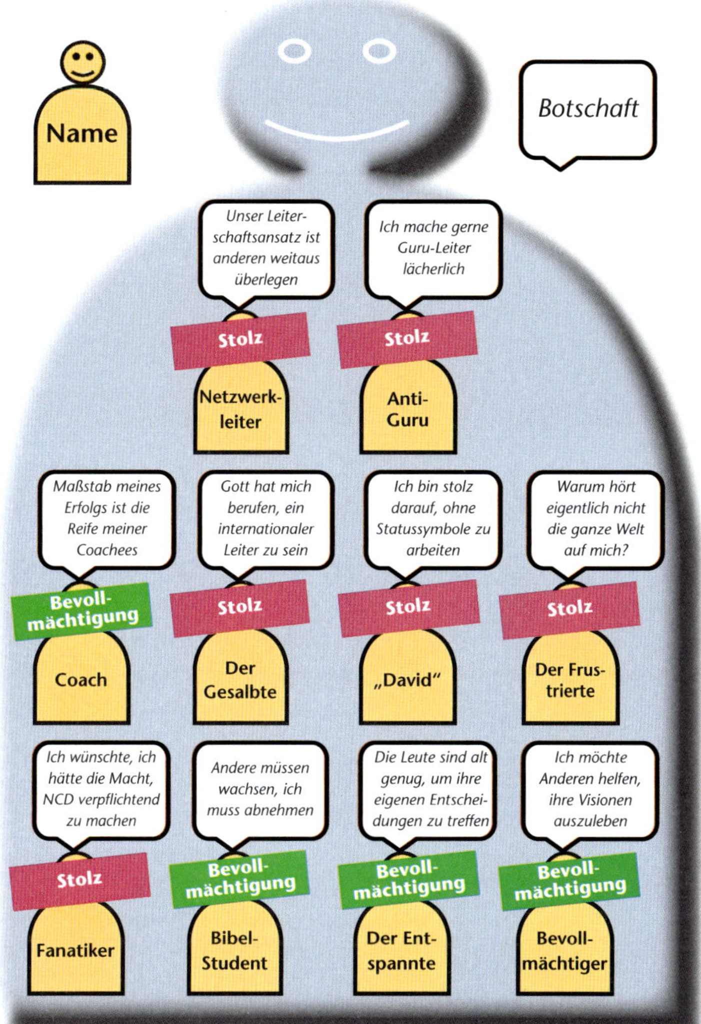

In diesem Schaubild habe ich jedem Mitglied meines Inneren Teams eine Kategorie zugewiesen – entweder „Stolz" (violett) oder „Bevollmächtigend" (grün). Da es keinen neutralen Ausdruck der Energien gibt, folgt jeder Ausdruck von Macht entweder dem Weg der Isolation („Stolz") oder dem Weg der Gemeinschaft („Bevollmächtigung").

- Einige Stimme mögen primär von Ihren Hormonen gespeist sein, während andere das Ergebnis philosophischer oder theologischer Reflexionen sind.
- Einige Stimmen mögen deutlich nichtchristliche Standpunkte ausdrücken. Vielleicht gibt es ja sogar ein „atheistisches" Mitglied in Ihrem Inneren Team (in der christlichen Tradition wird diese Konstellation als „Zweifel" bzw. „Anfechtung" bezeichnet).
- Einige Stimmen mögen Ihnen äußerst willkommen sein, andere dagegen gar nicht. Es ist wichtig, dass Sie Ihre persönlichen Vorlieben klar erkennen.

Schritt 3: Machen Sie die tieferen Interessen hinter jeder Stimme ausfindig

Der Zweck des vorangegangenen Schrittes war einzig und allein die Vorbereitung von Schritt 3, der das Zentrum dieses Kapitel darstellt. Für jede einzelne

Stimme, die Sie identifiziert haben – ganz besonders für diejenigen, die Sie am meisten beunruhigen – stellen Sie die folgende Frage: Was ist das tiefste Anliegen bzw. Interesse dieser Stimme? Es mag sein, dass die Botschaft, die Sie einem bestimmten Teammitglied zugeordnet haben, ausgesprochen fragwürdig klingt. Dennoch könnte sich ein absolut berechtigtes Anliegen *dahinter* verbergen. Es geht darum, dieses zugrunde liegende Anliegen ausfindig zu machen, zu verstehen und sich mit ihm zu befassen – andernfalls können Sie keinen Fortschritt erwarten. Die Anerkennung eines legitimen Anliegens hinter einer sündigen inneren Stimme bedeutet keineswegs, ein sündiges Verhalten stillschweigend hinzunehmen. Ganz im Gegenteil: Sie ist Voraussetzung, um der Realität von Sünde angemessen zu begegnen.

Schauen Sie sich noch einmal mein Beispiel an. Da gibt es einige Teammitglieder, die ich mit dem „Stolz-Schild" versehen habe, die aber eindeutig ein berechtigtes Anliegen ausdrücken. Zum Beispiel hat das Teammitglied mit dem Namen *David* recht in seiner kritischen Haltung gegenüber Guru-Leiterschaft. Es ist großartig, dass er Statussymbole zu vermeiden trachtet. *Davids* Problem ist indessen, dass er dadurch, dass er von seinem eigenen *David*-Standpunkt eine so hohe Meinung hat („Ich bin doch eindeutig besser als all diese Gurus"), eine Haltung voller Stolz an den Tag legt – genau die Haltung, die er bei den von ihm attackierten Gurus so sehr kritisiert. Ich muss also lernen, das berechtigte Anliegen meines *Davids* zu erkennen und anzuerkennen, um anschließend *Davids* Energie auf die Bevollmächtigung anderer Menschen zu lenken, vielleicht ja sogar auf einige der angeblichen Guru-Leiter.

Mehr im Internet

Auf 3colorsofcommunity.org finden Sie Antworten auf folgende Fragen:

- *Worin besteht der Unterschied zwischen einer „inneren Stimme" und einem potenziellen „Dämon"?*
- *Kann es Interessen von bestimmten innerer Stimmen geben, die nicht integriert werden sollten?*

Die Rückkehr mit sieben Dämonen

Warum ist es so wichtig, ein Verständnis für die tieferen Anliegen hinter den inneren Stimmen zu erlangen? Wenn Sie die dysfunktionalen Handlungen, die von einem bestimmten Mitglied Ihres Inneren Teams inspiriert werden, vermeiden wollen, ohne zuvor dessen Anliegen verstanden und aufgegriffen zu haben, wird dieses Teammitglied keineswegs Ruhe geben, sondern in irgendeiner Weise rebellieren – und höchstwahrscheinlich Ihre Versuche, sündige Verhaltensmuster zu vermeiden, sabotieren.

In Lukas 11,24–26 spricht Jesus über diese Gesetzmäßigkeiten: „Wenn der unreine Geist von einem Menschen ausgefahren ist, so durchstreift er dürre Stätten, sucht Ruhe und findet sie nicht; dann spricht er: Ich will wieder zurückkehren in mein Haus, aus dem ich fort gegangen bin. Und wenn er kommt, so findet er's gekehrt und geschmückt. Dann geht er hin und nimmt sieben andere Geister mit sich, die böser sind als er selbst; und wenn sie hineinkommen, wohnen sie darin, und es wird mit diesem Menschen hernach ärger als zuvor."

Mit diesem biblischen Bezug möchte ich nicht den Eindruck erwecken, dass eine innere Stimme ein „Dämon" sei, den es auszutreiben gelte (obwohl dies in sehr seltenen Fällen tatsächlich der Fall sein könnte). Der Vergleichspunkt ist vielmehr folgender: Es reicht nicht, einer unangenehmen Stimme einfach nur zu sagen, sie solle Ruhe geben. Wenn es uns nicht gelingt, die berechtigten Anliegen hinter einer dysfunktionalen Stimme aufzugreifen und sie in einer produktiveren Art auszudrücken, werden wir lediglich ein Vakuum schaffen, das noch viel mehr dysfunktionale Stimmen anzieht.

Ein inneres Team bilden

Bis zu diesem Zeitpunkt lag unser Augenmerk auf den einzelnen Mitgliedern des Inneren Teams (die kleinen orangefarbenen Figuren in unserem Diagramm). In diesem Kapitel werden wir uns auf den *Teamleiter* (die große graue Figur) konzentrieren. Der Ziel der drei in diesem Kapitel beschriebenen Schritte ist es, zu einer Entscheidung über konkrete Vorgehensweisen zu gelangen, die die identifizierten Energien so effektiv wie möglich auf ein gemeinschaftsförderliches Ziel lenken.

Das innere Konzil

Das von Friedemann Schulz von Thun inspirierte Konzept des Inneren Teams ist eine Metapher, die Ihnen helfen soll, mit inneren Realitäten umzugehen, die ähnlich wie ein wirkliches „Team" funktionieren – sei es im Sport, in der Politik oder in der Wirtschaft. Wir könnten genauso von einem „inneren Konzil", einem „inneren Parlament" oder einem „inneren Orchester" reden, um die gleichen Gesetzmäßigkeiten in geringfügig unterschiedlichen Nuancen auszudrücken.

All diese Metaphern haben eines gemeinsam: Immer gibt es jemanden, der das letzte Wort hat – einen Vorsitzenden (Konzil), einen Präsidenten (Parlament) oder einen Dirigenten (Orchester). Wie immer wir auch die Rolle dieses Leiters im Detail definieren mögen, er ist in jedem Fall gut beraten, sorgfältig auf die anderen Teammitglieder zu hören, bevor er eine Entscheidung trifft. Gute Leiter zeigen ihre Qualitäten vor allem darin, dass sie in der Lage sind, Teams zu bauen. Wenn es um „sündige Stimmen" geht, besteht die Herausforderung darin, darauf zu hören, was im Tiefsten hinter den artikulierten Worten steht, und die berechtigten Anteile herauszufinden (die in aller Regel mit den Energien verbunden sind), um ihnen zu einer auf das Reich Gottes gerichteten Ausdrucksform zu verhelfen.

In unserem Zusammenhang lautet die Frage, auf die wir eine Antwort finden müssen: *Wie können die einzelnen Mitglieder meines Inneren Teams ihre Energien auf die Entwicklung des entsprechenden Gemeinschaftsmerkmals richten?*

Schritt 1: Bestimmen Sie zwei Sprecher

An dieser Stelle ist es hilfreich, sich auf das wichtigste Mitglied jeder der beiden Seiten, die Sie in der vorausgegangenen Phase ausfindig gemacht haben, zu konzentrieren. Diese Mitglieder sollen als Sprecher aller Stimmen der jeweiligen Seite dienen. Das Verfahren für die Auswahl der beiden Sprecher ist allein Ihre (d.h. des Teamleiters) Sache. Wählen Sie zwei Mitglieder aus, die Ihnen repräsentativ für die anderen Stimmen erscheinen. Oder bitten Sie die Mitglieder auf jeder der beiden Seiten, jeweils einen Sprecher zu ernennen. Das ist ein wenig zeitaufwändiger, wie im wirklichen Leben auch, kann aber zu zusätzlichem Erkenntnisgewinn führen.

Schauen Sie sich mein Beispiel an (Seite 133). Ich habe meine beiden Sprecher jeweils mit einem blauen Kreis kenntlich gemacht.

- Als Sprecher für die **stolze Seite (violett)** habe ich das Mitglied mit dem Namen *Netzwerk-Leiter* ausgewählt. Seine Botschaft („Unser Leiterschaftsansatz ist anderen weitaus überlegen") bündelt viele der anderen stolzen Stimmen. Der *Netzwerk-Leiter* scheint auch deshalb ein passender Sprecher zu sein, weil er seine Sicht nicht so aggressiv oder emotional vertritt wie einige der Anderen (zum Beispiel der *Fanatiker* oder der *Anti-Guru*).

- Als Sprecher für die **bevollmächtigende Seite (grün)** habe ich – wahrscheinlich wenig überraschend – das Mitglied mit dem Namen *Bevollmächtiger* ausgewählt. Seine Botschaft („Ich möchte Anderen helfen, ihre Visionen auszuleben") drückt das zugrunde liegende Thema aller Mitglieder der bevollmächtigenden Seite (grün) aus.

Schritt 2: Moderieren Sie eine Diskussion zwischen den beiden Sprechern

Jetzt ist es die Aufgabe des Teamleiters (die graue Figur) eine Diskussion zwischen den beiden Sprechern zu moderieren. Ob Sie dies für sich alleine machen oder innerhalb Ihrer Kleingruppe, das Verfahren ist in beiden Fällen gleich. Stellen Sie drei Stühle wie folgt auf: Zwei Stühle sollten direkt einander gegenüberstehen. Dies sind die Stühle der beiden gegnerischen Sprecher. Der dritte Stuhl sollte im gleichen Abstand zu den anderen beiden Stühlen aufgestellt werden, aber nicht zu nahe an diesen stehen. Dies ist der Stuhl des Teamleiters. Legen Sie Schilder (mit Namen und Botschaft des jeweiligen Teammitglieds) auf jeden der Stühle, so dass klar ist, wer auf welchem Stuhl sitzt.

Als ich diese Übung durchführte, begann ich damit, dass ich mich auf den Stuhl des Teamleiters setzte und auf die anderen beiden Stühle mit den entsprechenden Schildern blickte. Dabei stellte ich mir vor, dass ich in einer „realen" Konfliktsituation mit zwei gegnerischen Teammitgliedern sei (eine Situation, die ich aus dem wirklichen Leben nur allzu gut kenne). Ich eröffnete unser Konzil mit den folgenden Worten:

Im Laufe unserer letzten Treffen hatten wir eine Menge ausgesprochen erhellender Gespräche, und es war für mich äußerst wertvoll, mehr über die Situation jedes Teammitglieds zu lernen. In diesem Treffen wollen wir einen entscheidenden Schritt weitergehen. Wir wollen entscheiden, wie alle Teammitglieder so zusammenarbeiten können, dass wir als Team bestmöglich zu „Bevollmächtigender Leitung" beitragen. Um dieses Ziel zu erreichen, sind wir darauf angewiesen, dass sich jedes Teammitglied einbringt.

Bitte denkt daran, dass ihr beiden die Sprecher der beiden „Seiten" seid, die wir in unserem Team ausfindig gemacht haben. Wenn wir nun darangehen, konkrete Entscheidungen zu treffen, sorgt bitte dafür, dass ihr die tiefsten Anliegen jedes einzelnen Teammitglieds aufgreift. Wir brauchen die Einsichten, Erfahrungen und Energien jedes Einzelnen. Beginnen wir mit dem Sprecher der „violetten" Seite unseres Teams: Wie würdest du das wichtigste Anliegen der Mitglieder, die du repräsentierst, zusammenfassen?

Beachten Sie bitte, dass das Thema, das ich als Teamleiter diesem inneren Konzil gab, ausdrücklich hieß: „Wie wir zu bevollmächtigender Leitung beitragen können", und nicht: „Wie wir einen Kompromiss zwischen Tugend und Sünde schließen." Nach diesen einführenden Worten (die ich zuvor vorbereitet hatte) setzte ich mich auf den „violetten Stuhl" und übernahm die Rolle des Sprechers der „stolzen Seite". Natürlich hatte ich seine Rede nicht vorbereitet, und so dauerte es eine Weile, bis ich über die Frage des Teamleiters ausreichend lange nachgedacht hatte.

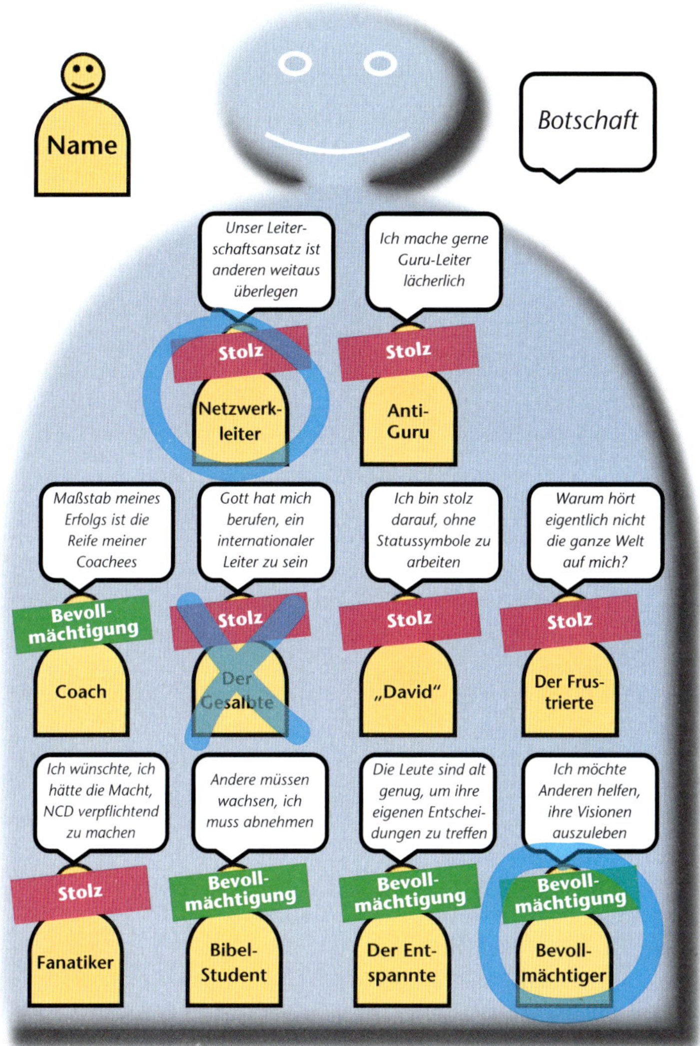

Der Teamleiter muss eine Entscheidung treffen. In jedem der beiden Bereiche – „Stolz" und „Bevollmächtigung" – habe ich die führende Stimme ausgewählt (blauer Kreis). Es gab eine bestimmte Stimme, die mir derart unreif erschien, dass ich mich komplett von ihr verabschiedet habe. Ihr berechtigtes Anliegen kann von anderen Teammitgliedern sehr viel effektiver wahrgenommen werden.

Ja, was ist unser größtes Anliegen? Wir sind sicher damit einverstanden, dass es generell ein gutes Ziel ist, andere Menschen zu bevollmächtigen, auch wenn an dieser Stelle nicht unsere stärkste Leidenschaft brennt. Unsere Sorge ist, dass wir nicht genügend Anerkennung erhalten für das Opfer, das wir bringen. Einige von uns befürchten, dass wir dann, wenn wir uns einzig und allein auf die Bevollmächtigung anderer Menschen konzentrieren, allmählich von den Aufgaben abgelenkt werden, die wir nun einmal zu erfüllen haben. Ich meine, es ist doch einfach wahr, dass unser Ansatz von Leiterschaft anderen überlegen ist. Ich kann sogar dem „Fanatiker" in unserem Team zustimmen, der gerne die Macht hätte, die Dinge, an die wir glauben, verpflichtend zu machen. Die Welt wäre ganz gewiss ein besserer Ort, wenn das geschähe.

Ich ging zurück auf den Stuhl des Teamleiters und dachte einige Minuten lang über das nach, was ich gerade gehört hatte. Dann sagte ich:

Ich verstehe dein Anliegen sehr gut. Meine Sorge ist, dass deine Haltung – weil man sie leicht als arrogant wahrnehmen kann – am Ende deine tiefsten Interessen untergräbt. Anders ausgedrückt: Indem du den vorgeschlagenen Weg gehst, erreichst du deine Ziele gerade nicht. Und ich kann auch nicht sehen, dass du mit deiner derzeitigen Situation wirklich glücklich bist. Habe ich recht?

Ich ging zurück auf den „violetten Stuhl" und mir wurde klar, dass keines der violetten Teammitglieder wirklich glücklich war. So dachten wir einige Zeit darüber nach, wie es gelingen könnte, dieses Glück wieder herzustellen. Der Sprecher der „grünen Seite" hatte eine Fülle überraschend hilfreicher Ideen. Er berichtete von den Erfahrungen einiger seiner Teammitglieder, die keinerlei Bedarf nach Anerkennung haben und sehr glücklich damit sind, da es sie befreit, das zu tun, was in ihren Augen das Richtige ist, ganz gleich, wie andere dies auch interpretieren mögen. In dieser Phase der Diskussion beneidete der Vertreter der violetten Seite tatsächlich die emotionale Freiheit der grünen Mitglieder. Die Diskussion setzte sich noch etwa 50 Minuten lang fort, und ich bewegte mich fortwährend zwischen den drei Stühlen hin und her.

Wenn Sie diese Übung in Ihrer Kleingruppe durchführen, sollten die anderen Gruppenmitglieder nicht unnötig eingreifen. Ihre wichtigste Aufgabe ist es, dem „inneren Konzil", das sich vor ihren Augen und Ohren abspielt, zuzuhören. Wenn die Diskussion ins Stocken gerät, können sie Fragen stellen, die immer direkt an eine der drei beteiligten „Personen" gerichtet sein sollten. Der alleinige Zweck dieser Fragen sollte es sein, die Diskussion zwischen den drei Personen zu fördern – und nicht, sie in irgendeiner Weise zu beeinflussen.

Schritt 3: Treffen Sie eine integrierte Entscheidung

Selbst wenn einige Mitglieder des Inneren Teams diese Art von Diskussion als Selbstzweck empfinden mögen – sie sind so glücklich, dass (endlich) jemand ihnen zuhört und ihr Anliegen ernst nimmt –, der Teamleiter weiß, dass an einem bestimmten Punkt eine Entscheidung getroffen werden muss. In unserem konkreten Falle geht es darum, einen Aktionsplan zu entwickeln, von dem die Gemeinschaft profitieren wird.

Natürlich ist das unmittelbare Anwendungsfeld für diesen Aktionsplan die Kleingruppe selbst. Es kann aber auch sein, dass Sie auf Ideen kommen, wie Sie Ihre Energien in andere Formen von Gemeinschaft innerhalb Ihrer Gemeinde investieren können – oder über Ihre Gemeinde hinaus. Da auch ein solches nach außen gerichtetes Engagement eine direkte Frucht Ihrer Kleingruppe wäre, sollten Sie es bewusst ins Auge fassen.

Wenn wir an einem Aktionsplan arbeiten, ist es wichtig, nicht auf ein abstraktes Ideal umzuschalten, das den tatsächlichen Interessen der einzelnen Teammitglieder nicht gerecht wird. Ein solcher Versuch würde nicht funktionieren, da die zurückgewiesenen Mitglieder mit Sicherheit Wege fänden, die gesetzten Ziele zu unterlaufen. Auf der anderen Seite muss deutlich betont werden, dass das Ziel dieser Übung natürlich nicht darin besteht, einen Kompromiss zwischen Tugend und Sünde herzustellen, sondern alle identifizierten Energien in den Weg der Gemeinschaft zu investieren (in meinem Beispiel: in bevollmächtigende Leitung).

Lassen Sie mich auf meine früheren Anmerkungen zu einem angemessenen Umgang mit dem Gebet zurückkommen (siehe Seite 110). Wenn Sie für einzelne Menschen in Ihrer Kleingruppe beten, dann konzentrieren Sie sich nicht darauf, dass sie irgendetwas „loswerden". Konzentrieren Sie sich vielmehr auf die positiven Beiträge für die Gemeinschaft, für die sich jeder entschieden hat, und beten Sie für Disziplin, Weisheit und übernatürliche Kraft in diesem Prozess. Sie können ganz sicher sein, dass – als Nebeneffekt der Erreichung dieses Ziels – die Gruppenmitglieder genau die Dinge loswerden, die sie loswerden sollten.

Beispiel für eine integrierte Entscheidung

Als ich mit meinem Inneren Team an einer integrierten Entscheidung arbeitete, verlangte ich, dass das gesamte Team an dieser Entscheidung mitarbeitete, indem jedes Teammitglied seinen Beitrag zu leisten hatte. Dieser Prozess zog sich eine ganze Weile hin. Was mein Inneres Team schließlich entschied, war Folgendes:

Zumindest 18 Monate lang wird sich Christian in großer Einseitigkeit darauf konzentrieren, andere Menschen zu coachen, um sie zu bevollmächtigen. Dieses Coaching wird nicht im Bereich seiner beruflichen Kompetenz erfolgen (also im Bereich Gemeindeentwicklung), sondern wird sich auf Christen und Nichtchristen konzentrieren, die sich mit ganz profanen, banalen Fragen des täglichen Lebens abmühen. Sein Erfolg wird sich am Grad der Bevollmächtigung seiner Coachees bemessen. Jedes Teammitglied wird die Gelegenheit haben, sich in die Erfüllung dieser Aufgabe zu investieren. Während wir den artikulierten Vorschlägen der „violetten Teammitglieder" zum größten Teil nicht folgen können, weil sie dem Gesamtziel nicht dienlich sind, werden wir ihre tiefsten Anliegen berücksichtigen und ihre Energien einbeziehen.

Es sollte deutlich geworden sein, dass eine integrierte Entscheidung nicht mit einem fragwürdigen Kompromiss verwechselt werden sollte. Die sündigen Stimmen in uns zu beobachten und ihre gerechtfertigten Anliegen herauszufinden ist nicht das Gleiche, wie das umzusetzen, was diese Stimmen empfehlen. Unsere Aufgabe besteht darin, auf die Stimme des Heiligen Geistes zu hören, auf das bedacht zu sein, was wahrhaftig, ehrbar, gerecht, rein, liebenswert ist und einen guten Ruf hat, sei es eine Tugend, sei es ein Lob, um es mit den Worten von Philipper 4,8 auszurücken. Das ist genau das, wozu uns die Arbeit mit dem Inneren Team verhilft. Wir kommen nicht weiter, wenn wir das potenziell Böse einfach ignorieren. Wir müssen es zunächst einmal wahrnehmen, es ans Tageslicht bringen und uns in einer konstruktiven Weise damit auseinandersetzen. Erst auf dieser Grundlage können wir dann konkrete Maßnahmen ergreifen.

Mehr im Internet

Auf 3colorsofcommunity.org finden Sie Antworten auf folgende Fragen:

- *In welchen Fällen wäre es gerechtfertigt, dass der Teamleiter ein bestimmtes Teammitglied rundweg zurückweist, wenn er den Eindruck hat, dass diese Stimme das Team in keiner Weise voranzubringen vermag?*
- *Führt eine „integrierte Entscheidung" dazu, dass der Kampf zwischen den verschiedenen Teammitgliedern zum Erliegen kommt?*

Ein freiwilliger Rückzug

Im Verlauf dieses Prozesses entschied ich mich, dass es nötig war, eines meiner Teammitglieder *(Der Gesalbte)* darum zu bitten, entweder zu kooperieren oder aus dem Team auszuscheiden. Ich schrieb ihm die folgende Botschaft: „In deiner derzeitigen Rolle wirst du nicht mehr gebraucht. Alle deine berechtigten Anliegen werden durch andere Teammitglieder sehr viel besser wahrgenommen. Und die Unreife hinter deinen stolzen Anliegen passt einfach nicht mehr in die jetzige Konstellation unseres Teams."

Das Überraschende war, dass zu dem Zeitpunkt, als ich mit dem *Gesalbten* reden wollte, er bereits mein Team verlassen hatte – offensichtlich aus eigenem Antrieb. Ich vermute, er fühlte sich bei uns aufgrund des veränderten Klimas in unserem Team einfach nicht mehr heimisch.

Mehr ganzheitliche Gruppen starten

Meine Erfahrung ist, dass einige christliche Leiter (insbesondere diejenigen, die mit der üblichen Kleingruppenliteratur vertraut sind) überrascht reagieren, wenn sie hören, welche Bedeutung wir der – geistlichen und beziehungsmäßigen – Qualität von Gemeinschaft beimessen.

„Bist du denn gar nicht an Wachstum interessiert?", fragte mich ein Kleingruppenexperte, dem ich auf einer Konferenz, auf der wir beide sprachen, begegnete.

„Ich bin leidenschaftlich an Wachstum interessiert", sagte ich. „Das ist doch der Grund, warum wir uns so sehr auf die Qualität der christlichen Gemeinschaft konzentrieren. Jeder Versuch, die Frage der Qualität auszublenden, führt unweigerlich zu Gruppen, die einfach nicht attraktiv genug sind."

Geistliche Wachstumsfaktoren

Auch wenn wir bislang nicht ausdrücklich über Wachstum und Multiplikation gesprochen haben, waren diese Themen auf nahezu jeder Seite dieses Buches präsent. Wachstum geschieht doch nicht dann, wenn wir Menschen dazu auffordern zu wachsen („Jetzt wachst doch endlich!"), sondern dann, wenn wir die Dinge *tun*, die zu Wachstum führen:

- Sobald wir **unsere Energien** ausfindig gemacht und freigesetzt haben, wird der Nutzen von anderen Menschen – sowohl innerhalb als auch außerhalb unserer Gruppe – wahrgenommen. Nutzen? Was geschieht, ist doch dies: Menschen werden von der Liebe Gottes berührt. Ich halte das für einen Wachstumsfaktor par excellence.
- **Himmel und Hölle** bezeichnen die relevantesten (weil lebensbestimmenden) Dimensionen unseres Lebens, selbst wenn einige von uns diese Begriffe für antiquiert halten mögen. Das gilt unabhängig davon, ob wir mit Christen oder Nichtchristen zu tun haben. Diese beiden Dimensionen anzusprechen (mit welchen Begriffen auch immer) ist alles Andere als ein seichtes Unterhaltungsprogramm, sondern ein Prozess, der Menschen näher zu Gott bringt. Ich halte das für einen Wachstumsfaktor par excellence.
- Schließlich: Der strategische Schlüssel des Kleingruppenkonzepts, wie es in diesem Buch beschrieben wird, ist die fortwährende **Entwicklung von Leitern**. Bevollmächtigende Leitung führt unabwendbar zur Bevollmächtigung neuer Leiter. Was ist das Wesen der „Macht" hinter „Bevollmächtigung"? Es ist geistliche Macht in ihrer konzentriertesten Form. Ich halte das für einen Wachstumsfaktor par excellence.

Schauen wir uns den letzten Punkt – Entwicklung von Leitern – ein wenig näher an. Wie Sie im Schaubild auf der rechten Seite sehen können, steht das Gemeinschaftsmerkmal „bevollmächtigende Leitung" im Zentrum des Drei-Farben-Diagramms. Es ist Aufgabe bevollmächtigender Leiter, all die anderen Gemeinschaftsmerkmale zu fördern. Sobald Leiter gelernt haben, wie das praktisch geschieht, wird es so gut wie nichts mehr geben, das sie stoppen kann!

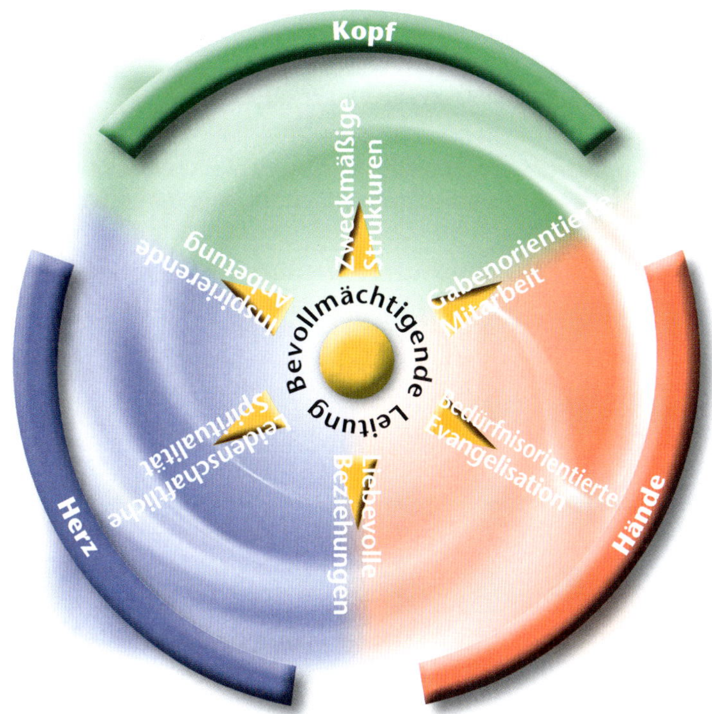

„Bevollmächtige Leitung" kommt eine besondere Position innerhalb der sieben Gemeinschaftsmerkmale zu – dieses Gemeinschaftsmerkmal steht im Zentrum des Drei-Farben-Kompasses. Wenn die Leiter gelernt haben, die anderen sechs Gemeinschaftsmerkmale gezielt zu fördern, wird die Multiplikation von Leitern unausweichlich zu einer Multiplikation von Gruppen führen.

Wo sollen die benötigten Leiter herkommen?

„Wo können wir solche Leiter finden?", mögen Sie fragen. Meine Antwort: „Entwickeln Sie diese in Ihren Kleingruppen." „Ja gut", mögen Sie sagen, „und wer wird diese Kleingruppen gründen?" Meine Antwort: „Die Kleingruppenleiter." „Das klingt nach einem Zirkelschluss", mögen Sie einwenden, und ich stimme Ihnen zu.

Der beste Ort, Leiter hervorzubringen, ist die Kleingruppenarbeit, und der beste Weg, Kleingruppen zu gründen, ist Leiterschaftsentwicklung. Beides hängt voneinander ab. Es ist ein wenig wie die klassische Frage: „Was war zuerst da, die Henne oder das Ei?" Das Geheimnis liegt darin, mit dem zu beginnen, was uns gerade zur Verfügung steht, sei es eine Henne oder ein Ei. Es ist lediglich eine Frage der Zeit, bis Sie *beides* haben werden: sowohl ein blühendes Kleingruppenleben als auch eine Produktionsstätte für Leiter.

Nicht Gruppen teilen – sondern Leiter multiplizieren

In der neueren Kleingruppenliteratur gibt es einen überwältigenden Konsens, dass der Schlüssel zur Multiplikation von Gruppen nicht in der Gruppenteilung liegt (also darin, eine Gruppe in zwei Hälften zu schneiden), sondern in der Multiplikation von Leitern. Carl George, eine Autorität im Bereich von Kleingruppen, hat diese Einsicht in den folgenden Slogan verdichtet: „Betrachten Sie sich selbst als einen Produzenten von Leitern – und Ihre Gruppe als ein Labor, das Leiter hervorbringt." Genau darum geht's.

Für kaum einen Menschen ist es motivierend, etwas aufzulösen, das als angenehm empfunden wird und ganz offensichtlich funktioniert. Aber nahezu jeder ist motiviert, dazu beizutragen, dass etwas Neues in Bewegung gesetzt wird. Betrachten Sie die folgenden drei Schritte – und das Problem von Henne und Ei wird schon bald als ein rein akademisches erscheinen:

1. Potenzielle Leiter auswählen

„Potenzielle Leiter" sind nicht Leiter mit Jahren von Leitungserfahrung, sondern Menschen, in denen Sie das Potenzial sehen, in Zukunft Leiter einer Kleingruppe zu werden. Wenn Sie darüber nachdenken, wer als potenzieller Leiter in Frage kommt, sollten Sie folgende Kriterien bedenken:

- Menschen, die **„Macht" als höchste oder zweithöchste Energie** haben. Das bedeutet nicht notwendigerweise, dass es sich um begabte Leiter handelt, aber es bedeutet, dass in diesen Menschen eine Energie brodelt, die darauf wartet, im Bereich von bevollmächtigender Leitung freigesetzt zu werden.
- Menschen, die **eine der vier Leiterschaftsgaben** (Leitung, Organisation, Apostel, Hirtendienst) haben, die vom *3-Farben-Gabentest* (der Teil des Buches *Die 3 Farben Deiner Gaben* ist) ausfindig gemacht werden. Für Kleingruppenleiter ist es optimal, wenn sie die Gabe des Hirtendienstes haben. Nach unseren Untersuchungen haben etwa 10 Prozent der Christen diese Gabe.
- Menschen, die eine der Leiterschaftsgaben als eine ihrer **„latenten" Gaben** (als Ergebnis des *3-Farben-Gabentests)* ausfindig gemacht haben. Für eine gewisse Zeit als Co-Leiter zu arbeiten wäre eine großartige Möglichkeit für diese Menschen, um herauszufinden, ob diese latente Gabe sich möglicherweise zu einer manifesten Gabe entwickeln mag.
- **Beobachten** Sie schließlich, wie sich Mitglieder Ihrer Kleingruppe verhalten. In den meisten Fällen wird es Ihnen nicht allzu schwerfallen, auf diese Weise auf vorhandenes Leitungspotenzial zu stoßen, selbst wenn es noch unterentwickelt sein mag. Indem Sie diesen Mitgliedern die Möglichkeit geben, zu Co-Leitern zu werden, geben Sie ihnen eine Chance zu wachsen.

2. Immer mit Co-Leitern arbeiten

Es sollte nicht eine einzige Kleingruppe geben, die nicht sowohl einen Leiter als auch einen Co-Leiter hat. Das sollte so selbstverständlich werden wie das Aufschlagen der Bibel in einer Bibelgruppe oder das Singen von Lobpreis-Liedern in einer Lobpreis-Gruppe. Der effektivste Weg, um zukünftige Leiter zu trainieren, ist der gemeinsame Dienst in einem Leiterschaftsteam. Co-Leiter sind nicht „Assistenten" des Leiters, auch wenn sie zeitweise aus Trainingsgründen Aufgaben eines Assistenten übernehmen mögen (siehe Seite 47). Von Anfang an besteht das Ziel darin, dass der Co-Leiter einmal die Aufgabe des Gruppenleiters übernimmt.

Diese Art von On-the-Job-Training orientiert sich an den vier Schritten, die für alle Formen von Jüngerschaftstraining gelten: (1) Ich mache es und du schaust mir zu. (2) Ich mache es und du unterstützt mich. (3) Du machst es und ich unterstütze dich. (4) Du machst es und ich schaue dir zu. So geschieht in allen Bereichen des gemeindlichen Lebens Bevollmächtigung.

3. Den Leitungs-Nukleus trainieren

Abgesehen von derartigem On-the-Job-Training ist es sinnvoll, eine Form von Ausbildung anzubieten, die über die momentan empfundenen Bedürfnisse hinausgeht. Ein gezieltes Training des Leitungs-Nukleus – Leiter, Co-Leiter und Gastgeber – ist eine Investition, die sich auf jeden Fall lohnt. Ein solches Training kann Teil einer Wochenendtagung sein oder auch in einer Serie von Abendveranstaltungen stattfinden, die auf der Ebene der Gesamtgemeinde angeboten werden.

Im Buch *Die 3 Farben der Leiterschaft* finden Sie alles Arbeitsmaterial, das sie für diese Art von Training benötigen. Vermutlich werden Sie insbesondere den *Empowerment-Test* schätzen, der Ihre eigenen Wachstumsbereiche ausfindig macht und auch die Wachstumsbereiche der Menschen, die Sie bevollmächtigen möchten. Außerdem bietet das Buch eine detailliertere Anleitung, wie Sie *Spiritual Change Talk* als Methode der Bevollmächtigung einsetzen können.

Strukturelle Fragen

Wenn Sie neue Gruppen gründen wollen, sollten einige strukturelle Fragen bedacht werden. Es ist wichtig, dass Sie zu jedem der folgenden Punkte einen klaren Plan haben, wie Sie vorzugehen gedenken:

Die Größe Ihrer Zielgruppe

Ungeachtet dessen, was Sie zu dieser Frage gehört haben mögen, in Wahrheit gibt es so etwas wie eine „ideale Gruppengröße" nicht. In der Kleingruppenliteratur habe ich zu dieser Frage alle möglichen Vorschläge gefunden (das niedrigste war 4 Personen, das höchste 17 Personen und so ziemlich alles dazwischen). Aber als Faustregel ist es vermutlich nicht falsch, etwa 10 Personen anzustreben.

Der Umgang mit Neuen

Sie müssen einen klaren Plan haben, auf welche Weise Menschen Mitglieder Ihrer Gruppe(n) werden können. Was immer Ihr Verfahren auch sein mag, machen Sie es transparent und einfach. Und wenn irgend möglich, machen Sie einen *einzigen* Schritt daraus. Vermeiden Sie eine Serie von ungeschriebenen Erwartungen (z.B. „Ruf mich an – versuch's noch mal, wenn ich nicht zu Hause bin – dann fülle ein Formular aus – und dann kannst du ja vorbeikommen, um dir das Ganze anzuschauen", insgesamt vier Schritte!). Sie sollten beachten, dass für viele Neue die Notwendigkeit, einen Anruf zu machen, sehr viel abschreckender sein kann, als Sie selbst es vermuten würden.

Mehr im Internet

Auf 3colorsofcommunity.org finden Sie Antworten auf folgende Fragen:

- *Welche Staffelpreise gibt es, wenn wir den Geistliche-Energie-Test in einer ganzen Gruppe einsetzen wollen?*
- *Wie kann ich das Leiterschaftstraining, das in „Die 3 Farben der Leiterschaft" beschrieben wird, erhalten?*

Zeitlich befristete Gruppen

Keine Kleingruppe ist dafür bestimmt, endlos fortgeführt zu werden, aber einige Gruppen vermitteln diesen Eindruck. Zu einem bestimmten Zeitpunkt (klar terminiert) findet das erste Gruppentreffen statt – aber dann gibt es keinerlei Hinweis darauf, wie lange der Gruppenprozess andauern soll (kein Datum für ein Abschlusstreffen). Aufgrund dieses strukturellen Defizits durchlaufen die meisten Gruppen einen quälend langen Sterbeprozess, bevor sie irgendwann eingestellt werden. Das muss vermieden werden, und es kann auf recht einfache Weise vermieden werden, wenn die Gruppe von Anfang an zeitlich befristet ist. Erwägen Sie eine Periode von 10 bis 18 Wochen. Besonders Neuen fällt es leichter, Zugang zu einer Gruppe zu finden, wenn alle Mitglieder zur gleichen Zeit beginnen (also zu diesem Zeitpunkt jeder „neu" ist). Wenn die vereinbarte Zeit abgelaufen ist, steht es Ihnen immer noch frei – nach gründlicher Überprüfung – den Zyklus zu verlängern oder einen neuen Zyklus mit den gleichen Gruppenmitgliedern zu beginnen.

Beziehung zur Gesamtgemeinde

Natürlich können Sie eine Kleingruppe gründen, die keinerlei Beziehung zu einer Ortsgemeinde hat. Aber das ist eher die Ausnahme als die Regel. In den meisten Fällen ist eine Kleingruppe Teil einer Ortsgemeinde. Wenn die Leitung der Gemeinde von der Bedeutung von Kleingruppen überzeugt ist – Sie können davon ausgehen, dass das der Fall ist, wenn die Gemeinde anhand der natürlichen Gemeindeentwicklung arbeitet –, wird das Ihr eigenes Engagement ungemein erleichtern. In diesem Fall hat Ihre Gemeinde vermutlich bereits Kleingruppen-Koordinatoren, Gruppen-Coaches oder etwas Ähnliches – Menschen, die die Kleingruppenleiter durch Training und Coaching kontinuierlich unterstützen.

Erfahrungen geistlicher Vollmacht

Einige Traditionen nennen es *Salbung*. Andere sprechen von *geistlicher Vollmacht*. Wiederum andere benutzen den Begriff *Charisma*. Viele interpretieren es als die *Gegenwart des Heiligen Geistes*. Im Grunde sind dies alles lediglich unterschiedliche Weisen, die gleiche Realität zu beschreiben. Es sind Versuche, ein geistliches Phänomen zu benennen, dass sich nicht vollständig in Worte fassen lässt. Es ist mehr als nur ein Gefühl. Etwas, das zu Frucht führen wird. Kraft. Authentizität. Zukunft. Gottes Reich.

Ich habe gelernt, dass Erfahrungen dieser Art in dem Maße wahrscheinlicher werden, je stärker unser Engagement in eine geistliche Sache von hoher Energie in genau diesem Bereich begleitet wird. Man kann diese Form geistlicher Vollmacht deutlich wahrnehmen in Menschen ...

- deren Versuchung Stolz ist – und die buchstäblich ihr ganzes Leben der Bevollmächtigung anderer Menschen widmen;
- deren Versuchung Wollust ist – und die ihre Kreativität in inspirierende Anbetungserfahrungen fließen lassen, die alle fünf Sinne gefangen nehmen;
- deren Versuchung Trägheit ist – und die ansteckende Leidenschaft für den Herrn ausstrahlen;
- deren Versuchung Völlerei ist – und die es geschafft haben, ihrem eigenen Leben und dem Leben anderer Menschen eine lebensförderliche Struktur zu geben;
- deren Versuchung Neid ist – und die ihre Zeit investieren, um anderen Menschen dabei zu helfen, im Einklang mit ihren Gaben zu leben;
- deren Versuchung Gier ist – und die zu Vorbildern dafür geworden sind, was es heißt, das Empfangene mit anderen zu teilen;
- deren Versuchung Wut ist – und denen es gelungen ist, Gerechtigkeit und Gnade in Balance zu bringen.

Mehr als bloße Technik

Warum erwähne ich all das ausgerechnet in einem Kapitel, in dem es um die Multiplikation von Kleingruppen geht? Weil es eine Illusion wäre zu meinen, „Multiplikation" sei eine rein technische oder sogar mathematische Angelegenheit. Multiplikation, von der hier die Rede ist, bedarf geistlicher Vollmacht. Und geistliche Vollmacht hat sehr viel mehr mit unseren gottgegebenen Energien zu tun, als die meisten von uns glauben. Ja, die Freisetzung unserer Energien über den Weg der Gemeinschaft – das ist nicht weniger als *der* Schlüssel zu geistlicher Vollmacht.

Christliche Gemeinschaft – ein Stück Himmel

Ich habe wiederholt erklärt, dass dies ein Buch über „Himmel und Hölle" ist. Nun ist es an der Zeit, etwas präziser zu formulieren. Dieses Buch bietet keine Erklärung von Himmel und Hölle an sich. Es konzentriert sich in erster Linie auf die Realität *zwischen* Himmel und Hölle. *Dies* ist unsere Realität, und es ist die Realität, mit der jede Kleingruppe zu tun hat.

Himmel und Reich Gottes

Jeder von uns erfährt den Einfluss der Hölle, und wir leiden darunter. Gleichzeitig erleben wir immer wieder etwas von der himmlischen Realität, und wir sehnen uns danach, mehr davon zu erleben. Eine der wichtigsten Aufgaben einer christlichen Kleingruppe besteht darin, Menschen genau dabei zu helfen. Alles Andere kann an andere Organisationen delegiert werden. Diese Verantwortung indessen lässt sich nicht delegieren. Es ist das, was eine Gemeinschaft zu einer christlichen Gemeinschaft macht.

Wir haben bereits gesehen, dass die Begriffe *Reich Gottes* und *Reich des Himmels* in der Bibel die gleiche Bedeutung haben (siehe Seite 108). Himmel ist da, wo Gott ist. Im Neuen Testament werden die Begriffe Reich Gottes und Reich des Himmels mit der Person Jesu Christi verknüpft. In ihm wird das zukünftige Gottesreich eine gegenwärtige Realität. Und es wird immer dort Realität, wo Nachfolger Jesu in Gemeinschaft mit ihm und in Einklang mit seinem Willen leben.

Ewigkeit – ein quantitativer oder qualitativer Begriff?

Wenn Menschen das Wort „Himmel" hören, denken die meisten an das Leben nach dem Tod. Das ist gewiss nicht falsch, da „Himmel" mit dem Leben nach dem Tod eine Menge zu tun hat. Aber es wäre irreführend, das Wort ausschließlich auf diesen Bereich zu beziehen.

Ein Problem besteht darin, dass die meisten Menschen in erster Linie – wenn nicht gar ausschließlich – ein quantitatives Verständnis von Ewigkeit haben. Im Gegensatz dazu beschreibt die Bibel Ewigkeit in erster Linie als qualitative Kategorie.

- Die **quantitative Sichtweise** versteht Ewigkeit als „ewig lang" – etwas, das schlicht niemals aufhört. Es beginnt zu einem bestimmten Zeitpunkt (die meisten vermuten, irgendwann nach dem Tod) und es setzt sich unendlich fort.
- Im Gegensatz dazu versteht eine **qualitative Sichtweise** Ewigkeit (und folglich den Himmel) als eine einzigartige, göttliche Qualität. Diese Qualität ist so gewaltig, dass selbst der Tod sie nicht zerstören kann. Wir können diese Qualität bereits hier und jetzt erfahren, selbst wenn sie derzeit noch durch die Realität von Sünde und Tod getrübt ist. In ihrer ganzen Fülle werden wir sie in der Zukunft erfahren, wenn die Realität von Sünde und Tod keinen Einfluss mehr auf uns hat.

Die erste Sichtweise presst Begriffe wie Ewigkeit und Himmel in die Kategorien von Raum und Zeit; die zweite Sichtweise betrachtet sie als das, was sie sind – Realitäten jenseits von Raum und Zeit, die gleichwohl einen dramatischen

Einfluss auf Raum und Zeit haben. Im Weltbild der quantitativen Sichtweise bedeutet „oben" (als beschreibender Begriff für Himmel) eine höher gelegene geografische Region; im Weltbild der qualitativen Sichtweise bedeutet „oben" dagegen ein höheres Qualitätsniveau – *göttliche Qualität*.

Die Realität des Himmels, wie wir sie nach unserem Tod erfahren werden, wird nicht etwas völlig Anderes sein als das, was wir bereits heute erleben. Was wir sicher wissen, ist, dass im Himmel Sünde und Tod aufgehört haben werden zu existieren. Aber es wird einen nahtlosen Übergang geben zwischen den göttlichen Qualitäten, in die wir heute investieren, und denen, die uns im zukünftigen Leben begegnen werden. Die Bibel betont: „Die Liebe hört niemals auf" (1. Kor. 13,8). Das bedeutet: Alles, was wir von Gottes Liebe durchdringen lassen – und sie ist das Zentrum aller sieben Gemeinschaftsmerkmale – wird ewigen Bestand haben.

Der Lebensstil des Himmels

Die Aufgabe einer christlichen Gemeinschaft ist es, den Lebensstil des Himmels sichtbar zu machen. Das ist das Relevanteste, Attraktivste und Hilfreichste, was wir Nichtchristen bieten können. Viele von ihnen haben die Realität der Hölle, die sie in allen nur erdenklichen Schattierungen erleben, gründlich satt. Sie sehnen sich nach der Realität des Himmels – auch wenn sie andere Worte benutzen mögen, um ihre derzeitige Situation und ihre Sehnsucht zu beschreiben. Sie sehnen sich nach einer Gemeinschaft, die für sie zu einem Fenster zum Himmel werden kann.

Was geschieht, wenn diese Menschen einer christlichen Gruppe begegnen, die soeben entschieden hat, dass „Himmel" etwas ist, womit man heute keinem Menschen mehr kommen kann? Pech gehabt! Wie glücklich können sich dagegen diejenigen schätzen, die einer christlichen Gruppe begegnen, die sich soeben entschieden hat, dem Lebensstil des Himmels Ausdruck zu geben, indem jedes Mitglied die eigenen Energien in die Gemeinschaftsmerkmale investiert, durch die der Himmel sichtbar, fühlbar, zugänglich – kurz gesagt: wirklich wird.

Hölle als „Un-Leben"

Selbst diejenigen Nichtchristen, die nicht an die Ewigkeit glauben – im Sinne eines Ortes und einer Zeit nach dem Tod –, sind oft bemerkenswert empfänglich für ein qualitatives Verständnis von Ewigkeit. Lasst uns alles tun, dass sie in diese Dimension eintreten und ihre Kraft erfahren. Sobald sie durch Jesus Zugang zu diesem Kraftfeld bekommen haben, werden sie keinen Zweifel mehr haben, dass diese Qualität sogar den Tod zu überwinden vermag.

Wir haben wiederholt gesehen, dass Sünde uns nicht nur von Gott trennt, sondern uns auch selbst verzweifelt macht. Jeder von uns hat das bereits erlebt. Sünde lässt uns unverbunden, unglücklich und unfrei werden. Wir können Sünde geradezu als „Un-Leben" bezeichnen, das genaue Gegenteil des „guten Lebens" – ein Begriff, den wir wiederholt benutzt haben, um das zu beschreiben, was durch unsere Kleingruppen gelebt werden soll (siehe Schaubild auf der rechten Seite). Das Tragische ist, dass Gott uns bereits mit all dem versorgt hat, was wir durch Sünde zu erlangen versuchen.

Ein Vorgeschmack auf den Himmel

Wenn ich mit christlichen Kleingruppen rund um den Globus zu tun habe, ist meine größte Sorge, dass wir eine Menge interessanter Dinge tun, darunter

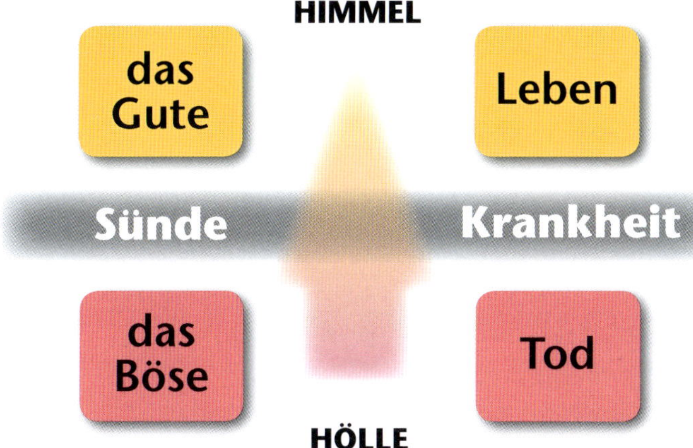

Das Ziel jeder christlichen Gemeinschaft sollte es sein, Menschen dabei zu helfen, das „gute Leben" einzuüben. Dieses „gute Leben" ist nicht weniger als ein Vorgeschmack auf den Himmel.

auch wirklich geistliche Dinge – manches davon sogar höchst unterhaltsam dargeboten –, aber dass wir es versäumen, das Wichtigste des christlichen Glaubens zu vermitteln: Menschen einen Zugang zum Himmel zu ermöglichen. Wann immer ich mit Kleingruppenleitern zu tun habe, ist es mein Anliegen, ihnen zu versichern, dass sie ihre wertvolle Zeit in das wichtigste Projekt investieren, das auf diesem Globus überhaupt denkbar ist.

Kleingruppen sollen einen Vorgeschmack auf den Himmel vermitteln. Wir sollen klein in unseren Gruppen und groß in unseren Erwartungen und Erfahrungen sein. Wenn wir dieser Aufgabe nicht nachkommen, werden viel zu viele Menschen die Erfahrung von Hölle machen.

Die eigene Wohlfühlzone verlassen

Als Christen sollten wir auf der Hut sein, das Thema Himmel und Hölle nicht in einem „Wir/ihr-Schema" anzugehen: *Wir* werden die Ewigkeit im Himmel verbringen, *ihr* dagegen in der Hölle. Tatsache ist, dass Christen mit der Wirklichkeit der Hölle (wie sie sich durch Sünde manifestiert) genauso zu kämpfen haben wie Nichtchristen. Wenn wir Nichtchristen einladen, sich unserer Gemeinschaft anzuschließen, dann laden wir sie dazu ein, sich unserem Kampf anzuschließen, und wir lassen sie einen ersten Blick auf eine alternative Wirklichkeit werfen.

Es ist keine Schande, ein Teil dieses Kampfes zu sein und ihn auch als echten Kampf zu erleben. Es wäre allerdings eine Schande, wenn wir diesen Kampf aufgäben oder pausbäckig erklärten, es fände überhaupt kein Kampf statt. Als Sie sich mit Teil 2 dieses Buches beschäftigten, ist Ihnen möglicherweise aufgefallen, dass ich in jedes Kapitel ein Element aufgenommen habe, das sich deutlich außerhalb der Wohlfühlzone der meisten Christen befindet. Ich habe das bewusst getan. Ich bin überzeugt, dass es genau diese Elemente sind – die Elemente, die uns zunächst einmal Unwohlsein vermitteln –, die uns helfen, genau die Fortschritte zu machen, auf die wir dringend angewiesen sind.

Es ist an der Zeit, dass wir uns von zwei Sichtweisen verabschieden:

- **Die Welt muss so werden wie wir**. Als Christen können wir so bleiben, wie wir sind (das ist der Himmel), und wir retten die Anderen aus der Hölle. Wenn erst einmal jeder so geworden ist, wie wir heute schon sind, dann haben wir den Himmel auf Erden.

- **Wir müssen so werden wie die Welt**. Wir müssen unsere Standards herunterfahren. Alles muss dem oberflächlichen Zuschauer unmittelbar zugänglich sein. Wir können nur dann die Welt erreichen, wenn wir uns ihrem Wertesystem anpassen.

Wenn wir andere Menschen einladen, sich uns in der Nachfolge Jesu anzuschließen, dann laden wir sie ein, im gleichen Kampf mit der Sünde zu stehen wie wir. Wir wissen dabei, dass unsere Verbindung zu Jesus und die Gewissheit, dass unsere Sünden vergeben sind, eine Menge verändert – ja, es verändert buchstäblich *alles*.

Zwei Sackgassen und die Wirklichkeit des Himmels

Jetzt, am Ende dieses Buches – nachdem wir gleichsam einen großen Kreis miteinander abgeschritten sind – kommen wir zum ursprünglichen Ausgangspunkt zurück. Sie erinnern sich an die Konzepte, die wir im ersten Teil dieses Buches eingeführt hatten. Wir haben über den *Weg der Gemeinschaft* gesprochen (das Ziel der Nachfolger Jesu) und diesen dem *Weg der Isolation* gegenübergestellt (unsere Bezeichnung für eine von Gott, von anderen Menschen und von uns selbst entfremdete Existenz).

Weiter haben wir uns näher mit denen beschäftigt, die dem Weg der Gemeinschaft folgen wollen (also mit den Christen) und haben die beiden größten Irrwege unter ihnen ausfindig gemacht:

- den *Weg der Verdrängung* (der dem oben genannten Slogan entspricht: „Die Welt muss so werden wie wir“) und
- den *Weg des Kompromisses* (der dem oben genannten Slogan entspricht: „Wie müssen so werden wie die Welt“).

Wie wir gesehen haben, kann der Weg der Verdrängung einfach nicht funktionieren, da er uns dazu führt, die gottgegebenen Energien, die in jedem von uns sind, zu unterdrücken. Die Energien werden aber einen Ausdruck finden – in der Regel dann in gar nicht mehr wahrgenommenen Formen von Sünde. Andererseits: Der Weg des Kompromisses funktioniert sehr wohl. Menschen werden von seinen Versprechungen angelockt, und auf diese Weise lassen sich sogar ansehnliche Menschenmengen zusammenbringen. Aber Gemeinschaft von hoher Qualität? Beständige Transformation des eigenen Lebens? Verantwortung und Reife? Jüngerschaft gar? Wenn wir einen näheren Blick auf diesen Weg werfen, werden wir eine erschreckend unkritische Einstellung gegenüber einer christlichen Konsumentenhaltung entdecken, die mittels eines gewaltigen Unterhaltungsprogramms befriedigt werden soll.

Mehr im Internet

Auf 3colorsofcommunity.org finden Sie Antworten auf folgende Fragen:

- *Was sind die wichtigsten Dinge, die es zu beachten gilt, wenn wir Nichtchristen erreichen wollen?*
- *Wenn unsere Gemeinde bisher noch keine Kleingruppen hat, die auf Multiplikation hin ausgerichtet sind, was würden Sie als ersten Schritt empfehlen?*

Himmel als eine Beschreibung des zukünftigen Lebens, und Himmel als eine Wirklichkeit hier und jetzt – beides hängt unmittelbar zusammen. Beide Dimensionen finden ihre Einheit in der Person Jesu Christi. Das Ziel einer christlichen Kleingruppe besteht darin, Menschen in den Himmel zu bringen. Es besteht ebenso darin, den Himmel in die Menschen zu bringen.

Mehr ist nicht nötig.

Und weniger ist nicht genug.
Christian